现代公司筹融资决策理论

XIANDAI GONGSI CHOURONGZI JUECE LILUN

主编　侯剑平

副主编　唐建强　田　敏

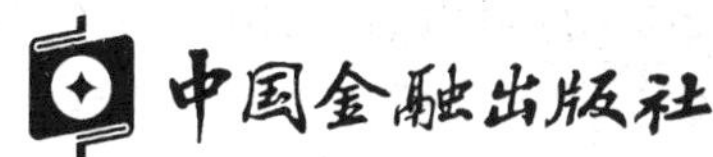

责任编辑：褚蓬瑜
责任校对：李俊英
责任印制：陈晓川

图书在版编目（CIP）数据

现代公司筹融资决策理论（Xiandai Gongsi Chourongzi Juece Lilun）/侯剑平主编．—北京：中国金融出版社，2011.12
新编高等院校金融类系列教材
ISBN 978－7－5049－6147－1

Ⅰ.①现…　Ⅱ.①侯…　Ⅲ.①公司—企业融资—高等学校—教材　Ⅳ.①F276.6

中国版本图书馆CIP数据核字（2011）第261294号

出版发行　中国金融出版社
社址　北京市丰台区益泽路2号
市场开发部　（010）63266347，63805472，63439533（传真）
网上书店　http：//www.chinafph.com
　　　　　（010）63286832，63365686（传真）
读者服务部　（010）66070833，62568380
邮编　100071
经销　新华书店
印刷　保利达印务有限公司
尺寸　185毫米×260毫米
印张　13.5
字数　298千
版次　2011年12月第1版
印次　2011年12月第1次印刷
定价　30.00元
ISBN 978－7－5049－6147－1/F.5707

前 言

改革开放以来，中国的市场经济得到了蓬勃发展，市场经济的重要特征就是要发挥市场在资源配置中的作用。经济与金融学界普遍认为金融市场有助于更有效地配置资源，而在金融市场中按照现代公司制度建立起来的股份有限公司已经逐渐成为市场经济中的主体。

企业融资的主要模式无非是权益融资与债权融资两种，在金融市场发达的国家尤其是美国的实践经验证明，现代公司制度的发达程度决定了一个国家的经济发展水平。20世纪以前，西方企业的形式主要是独资、合伙等，企业组织比较单一，资本市场不发达，融资方式单一，融资量有限，企业依赖于少数投资者提供资金和企业内源融资等方式无法筹集足够资金来满足扩张的需要，企业的生产规模相对较小。20世纪以来，技术不断创新，公司需要筹集更多的资金，外部筹资成为企业的必然选择，有限责任公司与股份有限公司等现代公司形式的出现与发展也提高了公司融资规模，丰富了公司的融资形式。现在绝大多数企业都采取了发达国家的现代公司模式，该模式的一个重要特点是，通过外部市场尤其是资本市场融资成为企业融资的主要渠道。随着公司融资规模与融资方法的不断创新，专家与学者对现代公司融资的理论研究也日益丰富与完善。相关研究的目的是为了在经济学研究框架内找到决定公司融资行为与融资决策的理论依据。

本书广泛吸收了近年来国内外关于现代公司筹融资决策理论的相关研究成果，是作者多年来对多家公司尤其是上市公司融资行为的研究总结，同时也是对多年教学实践的归纳。本书坚持做到理论联系实际，将国内外相关理论和方法加以融合，内容基本涵盖了公司融资领域中的大部分研究成果，既包含时间价值与资本成本、传统的资本结构理论以及现代资本结构理论等传统内容，也包含公司治理以及相关者治理、资产组合理论以及有效市场假说等现代公司融资决策的相关理论，总体来说，本书是对现代公司融资决策理论的有机综合。本书内容既能满足相关领域实际工作者的工作需要，也可以作为高年级本科生以及研究生教材使用。

在写作过程中，我们阅读、参考了大量他人文献与研究成果，由于篇幅有限，许多研究成果不能列举并附于书后，在此表示感谢与歉意。感谢本书的合作者唐建强博士、田敏博士的辛苦工作与建议，同时感谢我的学生刘璞、杨慧、马磊、薛强等在资料搜集与整理方面的帮助。

由于学识有限，书中内容难免会有错误与遗漏，欢迎读者批评指正。

侯剑平

2011 年 12 月

目　录

第1章

筹融资概述

随着经济与社会的发展，为了扩大生产、占有市场以及为了偿债等需求，现代公司必然面临着筹融资的需要，尤其是面向社会公开筹集资金。现代公司筹融资的产生和发展是随着社会投资规模的不断扩大而产生并不断发展的，一方面，随着社会分工、生产专业化与企业投资规模扩大化，依靠企业自己单独的力量越来越不可能实现整个投资过程，于是就产生了融资的需求，即融资主体根据企业资金余缺的客观需要，运用一定的形式、手段和工具，实现资金的筹措、转化、运用、增值和回偿等活动，融资的产生和发展有其必然性；另一方面，随着现代资本市场的建立，公司筹融资行为受到越来越多的学者和专家的研究与关注，由此也产生了诸多的公司筹融资决策理论。

1.1 筹融资概念

1.1.1 筹融资定义

筹融资，顾名思义就是指资金的融通和资本的借贷行为，通常是指在货币资金的持有者和需求者之间直接或间接地进行资金融通的活动，也就是通过各种方式融通资金的过程。资金融通，是指在经济运行过程中，资金供求双方运用各种金融工具调节资金盈余的活动，是所有金融交易活动的总称。在金融市场上交易的是各种金融工具，如股票、债券、储蓄存单等。资金融通一般分为直接融资和间接融资两种。直接融资是资金供求双方直接进行资金融通的活动，也就是资金需求者直接通过金融市场向社会上有资金盈余的机构和个人筹资；与此对应，间接融资则是指通过银行等金融中介机构进行的资金融通活动，也就是资金需求者采取向银行等金融中介机构申请贷款的方式筹资。

在公司的资产负债表左侧，也就是资产栏显示公司拥有的各种有形或者无形资产（如机器设备、厂房、专利技术、品牌、土地等），运用这些资产会带来收益和利润，因而公司具有价值，谁拥有这些价值呢？资产负债表的右侧（负债与所有者权益部分）显示了公司的所有权结构并依据它对公司的利润和价值进行分配，同时它还显示了公司的融资方案和资本结构。

一般来讲，融资概念有广义与狭义之别。从狭义角度讲，融资主要是指资金的融入，是指一个企业的资金筹集行为与过程，也就是公司根据自身的生产经营状况、资金拥有的状况，以及公司未来经营发展的需要，通过科学的预测和决策，采用一定的方式，从一定的渠道向公司的投资者和债权人筹集资金，组织资金的供应，以保证公司正常生产需要、经营管理活动需要的理财行为。《新帕尔格雷夫经济学大辞典》对融资的解释是，融资是指为支付超过现金的购货款而采取的货币交易手段，或为取得资产而集资所采取的货币手段。

从广义角度讲，所有的资金借贷行为都可称为筹融资，一般简称为融资或筹资。凯恩斯在《通论》中指出，融资是指储蓄转化为投资的过程，因此广义的融资指资金在持有者之间流动，是以余补缺的一种经济行为，它是资金双向互动的过程，不仅包括资金的融入，也包括资金的融出，不仅包括资金的来源，还包括资金的运用。

概括地讲，融资是指融资主体根据资金余缺融通的客观需要，运用一定的融资形式、手段和工具，实现资金的筹集、转化、运用、增值和回偿等活动的总称。融资活动所产生的经济关系，在本质上是一种货币信用关系。一般意义上的无偿性征集和筹集资金的活动及其资金的收支，不属于严格意义上的融资范畴。在融资过程中有五个重要环节，即资金的筹集、转化、运用、增值和回偿，它们依次相连，缺一不可，构成融资活动的系统性主体环节。

现代公司成为社会主要的经济单元，因此公司也成为现代社会筹融资的主体。企业筹集资金无非有三大目的：企业扩张、企业还债以及混合动机（扩张与还债混合在一起）。因为企业有获得规模效应或占领市场的需要，企业通过融资来扩大再生产，从而达到扩张目的。另外，企业在经营过程中会与其他企业、银行产生资金等的往来，当企业现有资金不足以偿还到期债务时就必须融资。

1.1.2 融资的两方面：筹资和投资

筹融资要解决的核心问题就是资金的供需者如何在不确定的环境下，对资金进行最优的跨期配置。融资过程实质是资金在需求者（短缺）和供给者（富裕）之间的配置过程，因此筹融资行为实际包含筹资和投资两个方面，因此筹融资过程的主要参与者包括融资方和投资方。融资方（资金的需求者）需要在当期融入资金（现在获得资金或资金的使用权），这种资金或资金的使用权不是无偿的，融资方要在未来的某一段时间内给投资方支付资金的使用费用（支付给投资方利息或股息）；投资方（资金的供给者）需要在当期进行投资（现在让渡资金或资金的使用权），并会在未来的某一段时间内获得资金的使用收益（获得筹资方支付的利息或股息）。

融资方与投资方在不同时期的现金流是不同的，融资方的现金流变化为$\{C_0, -C_1, -C_2, \cdots, -C_n\}$，投资方的现金流变化为$\{-C_0, C_1, C_2, \cdots, C_n\}$[①]，也就是说，融资方在现期是有现金流入，在融资期限内的未来各期会有现金流出；而投资方在

① 正号代表现金流入，负号代表现金流出。

现期是现金流出，在投资期限内的未来各期会产生现金流入。如果不考虑现金漏出（也就是没有或者不考虑交易费用、交易成本、税收等因素），理论上投资方与融资方各期的现金流之和等于零。

投资和融资的产生和发展是相辅相成的，随着经济全球化、市场化的进一步深化，融资活动可以促进社会福利的增加。假设缺少融资市场环境或融资条件，投资者由于缺少投资渠道，除了满足自己本身的消费需求外，富裕的资金不会自己增值，资金只能闲置；对于筹资方，即使有良好的投资项目，也会由于缺少资金而无法组织生产。在完备的融资环境与市场条件下，融资方可以以支付费用的方式使用投资方的资金（支付费用获得资金使用权），投资方会因让渡资金的使用权而获得投资收益，融资行为产生后融资方与投资方的社会福利都获得了增加，因此资金融通可以达到经济学中的帕累托效率的改进。

现代社会与金融市场的发展是筹融资行为产生的重要原因。首先，就一个国家而言，在一定的时期内，国民经济各部门、各行业、各地区、各企业乃至各个家庭，其资金收支必然有三种情况：一是收入大于支出，即资金盈余；二是收入等于支出，即资金收支平衡；三是收入小于支出，即资金短缺。余者难有其用，缺者难有其补，只有通过融资调节余缺，才能使盈余资金得到充分利用，短缺资金得到有效补偿，使资金这项社会性资源得到优化配置和合理利用。其次，现代社会经济中，独立的经济主体普遍存在，某种意义上，国家（或者政府）也是一个经济人。因此融资主体具有让渡一定时期多余或暂时闲置资金使用权以获得收益或者为使其他要素发挥效益而融入资金的内在冲动，融资活动双方因此各得其利，从而引发融资活动。再次，信用工具的出现和发展，以及市场机制和市场环境的不断完善。为融资活动的开展并进而高效运作提供了客观条件和保证。最后，随着人类社会生产力的不断发展，专业化分工与合作越来越密切，同时科学技术的不断进步更是加强了这种分工协作关系。“资本”从一个生产部门换到另一个生产部门，主要是通过融资活动实现的；而“大批工人”的劳动转移、劳动交换、职能的变换以及工人的全面流动性，又是以融资活动能否实现为前提的。融资是社会生产分工和作为第一生产力的科学技术发展的必然结果，同时又为社会生产分工和科学技术发展提供了必要的资金条件。

总之，筹融资的产生和发展是随着社会生产力和生产关系的发展而产生并不断发展的。商品经济的产生和生产规模的扩大产生了投资的需求，而随着投资量的增加，单靠个体的资金已很难满足需求，就产生了融资。融资的产生和不断发展有力地促进了投资的发展，使原本靠长期积累才能完成的大型项目，在较短时间内即可完成。投资的发展又会产生新的更大的融资需求，这样一来，又有力地促进了融资的发展，甚至弥补财政赤字也要依靠融资。

1.1.3 筹资渠道

筹资渠道是指企业筹措资金的来源和通道。不同的国家有不同的资金供应渠道，即使在同一个国家，在不同的历史时期，其资金供应渠道也不相同。自融资活动产生以来，融资渠道和方式特点一直在不断地发展和变化。在经济体制改革以前，我国多数企业的资金来源是政府财政资金，经济体制改革以后，企业的资金来源渠道发生了巨大变化。

首先，融资的手段日趋多样化。在现代公司融资制度产生的初期仅有内源融资、股权融资，后来产生了债权融资。而在当今资本市场，除了股票融资、债权融资之外，还有银行融资、应收账款融资、存货融资、无形资产融资等，企业票据融资、金融租赁、银行投资入股、可转换债券、特许权经营（BOT，TOT）、资产证券化（ABS）、存托凭证、备兑认股证、远期、期货、期权、互换等新型金融工具的出现也有力地充实了融资的手段。

其次，融资的地域已经空前地扩大。融资已经突破部门、区域、国家的限制，走上资金来源多元化、国际化的道路，开办合资公司、发行国际债券、到国外发行股票、允许外国投资者购买本国国债都是这一发展趋势的证明。目前，中国已经有多家公司成功地实现了在国外资本市场的融资，如在美国纳斯达克市场上市交易的网易、新浪、搜狐、阿里巴巴公司等。这些公司在国外成功上市交易，一方面提高了公司股东的市场价值，另一方面公司获得了发展需要的资金，同时扩大了公司的市场影响力。

最后，参与融资的主体呈现多样化，不仅有个人和企业，政府、项目及机构（当然包括各种金融机构和非金融机构）也成为融资的主体，大大促进了投融资的发展。

目前企业资金来源的渠道主要有国家财政资金、银行信贷资金、非银行金融机构资金、其他法人资金、民间资金、企业内部资金、境外资金。

（1）国家财政资金

国家财政资金是指国家以财政拨款、国家投资等方式向企业投入的资金。国家财政资金历来是我国国有企业的主要筹资渠道。中国现在国有企业的资本金大部分是过去国家以财政拨款方式投资形成的。

（2）银行信贷资金

银行信贷资金是指由商业性银行、政策性银行贷放给企业使用的资金。商业性银行为各类企业提供商业性贷款；政策性银行主要为特定企业提供政策性贷款。银行信贷资金雄厚，方式灵活多样，是企业筹资的重要方式。银行信贷资金一般是以企业信用形式借贷，因此多数称为信贷资金。

（3）非银行金融机构资金

非银行金融机构资金是指由信托投资公司、保险公司、证券公司、租赁公司等银行以外的金融机构以贷款、租赁的方式向企业投入的资金。目前，由于非银行机构发展迅速，这一筹资渠道的地位也越来越重要。

（4）其他法人资金

其他法人资金是指其他企业、事业单位、团体法人等向企业投入的资金。

（5）民间资金

民间资金是指城乡居民、企业员工等个人节余的闲置资金。这部分资金常常通过股票、债券等方式投入企业。

(6) 企业内部资金

企业内部资金是企业通过计提折旧、提取盈余公积金和未分配利润形成并留在企业的资金来源。

(7) 境外直接投资资金

境外资金从范围上看，是我国香港、澳门、台湾地区及其他国家和地区的投资者投入的资金，吸收境外资金不仅可以满足我国企业对资金的需求，还可以引进先进的管理经验和技术，是企业筹集资金的重要渠道。

1.1.4　筹融资方式

现代公司的筹资方式是指公司筹集资本或资金时所采取的具体形式和工具。目前我国筹集资金可采用的具体方式有投入资本筹资、发行股票、银行借款、发行债券、商业信用、租赁等。如果说筹资渠道是客观存在的，那么筹资方式就是企业的主观选择。不同的筹资方式决定了资本不同的属性。

根据所筹集资本的不同属性，筹资方式分为权益筹资、负债筹资以及混合筹资三种主要方式。

(1) 权益筹资

权益筹资主要是指通过投入资本和发行股票来筹资的方式，通过这种方式筹集的资金可以作为企业的永久资本。其中，投入资本筹资是指非股份制企业以协议等形式吸收国家、其他企业、个人和外商等直接投入的资本，而不通过股票作为媒介，适用于非股份制企业，是非股份制企业筹集权益资本的基本方式。发行股票是股份有限公司筹措权益资本的基本方式。一般各国法律都规定投入企业的资本金，投资人（股东）不能要求企业偿还，如果股东不想对该企业投资，只能转让给其他投资人，对于公司而言，股东转让投资不会影响公司的生产与经营，可以保证公司长期稳定存续，因此除非公司破产，理论上公司股东是永远不能从公司收回资金投资的本金（股本），所以一般认为权益筹资是企业最稳定的长期资金来源。

(2) 负债筹资

负债筹资是指通过负债方式来筹集资金，负债是企业的一项重要资金来源，发达国家主要企业无不举债立业，通过债务市场融资。债务筹资与普通股筹资性质不同，负债资金的使用有时间上的限制，而且有固定的利息负担，无论经营结果好坏到期都必须还本付息。负债筹资按照可使用时间的长短，分为长期负债筹资和短期负债筹资。长期负债是指期限超过一年的负债，如长期借款、发行债券、融资租赁等。短期负债是指融资期限在一年以内的负债，如各种短期票据等。

(3) 混合筹资

企业在筹资过程中发行的证券，有的基本性质是股票，但又具有债券的某些特点；有的基本性质是债券，但又可能转化为股票。这种具有双重性质的筹资活动被称为混合性筹资。混合性筹资主要有发行优先股和发行可转换债券。

1.2 金融市场

金融市场又称为资金市场，是资金融通交易的场所，根据交易融资工具的期限不同，金融市场分为货币市场和资本市场。金融市场的构成十分复杂，它是由许多不同的市场组成的一个庞大体系。一般根据金融市场上交易工具的期限，把金融市场分为货币市场和资本市场两大类。货币市场是融通短期资金的市场，资本市场是融通长期资金的市场。货币市场和资本市场又可以进一步分为若干不同的子市场。货币市场包括金融同业拆借市场、回购协议市场、商业票据市场、银行承兑汇票市场、短期政府债券市场、大面额可转让存单市场等。资本市场包括中长期信贷市场和证券市场。中长期信贷市场是金融机构与工商企业之间的贷款市场；证券市场是通过证券的发行与交易进行融资的市场，包括债券市场、股票市场、基金市场、保险市场、融资租赁市场等。

金融市场对经济活动的各个方面都有着直接的深刻影响，如个人财富、企业经营、经济运行效率，都直接取决于金融市场的活动。经济学家认为，早在古希腊时代第一张借据产生的那一刻，融资活动就出现了。与其他市场相比，金融市场具有自己的特征：第一，金融市场是以资金为交易对象的市场；第二，金融市场交易双方之间不是单纯的买卖关系，更主要的是借贷关系，体现了资金所有权和使用权相分离的原则；第三，金融市场可以是有形市场，也可以是无形市场。

远在金融市场形成以前，信用工具便已产生。它是商业信用发展的产物。但是由于商业信用的局限性，这些信用工具只能存在于商品买卖双方，并不具有广泛的流动性。随着商品经济的进一步发展，在商业信用的基础上，又产生了银行信用和金融市场。银行信用和金融市场的产生和发展反过来又促进了商业信用的发展，使信用工具成为金融市场上的交易工具，激发了信用工具潜在的重要性。在现代金融市场上，信用工具虽然仍是主要的交易工具，但具有广泛流动性的还有反映股权或所有权关系的股票以及其他金融衍生商品，它们都是金融市场交易的工具，因而统称为金融工具。

1.2.1 金融市场分类

金融市场的形态有两种：一种是有形市场，即交易者集中在有固定地点和交易设施的场所内进行交易的市场，在证券交易电子化之前的证券交易所就是典型的有形市场，但目前世界上所有的证券交易所都采用了数字化交易系统，因此有形市场渐渐被无形市场所替代；另一种是无形市场，即交易者分散在不同地点（机构）或采用电讯手段进行交易的市场，如场外交易市场、全球外汇市场和证券交易所市场都属于无形市场。

金融市场是一种为金融债权买卖双方牵线搭桥的机制或程序，而不是指具体的交易场所。金融市场的多种划分方法，最常见的一种是根据金融债权类型把金融市场划分成为若干单个交易子市场：股票市场、公司债券市场、国库券市场、商业票据市场、期货市场等。这种划分方法至少存在一个问题：它暗示了单个子市场是分散的部分，相互间缺少或多或少的联系，但是对单个金融债券来说，子市场互相联系，并且在许多方面同大于异。

另一种划分体系认为金融工具间存在一些相似之处。按照这种划分体系，根据金融工具期限的长短，将金融市场分为货币市场（money market）和资本市场（capital market)。货币市场是指到期期限小于或等于1年的证券的交易市场，交易的证券包括国库券、商业票据、可转让（大额）存单。资本市场是指到期期限为1年以上的证券的交易市场，交易的证券包括公司债券、股票、抵押贷款和美国财政部发行的长期国库券。因此，货币市场又称做短期市场，资本市场又称为长期市场。货币市场和资本市场包括了第一种划分方法中的所有子市场。在此，根据金融工具的到期期限（term to maturity)，即金融工具从初始发行到到期的时间，将不同的金融工具进行分类。换句话说，不同市场可能在制度上有所区别，但可以根据市场参与者买卖的证券类型将不同的市场联系起来。

第三种划分金融市场的方法是将它分为初级市场（primary market）和二级市场(secondary market)。初级市场是指发行者向投资者出售新发行的有价证券的市场。有价证券也被称为金融工具、金融债权或借款凭证（IOU)。例如，如果一个公司需要发行新股票或债券来筹资购买新设备，这些有价证券就将在初级市场进行第一次出售。因此，初级市场是公众（个人或金融机构）购买公司首次发行的新证券和新股票的场所。一旦人们进一步交易发行的股票或债券，比如初始购买者在购买后一个月将债券卖出，该交易就发生在二级市场。由此可以看出，正是投资组合的不断调整导致二级市场大部分交易的发生。实际上，公司在初级市场发行新证券和在二级市场出售旧证券同时发生。

一级市场和二级市场不是完全割裂开来的，二者之间是相辅相成的关系。缺乏运行平稳的二级市场，将会抑制初级市场上的融资活动，也会对投资和经济增长产生不利影响。一般来说，二级市场的完善程度会影响初级市场实力和发展能力。尽管二级市场不会增加整个社会经济的资金总量，但它的重要性体现在发展完善的二级市场会对初级市场产生积极作用，就像二手车市场并不会增加公路上行驶的汽车总量，但会促进新车市场的发展一样。

按照交易是即刻发生还是约定在将来的某一天进行，还可将金融市场划分为现货市场、期货市场或远期市场。在现货市场（spot market）上，金融工具即时交易，即时履行交割义务或兑现。远期交易是一种在当天决定金融工具买卖价格、在未来进行交割的一种交易形式。在这种情况下，就进入了金融期货市场（financial futures markets)，或金融远期市场（financial forward markets)。在金融期货市场上通常使用金融期货合同，即约定在未来某一特定日期交割不同期限的政府债券、股票市场指数和外币的协议。合同中所有的金融工具数量和交割日期都被标准化。在金融远期市场上通常使用金融远期合同，是指当天达成的在未来特定日期买卖金融工具的协议，但金融工具数量和交割日期并没有标准化。银行、交易商和经纪人根据客户要求制定金融远期合同。

金融期货和金融远期市场有两个基本功能。第一，期货和远期市场通过在今天“锁定”价格，降低了未来的价格变化风险。近些年，金融期货和远期市场成长十分迅速。由于金融工具价格变动日益剧烈，盈余单位和赤字单位双方转而依赖金融期货和远期市场来降低价格改变所带来的不可预期的风险。第二，金融远期和期货市场也可以被用来投机（speculation）。

1.2.2 金融市场的功能

金融市场履行的基本功能是从那些支出少于收入而储蓄了多余资金的人那里把资金引导到那些由于支出超过收入而资金短缺的人那里。

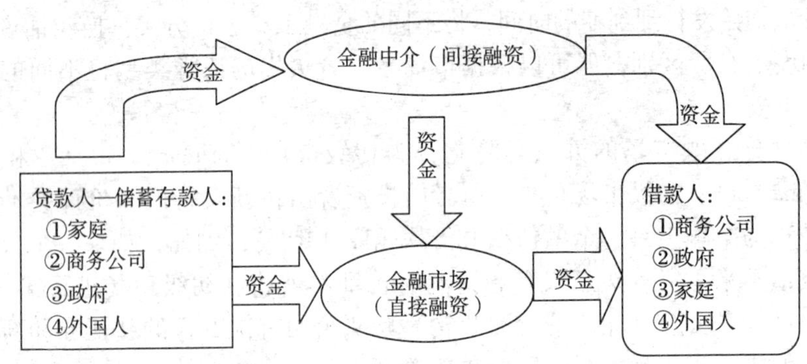

图 1－1　金融体系中的资金流动

图 1－1 中左边是有储蓄并贷放资金的人，即贷款—储蓄者；右边是那些为支出筹资而必须借取资金的人。主要的贷款—储蓄者是居民户，但工商企业、政府、外国人有时也会有剩余资金，因而也要把资金贷出去。图1－1 中的箭头显示资金是沿着两条线路从贷款（储蓄者）流向借款（支出者）的。

在直接融资中，借款者在金融市场上向贷款者出售证券（也称为金融工具），直接向贷款者借取资金，这些证券形成对借款者未来收入或资产的要求权。对于证券的购买者来说，证券是一种资产，它们是出售证券的个人或工商企业的负债。

这种将资金从储蓄者手中引导到支出者手中的融通对经济非常重要，因为储蓄者常常并不是拥有有利的投资机会的人。例如对个人来讲，假设你今年储蓄了 1 000 元，但是没有金融市场，你可能既不能贷款也不可能借款，如果没有金融市场，你就没有利用储蓄来赚取投资收益的机会，到头来你可能还只有 1 000 元，如果你把资金借给了某位贷款人，如果他赚取了 200 元，并分给你 100 元，那么你们两人都可以多赚 100 元，对你来讲获得了利息，而他也可以完成生产或投资。如果没有金融市场，你们就可能永远不会合作，不存在金融市场时，没有投资机会的人很难把资金转移给有投资机会的人，双方都将维持现状，甚至还会有损失（机会成本），金融市场对于提高经济效益是必要的。

金融市场使资金从没有投资机会的人那里流向了有这种机会的人那里。正因为如此，金融市场为整个经济增加生产和提高效率作出了贡献，同时金融市场使消费者能更好地利用购买机会，从而直接提高了他们的福利，有效的金融市场改善了社会上每个人的经济福利，因此金融市场的存在可以实现帕累托效率。

1.3　金融工具

1.3.1　货币市场工具

所谓货币市场工具，是指期限小于或等于1年的债务工具。它们具有很高的流动性，属固定收入证券的一部分。由于这些证券的交易在许多情况下是大宗交易，个人投资者难以参与这些证券的买卖，他们是通过货币市场基金来间接参与这些证券的投资的。

主要的货币市场工具由短期国债、大额可转让定期存单、商业票据、银行承兑汇票、回购协议和其他货币市场工具构成。

（1）短期国库

短期国债是一国政府为满足先支后收所产生的临时性资金需要而发行的短期债券。英国是最早发行短期国债的国家。

短期国债的特点包括：①风险最低。短期国债是政府的直接负债，政府在一国有最高的信用地位，一般不存在到斯无法偿还的风险，因此，投资者通常认为投资于短期国债基本上没有风险。②高度流动性。由于短期国债的风险低、信誉高，工商企业、金融机构、个人都乐于将短期资金投资到短期国债上，并以此来调节自己的流动资产结构，为短期国债创造了十分便利和发达的二级市场。③期限短。短期国债基本上是1年以内，大部分为半年以内。

短期国债的种类有不同的划分方式：①按期限划分，有3个月、6个月、9个月和12人月等；②按付息方式划分，可分为贴现国债和附息国债，短期国债大部分为贴现国债。

（2）大额可转让定期存单

大额可转让定期存单亦称大额可转让存款证，是银行发行的一种定期存款凭证，凭证上印有一定的票面金额、存入和到期日以及利率，到期后可按票面金额和规定利率提取全部本利，逾期存款不计息，大额可转让定期存单在到期之前可流通转让，自由买卖，可以看做是银行存款的证券化。

大额可转让定期存单的特点包括：①通常不记名，不能提前支取，可以在二级市场上转让；②大额存单按标准单位发行，面额较大；③发行者多是大银行；④期限多在1年以内。

（3）商业票据

商业票据指发行体为满足流动资金需求所发行的、期限为2天至270天的、可流通转让的债务工具。一般是指商业上由出票人签发、无条件约定自己或要求他人支付一定金额、可流通转让的有价证券，持有人具有一定的权利。

商业票据包括以下种类：①短期票据，是货币市场中的短期信用工具，最短期限是30天，最长是270天。②单名票据，发行时只须一个人签名就可以了。③融通票据，为短期周转资金而发行。④大额票据，面额是整数，多数以10万美元为倍数计算。⑤无担保票据，不需担保品和保证人，只需靠公司信用但保。⑥市场票据，以非特定公众为销售对象。⑦大公司票据，只有那些财务健全、信用卓著的大公司才能发行商业票据。⑧贴现票据，以贴现的方式发行，即在发行时先预扣利息。

商业票据的特点包括：①票据是具有一定权利的凭证，即付款请求权、追索权。②票据的权利与义务是不存在任何原因的，只要持票人拿到票据后，就已经取得票据所赋予的全部权利。③各国的票据法都要求对票据的形式和内容保持标准化和规范化。④票据是可流通的证券。除了票据本身的限制外，票据是可以凭背书和交付而转让。

（4）银行承兑汇票

银行承兑汇票是由在承兑银行开立存款账户的存款人出票，向开户银行申请并经银行审查同意承兑的，保证在指定日期无条件支付确定的金额给收款人或持票人的票据。对出票人签发的商业汇票进行承兑是银行基于对出票人资信的认可而给予的信用支持。我国的银行承兑汇票每张票面金额最高为1 000万元（含）。银行承兑汇票按票面金额向承兑申请人收取万分之五的手续费，不足10元的按10元计。承兑期限最长不超过6个月。承兑申请人在银行承兑汇票到期未付款的，按规定计收逾期罚息。

（5）回购协议

回购协议是指以有价证券作抵押的短期资金融通，在形式上表现为附有条件的证券买卖。

回购协议方式的特点包括：①将资金的收益与流动性融为一体，增大了投资者的兴趣。投资者完全可以根据自己的资金安排，与借款者签订“隔日”或“连续合同”的回购协议，在保证资金可以随时收回移作他用的前提下，增加将资金的收益。②增强了长期债券的变现性，避免了证券持有者因出售长期资产以变现而可能带来的损失。③具有较强的安全性。回购协议一般期限较短，并且又有100%的债券作抵押，所以投资者可以根据资金市场行情变化，及时抽回资金，避免长期投资的风险。④较长期的回购协议可以用来套利，如银行以较低的利率用回购协议的方式取得资金，再以较高利率贷出，可以获得利差。

（6）其他货币市场工具

①欧洲美元，指以美元为面值而不是以当地货币，如英镑、欧元为面值存在外国银行或美国银行在国外分支行的存款（常为定期存款）。②联邦基金，指在联邦储备银行存款的存款机构的隔夜贷款。

案例　全球主权债务危机问题

主权债务（sovereign debt）是指一国以自己的主权为担保向不管是国际货币基金组织还是世界银行或其他国家借来的债务。从全球范围看，各国主权债务潜在的风险依然存在，正困扰着所在国政府。任何主权债务引发的风险，都会引起市场恐慌情绪的蔓延，成为制约全球经济复苏的“无形黑手”。

从冰岛主权债务危机、迪拜主权债务机，到欧洲主权债务危机、美国国债风险，全球债务危机愈演愈烈，大有一发不可收拾之意。据有关金融机构近期公布的数据显示，到2010年2月，世界各国负债总额已突破36万亿美元，预计2012年将超过40万亿美元。与此同时，主权债务危机涉及多国，成为全球不可忽视的现实问题。

冰岛债务危机

2008年初，冰岛GDP达194亿美元，人均收入排名全球第四，还长期跻身“世界最幸福国家”之列，多次被联合国评为“最宜居国家”。好景不长，2008年金融海啸爆发，银行业首当其冲受到影响，最终冰岛全国最大的三家银行全部宣布破产，被政府接管。这3家银行，所欠外债已达1 380多亿美元，将近达到冰岛GDP的7倍，再加上其他负债，冰岛的总外债高达GDP的9倍！2010年3月7日，冰岛通过全民公决，否认了原来政府所达成的向英国和荷兰偿还巨额赔款的协议——人民选择了让国家信用破产的道路！这意味着冰岛将拒绝偿还其所有欠款，欠款不还，以后将不能在国际上得到借款，冰岛成了金融危机爆发以来第一个倒在债务面前的国家！

迪拜债务危机

过去四年多以来，迪拜以建设中东地区物流、休闲和金融枢纽为目标，推进了3 000亿美元规模的建设项目。在此过程中，政府与国有企业的债务像滚雪球一样不断增加，估计目前债务约为800亿美元。负债累累的迪拜酋长国2009年11月宣布，将重组其最大的企业实体迪拜世界，将其债务偿还延迟6个月。迪拜政府这一突然举动，促使标准普尔与穆迪投资服务公司大幅下调几家政府相关实体的评级，迪拜债务违约保险成本飙升。据瑞士信贷的分析师团队表示，与迪拜世界相关联的风险敞口约有400亿美元。法新社援引EFG—Hermes2010年阿联酋年报报道说，迪拜债务总额可能在1 300亿美元至1 700亿美元之间。

欧元区债务危机

2009年12月，全球三大评级公司下调希腊主权评级，希腊的债务危机随即愈演愈烈，但金融界认为希腊经济体系小，发生债务危机影响不会扩大。但随着事件的发展，欧洲其他国家也开始陷入危机，包括比利时这些外界认为较稳健的国家，及欧元区内经济实力较强的西班牙，都预报未来三年预算赤字居高不下，希腊已非危机主角，整个欧洲都受到债务危机困扰。德国等欧元区的龙头国都开始感受到危机的影响，因为欧元大幅下跌，加上欧洲股市暴挫，整个欧元区正面对成立11年以来最严峻的考验，有评论家更推测欧元区最终会解体收场。

美国国债风险

作为世界唯一的“超级经济体”，美国主权信用隐藏的风险已经非常之大。尽管美国在2011年8月2日到达债务上限之前，国会通过了提高上限的方案，但8月6日，标普仍将美国长期主权信用评级由“AAA”降至“AA+”，评级展望负面。美国国债收益率是全球金融市场资产定价的基石标杆，美国国债市场的任何风吹草动，都将在全球市场引发蝴蝶效应，其混乱程度堪比2008年次贷危机。

1.3.2 资本市场工具

资本市场工具是指期限在一年以上的债务或股权工具。与货币市场工具相比，由于股票等交易工具的到期期限较长，面临的不确定性也较高，因此资本市场工具的价格波动幅度较大，因而被看做是有投资风险的投资工具。

(1) 股票

股票是指股份公司发行的对股份公司净收入和资产的股份有要求权的金融工具。股票表明所有者对于公司净资产和收入的所有权的权益凭证。股东的所有权收益被称为股利。与普通股不同，优先股支付固定股利，并且当公司破产时，在支付了其他债权人的债务后，优先股股东有优先受偿权。普通股支付浮动股利，公司在支付完优先股股利、提存了留存收益后，依据收益情况对股东派发股利。

世界主要国家都建立了自己的股票交易市场，为股票市场的投资者提供交易股票的场所。为了反映整个市场股票价格的波动情况，一般用股票价格指数表示股票市场整体股票价格的变换情况。股票价格指数衡量了普通股股价整体变动情况，其中最著名的道·琼斯工业平均指数仅仅衡量了30种股票价格，而标准普尔500指数是建立在500种股票价格的基础上。相对于流通股票总值而言，在任何一年发行的新股数额都微不足道。

(2) 抵押贷款

抵押贷款是指为了购买家庭住宅、土地和其他建筑而用该建筑或土地作为抵押品的贷款。当借款人不能按期支付时，债权人获得该财产所有权。抵押贷款期限一般长达30年，本金在贷款期限内分期偿还。一些抵押贷款要求借款人在贷款期限内以固定利率分期等额偿还贷款本息。另一些抵押贷款则采用浮动利率，利率依据市场变化情况定期调节。尽管商业银行现在也活跃于抵押贷款市场，储蓄与贷款协会、互助储蓄银行仍是住宅抵押贷款市场的主要贷款人。

美国联邦政府在抵押贷款市场上扮演重要角色，美国创建了两个政府信用公司：美国联邦国民抵押协会（简称房利美）和联邦住房贷款抵押公司（简称房地美）。这两个公司通过发行债券筹资，并用筹集的资金来购买抵押贷款。在这些政府信用公司购买了抵押贷款后，新的资金流进了抵押贷款市场。第三个政府代理机构——政府国民按揭协会，通过对抵押贷款按时还本付息提供保险，促进了抵押贷款市场更多借贷业务的发生。

(3) 公司债券

公司债券是指通常由信用很好的公司发行的长期债券。债券期限一般为2～30年。

债权人每年收到两次利息，在到期日支付。因为任何公司的未付债券金额都不大，所以公司债券的流动性远远小于如美国政府中长期国债等其他证券。愿意买卖公司债券的交易商创建了一个活跃的二级市场。公司债券的主要购买者是人寿保险公司、养老基金、家庭、商业银行和国外投资者。

1.3.3　金融工具的特性

任何一种金融资产或工具都可以用流动性、安全性与收益性来衡量。

(1) 流动性

这是指金融资产在转换成货币时，其价值不会蒙受损失的能力。除货币以外，各种金融资产都存在着不同程度的不完全流动性。其他的金融资产在没有到期之前要想转换成货币的话，或者打一定的折扣，或者花一定的交易费用，一般来说，金融工具如果具备下述两个特点，就可能具有较高的流动性：第一，发行金融资产的债务人信誉高，在以往的债务偿还中能及时、全部履行其义务。第二，债务的期限短。这样它受市场利率的影响很小，转现时所遭受亏损的可能性就很少。一般认为在所有金融工具中，现金是流动性最高的金融资产。

(2) 安全性

这是指投资于金融工具的本金是否会遭受损失的风险。风险可分为两类：一类是债务人不履行债务的风险。这种风险的大小主要取决于债务人的信誉以及债务人的社会地位。另一类风险是市场的风险，这是金融资产的市场价格随市场利率的上升而跌落的风险。当利率上升时，金融证券的市场价格就下跌；当利率下跌时，则金融证券的市场价格就上涨。证券的偿还期越长，则其价格受利率变动的影响越大。一般来说，本金安全性与偿还期成反比，即偿还期越长，其风险越大，安全性越小。本金安全性与流动性成正比，与债务人的信誉也成正比。

(3) 收益性

这是指金融工具能定期或不定期给持有人带来收益的特性。金融工具收益性的大小，是通过收益率来衡量的，其具体指标有名义收益率、实际收益率、平均收益率等。

用以上三个特性进行金融工具或金融资产的比较时，每种金融资产或工具不会是三个特性同时最优。如现金虽然具有最强的流动性，同时安全性相对也较高，但是现金的收益性是最低的，也就是说你持有现金可以很方便地用于购买商品，但是持有现金几乎没有任何收益。

1.4　金融中介

金融中介是指在金融市场上资金融通过程中，在资金供求者之间起媒介或桥梁作用的人或机构。金融中介一般由银行金融中介及非银行金融中介构成，具体包括商业银行、证券公司、保险公司以及信息咨询服务机构等中介机构。

在现代市场经济中，金融活动与经济运行关系密切，金融活动的范围、质量直接影响到经济活动的绩效，几乎所有金融活动都是以金融中介机构为中心展开的，因此，金融中介在经济活动中占据着十分重要的位置。随着经济金融化程度的不断加深和经济全球化的迅速推进，金融中介本身已成为一个十分复杂的体系，并且这个体系的运作状况对于经济和社会的健康发展具有极为重要的作用。

1.4.1 金融中介存在的必要性

为何我们需要金融机构，特别是金融中介？为什么储户不直接将钱贷给借款者，取得对赤字单位的直接债权？金融中介存在的必要性在于可以降低资金融资过程中的风险与利用专业化优势而节约费用。

首先考察一下家庭如何作出最初的决定和选择。工作带给家庭稳定的收入，如果家庭只将部分收入用于消费和购买商品，则出现盈余，也就是盈余单位。如果支大于收，家庭必须借款，从而出现赤字，也就是赤字单位。一般而言，盈余单位需要作出两个决定，第一个是持有还是贷出现金。因为现金不能带来利息收入，所以我们至少会将部分现金借出以获取利息。有盈余资金的家庭会作出的第二个决定是如何贷出盈余资金，贷给谁。可以去金融市场购买公司发行的新债券。一般而言，人们不会随意购买债券，他们会选择信用好、声誉佳的公司发行的债券，以确保能按时获得利息，并在到期日（如10年的贷款，在10年后）偿还本金，即贷款的原始金额。所以，投资者会评估债券违约（default）的可能性或风险。

要将借款者违约造成投资损失的可能性降到最低，就需要分散风险，进行多元化投资。要做到这一点，就要将资金分散投资于多个借款方。绝大多数的投资者不是评估风险、分散投资的专家。因此，他们需要通过雇佣经纪人对金融工具进行评估，所有这些都费时费力。因此很多人宁愿将盈余资金存于金融中介。金融中介向盈余单位出售债权来获得资金。换句话说，盈余单位贷款给金融中介，换来金融中介发行的金融债权，金融中介再将资金贷出。金融中介的利润是贷款收入减去付给盈余单位的资金使用成本后的余额。

金融中介汇集盈余资金，再向公司或家庭发放贷款，或者购买债券等。实际上金融中介贷出从单个盈余单位汇集来的资金的同时，也要对借款者风险进行评估，以确保分散风险。因为金融中介专门从事此类工作，有理由相信他们会比那些没有雇佣经纪人或财务咨询机构的盈余单位更专业。金融中介将交易费用降到了最低，交易费用是指为完成借贷业务而发生的支出。

盈余单位存款于金融中介的另一个原因是：由金融中介提供的间接债权比在金融市场上获得的直接债权更具有吸引力。间接债权比直接债权的一个优势在于其流动性（liquidity）更好。不同类型的债权流动性不同。例如，储蓄存款具有高流动性，很容易变现；而将流动性低的债权转换为现金需要更多的时间和费用，很不便利。

在节约成本方面，资金盈余单位可以将资金直接借贷给赤字单位，理论上，为降低借贷风险，盈余单位可以聘请最优秀的律师签订一份非常完美的合同，从而可以降低风险，但是从产权经济学角度分析，我们知道任何一份契约都不是完善的（或者需要花费大量时间或者需要耗费大量金钱雇佣专业律师去完善合约），而且为这一份合约花费的费用可能会超过融资的收益，因此对于个人直接借贷的成本（为降低风险）是非常高的。对于金融中介就不同，金融中介可以花费资金聘请更多律师，虽然花费总成本高于单个盈余单位，但是由于金融机构的合同大多是属于格式合同，分摊到每一份合同中的费用就非常低（规模效应）。另外，对于贷款的对象而言，其使用资金从事生产或经营的项目具有一定的专业性和风险性，由于信息不对称，非专业人员可能无法准确评估其风险，而多数资金盈余者都不是这一领域的专业人士，因此可能无法评判其风险，而金融机构则具有专业人才优势，对于多数行业的风险较容易判断和控制。从风险与费用角度看，金融中介具有专业优势与规模优势可以降低直接融资的风险，因此其存在是非常必要的。

1.4.2 存款机构和其他类型的金融中介

存款机构（depository institutions）包括商业银行、存放机构、信用社和互助储蓄银行等。存款机构是公众最熟悉的也是最大的金融中介。毫无疑问，存款机构的贷款本金来源于国内外个人、公司、政府的存款。盈余单位对存款机构十分熟悉，因为他们正是通过在存款机构存款来获得间接债权的。另外，存款一般有保险，相对安全。储蓄存款虽不是现金，但流动性很高。

其他类型的金融中介提供专门的间接债权。例如，保险公司为意外身亡（人寿保险公司）和财产损失（意外伤害保险公司）提供金融担保。养老基金计划为老年人提供资金来源，他们的资金来源分别是保险人交纳的保费、养老基金计划参加人投入的资金，金融中介再用获得的资金从赤字单位处购买直接债权，进行多元化投资。投资类型的中介包括共同基金和货币市场基金，它们将小储户的盈余集中起来再投资于金融市场，因而给小储户提供了更多的机会来分散风险。财务公司通过发行短期或长期债券来融资，然后再将资金贷给家庭用于消费信贷或贷给公司用于存货投资。图1－2描述了多种类型的金融中介。

1.5 现代金融理论的发展

从1870年的边际学派（Margin School）到马歇尔（Marshall）一脉相传的新古典经济学（new classical economics）就是研究资源配置的，在一个制度永远不会变化的世界里，市场机制巧妙地安排产出、分配、社会福利……人们感叹这种制度的美妙，认为只要无为而治就可以了。这种乐观情绪一直持续到20世纪30年代发生动摇整个西方资本主义世界的经济危机以及由此而来的经济学危机。在这之前只有唯一的、研究资源配置的新古典经济学。以凯恩斯革命（Keynesian revolution）为分水岭，新古典经济学、包括它无所作为的政治信念，被正式冠以微观经济学（microeconomics）的名称，而凯恩斯和他的追随者倡导的宏观分析方法以及国家干预经济的政策建议最终形成了现代宏观经济学（macroeconomics）。

在金融学思想的发展历程中，早期的古典经济学家关心整体价格水平（货币数量

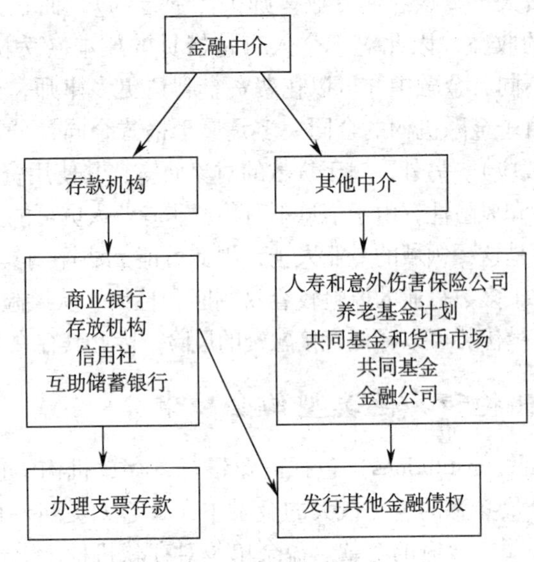

图 1－2　金融中介类型

论）、利息决定和资本积累过程等问题，也就是说早期的金融主要研究宏观意义上的金融（经济问题）。新古典后期的经济学家，如维克塞尔（Wicksell）则通过利息理论把宏观经济问题与一般的经济问题（如经济增长与经济危机）紧密结合在一起考虑。等到凯恩斯革命以后，不但顺理成章地确立了现代宏观经济学，而且也标志着现代宏观金融学的形成。

20 世纪 70 年代以来，西方经济学家开始对金融发展与经济增长的关系进行了大量的理论与实证研究，现在经济学家已经认识到金融发展对一个国家的经济增长、信用分配的效率和企业的发展起着至关重要的作用。

1.5.1　早期金融发展理论

早期经济学界对金融与经济增长关系研究争论的焦点主要集中于金融是否会促进经济发展，即金融是否是经济发展的重要影响因素，主要分为金融无关论、金融促进论和金融从属论三种观点。

（1）金融无关论

以萨伊为代表的古典经济学家将金融与实体经济之间的关系抽象成货币变量与实际变量之间的关系，从而形成了西方经济学中的“两分法”。在此基础上，萨伊提出货币中性论，强调货币数量的改变只会造成物价水平等比例的上升或下降，对生产供给、实际产出和就业不会产生实质性的影响，即货币只是实体经济的面纱。新古典经济学派对此观点进行改进后认为，货币只不过是经济运行的润滑剂，使得商品交换更加容易和顺畅，而对经济中的实际变量并不发生实质性的影响。货币学派代表人物弗里德曼认为，货币需求函数是极其稳定的，短期内由于存在适应性预期，货币供应量的变化可以影响产量和物价；但从长期看，产出量是由劳动、资本和技术等非货币因素决定的，货币供应量只决定物价水平。理性预期学派认为，只有未预期的货币变动能够影响短期真实变量；从长期看，由于货币政策是可预期的，货币变动只会引起价格水平的相应变化，而对真实产量和就业没有影响。尽管理性预期学派在一定程度上否定了“货币面纱”论，但仍坚信金融与经济增长无关。

（2）金融促进论

经济学鼻祖亚当·斯密认为货币流通对经济增长起促进作用，慎重的商业活动可增进一国产业，但增进产业的方法不在于增进一国资本，而在于使本无所用的资本大部分有用、本不生利的资本大部分生利。瑞典经济学家维克塞尔在19世纪末就认识到古典货币中性论的不足，指出在信用制度条件下，货币对经济活动起着积极的作用。只有在货币利率等于自然利率、一般物价水平稳定的状态下，货币才是中性的。熊彼特则从信用创造的视角突出了银行体系对经济发展的强大推动力，他认为经济发展的实质在于创新，而功能健全的银行可以对企业家进行筛选，为创新活动提供资金支持。凯恩斯指出，未来的不确定性是货币经济的主要特征，通过利率对投资的诱导作用，货币就能影响国民收入的产出水平。他还通过总量分析，把实体经济和货币经济理论结合起来，克服了古典经济学“二分法”的不足，实现了对早期货币中性论的质的突破。

（3）金融从属论

英国剑桥学派的琼·罗宾逊认为金融对实体经济发展所起的作用十分有限，金融发展只是经济增长的一个结果。琼·罗宾逊反对熊彼特关于金融部门引导产业部门并激发技术创新行为和企业家精神的论断，强调经济发展为某种特定形式的金融安排创造了需求，而金融体系只是对这些需求作出反应，从而否认了金融体系对经济增长的积极作用。多恩布什认为，金融储蓄与真实利率并不相关。

1.5.2　现代金融发展理论

20世纪70年代随着社会的发展以及金融在实际经济领域中的重要作用逐步体现，经济学界关于金融发展对经济增长作用的争论基本上形成了一致的观点即金融对经济增长具有重要作用，后来经济学家发现有金融市场的国家之间的经济发展水平存在着差异，随之形成了现代的金融发展理论。金融发展理论经过近40年的演进，出现了三个有代表性的理论：一是20世纪70年代Mckinnon（1973）、Goldsmith（1969）和Shaw（1973）等的“金融抑制论”和“金融深化论”，一般简称为金融深化论；二是20世纪90年代赫尔曼等人提出的金融约束论；三是20世纪90年代末由中国学者提出的金融可持续发展理论。

（1）金融抑制论

最早研究银行、金融市场与宏观经济的关系的是Mckinnon（1973）、Goldsmith（1969）和Shaw（1973）等，他们以落后国家为样本，研究了金融结构与经济发展的关系，认为在落后国家存在着“金融抑制”的情况，即落后的金融结构限制和制约了经济的发展，进而提出了促进金融结构发展的金融深化理论。他们认为，在落后国家，市场处于分割状态，资源配置也处于无效率状态，市场价格不能反映资源的稀缺度，不能发挥优化资源配置的作用，尤其在资本市场更是如此，资本的配置很不合理，这本身也阻碍了资本的进一步积累，健全的金融市场对欠发达国家的经济发展是必不可少的，银行业的发展不仅与经济增长有关，而且是长期经济增长的源泉（King 和 Levin，1993）。Shaw（1973）与 Mckinnon（1973）认为各种金融抑制的体制制约了这些落后国家的经济增长，因此，他们以发达国家的金融体系为蓝本，提出了金融自由化的政策主张。然而，他们没有深入探讨产生“金融抑制”现象的根源是什么。

（2）金融约束论

20 世纪 80 年代以来，伴随各国金融自由化改革的实践及其实际结果的出现，学术界对于金融体系的认识也日益加深，尤其是对于信息因素在金融体系运行中的重要性有了深刻的理解。在此基础上，Stiglitz 及其合作者（Honohan 和 Stiglitz，2001；Hellmann，Murdoch 和 Stiglitz，1996）提出了“金融约束”理论，其核心论点是：给定宏观经济环境稳定、通货膨胀率较低且可预测等前提条件，由存款监管、市场准入限制等组成的一整套金融约束政策有助于促进经济增长。金融约束论认为在金融体系比较落后的经济中，政府应当在宏观经济稳定、尤其是通货膨胀率较低等前提条件下，通过存贷款利率控制、市场准入限制等一组金融约束政策为金融部门和生产部门创造获取剩余的机会，以缓解金融机构和企业部门由于信息不对称而产生的激励问题，从而推动金融深化和经济发展；政府的这种选择性干预应当是动态的，随着金融深化程度的加深，政府应当逐步放松上述金融约束，以促进经济向自由市场经济过渡。金融约束论的核心思想是强调政府干预金融的作用，提出对发展中国家而言，金融自由化并不一定是实现金融深化的最优政策选择，适度的金融压制是必要的。

金融约束论尽管也未揭示出金融的资源属性，但与金融深化论相比，其理论模型更加完善，政策建议更加符合发展中国家的实际，其蕴涵的金融效率观更加成熟。

1.5.3 金融可持续发展理论

亚洲金融危机爆发后，中国学者白钦先（1997）提出了金融可持续发展理论。金融可持续发展理论以金融资源学说为基础，率先揭示出金融的资源属性，即金融资源是区别于自然资源，具有战略性、脆弱性、中介性、社会性和层次性的特殊资源，其特殊性主要体现在金融既是资源配置的对象，又是配置其他资源的方式或手段。金融资源学说有三个假设前提：一是金融是资源，二是社会、经济、金融是一个复杂的复合巨系统，三是社会、经济、金融系统的正常运行建立在相关资源因素协调运行基础之上。在上述三个假设前提下，可以构建以金融资源理论原理为准则，以金融资源协调理论为核心，以金融资源业务理论为基础，相互关联又相互独立的金融可持续发展理论体系。金融经济为一个复杂的复合巨系统，其可持续发展不仅从动态的时序上强调各系统的发展能够协调、连续、不间断，而且注重各关联子系统之间的协调，是时间和空间的统一。没有良好的协调，系统就难以长久地持续发展，因此，金融与经济的协调是金融资源学说的关键，其协调的成功与否关系金融与经济的可持续发展。

孔祥毅（2001）提出了金融协调论，指出只有协调的金融运行，才有金融经济发展的高效率，才有金融可持续发展，为金融可持续发展理论提供了有益的补充。金融可持续发展理论及金融协调论为金融效率的研究提供了坚实的理论框架，正是基于协调的观点，我们将金融效率定义为金融系统与经济系统的协调度。一方面，从静态的角度，金融资源配置效率不仅应关注金融系统自身效率，更应关注金融与经济这两个复杂的复合巨系统的协调；另一方面，从动态的角度，金融效率不仅应考察单个时点的金融经济的协调，即静态金融效率，也应考察从一个时段到另一个时段金融经济的协调，即动态金融效率，因此，金融效率是静态效率与动态效率的统一。

黄金老（2001）对金融脆弱性进行了细致而深入的研究，区分了广义脆弱性和狭义脆弱性，并讨论了金融自由化与金融脆弱性的关系。毛一文（2002）提出中国金融脆弱性监测指标体系的设计。不可否认，金融脆弱性的研究促进了金融效率的研究。由于发达资本主义国家金融体系较为完善，国外在金融效率方面的研究偏重于微观和金融市场。F. Allen 和 D. Gale（2000）强调金融市场作为资源配置方式的标准经济模型是误导，市场与中介各有优劣。R. Levine（1997）对不同金融体系的效率做了大规模的跨国比较，在实证方面有多种尝试。E. Fama（1965）提出的资本市场有效理论一直是研究资本市场效率的金科玉律。国外对金融危机与金融脆弱性的研究较为深入，提出了不少有价值的理论模型。

基于产业组织理论认为垄断的银行结构不利于经济增长，Guzman（2000）认为相对于竞争性银行，垄断型银行向储蓄者支付较低的利率，从而降低了储蓄率，更易导致信贷配给；如果不存在信贷配给，垄断型银行则会索取更高的贷款利率，因此垄断型银行不利于资本积累和经济增长。Dewatripont 和 Maskin（1995）认为竞争性银行能够对借款企业形成更强的预算约束，因此有利于为风险较高的新企业提供融资。Black 和 Stranhan（2002）、Cetorelli 和 Stranhan（2006）研究发现，较低的银行集中度有利于新企业的创建和中小企业的成长，从而对经济增长有正向影响，而 Beck 等对 74 个国家企业层面的数据进行了分析，发现较高的银行集中度对企业融资具有阻碍作用，而且阻碍作用对小企业更为明显。Petersen 和 Rajan（1995）、Jackson 和 Thomas（1995）的研究得出了相反的结论，发现较高的银行业集中度有利于提高当地小企业的信贷可得性和新企业的成长。Bonaccorsi 等（2004）分析了意大利银行业的数据后发现，银行集中度与新企业创建之间的关系是非线性的，在一定范围内，银行业垄断程度的增加对新企业创建具有正向作用，但超过该范围后，银行业垄断程度的进一步增加对新企业的创建具有阻碍作用。

对于银行业结构与经济增长之间的关系，已有研究尚未得出一致的结论，现有文献着重于考察银行业集中度对银行业经济绩效的影响，部分研究认为垄断型银行业结构会导致供给不足和较高的贷款利率，有些研究认为具有市场垄断力的银行更有动力建立和维护银企长期关系。关于银行业结构与经济增长之间的关系，现有研究着重于考察银行业的竞争程度对银行体系的经济绩效的影响。

林毅夫（2006）指出，评价一国在一定发展阶段的金融结构是否有效的标准，不应该是该国金融结构与发达经济金融体系的差异或差距，而应该是本国金融结构是否与本国在现阶段的要素禀赋结构所决定的实体经济结构相适应。不存在适用于所有发展阶段和经济体的“最优”金融结构，每个经济体在一定发展阶段都有各自的最优金融结构，这种内生的最优金融结构是客观的，又是动态的，随着该国经济的要素禀赋结构的提升而演变。林毅夫（2006）强调银行业的规模结构对于经济增长的重要性，提出了“最优金融结构”的理论假说，主要观点认为在现代的低收入国家，区域性的中小银行应当成为金融体系的重要组成部分；而在现代的发达国家，大银行和金融市场应当在金融体系中发挥主导作用。中小企业由于信息不透明，融资规模较小，区域性的中小银行在为其提供融资服务方面具有比较优势，区域性银行应当成为发展中国家金融体系的重要组成部分。林毅夫（2008）运用中国 8 个省份在 1985—2002 年的样本数据，考察了银行业结构与经济增长的关系，结论认为中国在现阶段四大国有商业银行市场份额的下降和中小金融机构市场份额的上升意味着中国的银行业结构向最优银行业结构趋近，这种银行业结构会提高信贷资金的配置效率，促进经济增长。

金融学与经济学一样，实质上也是一种价格理论，它主要研究如何在不确定的环境下，通过金融市场对资源进行跨期最优配置，这也意味着它必然以实现市场均衡和获得合理金融产品价格体系为理论目标和主要内容。资金的供给者（投资者）和需求者（融资者）最终在资本市场上相遇，同产品市场理论相似，当市场均衡时，资产的价格和数量必然同时被决定。现代金融业的变化导致金融理论的研究也发生了根本性的变化，这种变化主要表现在：一是金融活动和人们的投融资行为已经或正在发生着根本性变化，最主要的表现是金融活动越来越市场化。最近 20 年来，资本市场在金融体系中的作用与地位得到迅速提高，金融体系演变成以资本市场为核心的金融体系。二是金融理论也在发生着深刻的变革。价格理论是研究融资的核心理论。二三百年来，经济学家一直在研究价格问题。人们最先关注的是商品价格决定及其波动影响因素，并形成了很多流派。最重要的流派有三个：第一种理论是效用论。这一理论认为商品价格的决定是以其对人们的效用为基础的，这些效用包括主观的、生理的、物质的，效用的大小决定了商品价格的高低。第二种理论认为商品的价格是由市场供求关系决定的。第三种理论就是著名的劳动价值论。从 19 世纪末期开始，人们对商品价格形成原因的研究逐渐减少，进而研究另一种价格形态即利率，试图解释是什么原因决定了利率的形成以及利率的高低，研究利率在经济运行以及经济均衡中的作用。在利率理论研究阶段，人们对金融制度的研究是非常重视的，尤其是对银行制度的研究，因为银行经营的各种风险与利率的不确定性有着非常密切的关系。20 世纪 60 年代，作为较古老的一种金融中介，银行作为以经营传统业务为主的商业银行在经济生活中虽然仍发挥着重要作用，但有迹象表明，它的功能正在慢慢衰退。

20 世纪 50 年代后，经济结构特别是资产结构发生了重大变化，利率仍然是人们所关注的问题，但已经不被主流经济学家所重视。人们又慢慢将视野转向更加复杂的价格理论，即资本市场资产价格的变化及其决定。经济学家对这个问题的研究与当时的经济结构尤其是资产结构正在发生重大变化有着密切的关系。20 世纪 50 年代以来，金融对经济活动的作用急剧加大。人们研究利率理论意味着货币对经济的推动作用日益明显，那么价格理论的研究重心从商品价格到利率研究，从货币资金的价格到虚拟化的资产价格，是理论研究的一种深化。从商品价格到利率研究是理论研究的一种深化，同时表明经济中出现了虚拟化。最后人们开始研究更虚拟化的价格，即资产的价格。这表明以资本市场为核心的现代金融已经成为现代经济的核心。

20世纪80年代开始，经济学家开始越来越多地研究资本市场的问题，特别是资本或风险的定价、风险管理技术以及高度市场化状态下的公司资本结构问题，到90年代是金融学蓬勃发展的时期，这与当时金融全球化和自由化以及金融领域的大规模创新活动有着密切的联系，如果没有金融的全球化、自由化和金融创新，就不会有今天的金融理论，20世纪90年代以后至少有三届诺贝尔经济学奖获得者是研究金融问题的，特别是与研究资本市场有关系。资本市场的发展使整个经济运行体系由陆地移向了海洋，在没有资本市场的情况下，经济活动是建立在陆地上的，经济活动的规律可以看得比较清楚，经济变量之间的关系在理论上也存在着相对的稳定性，它们之间的逻辑关系是清楚的。在资本市场成为整个经济运行的基础之后，很多经济变量之间的相互关系就变得不那么直接甚至是不稳定了，它们之间需要有转换的变量。比如货币的流动速度，在没有资本市场或者资本市场不发达的情况下，一个国家的货币流动速度是相对稳定的，这是我们的研究经常假定的，在没有资本市场的情况下，这个假定是比较合理的。在体制相对稳定的国家，货币流动速度是相对稳定的，投入产出比也是相对稳定的，货币供应量与经济增长之间的关系也是稳定的。在资本市场快速发展过程中，宏观经济变量特别是与货币密切相关的经济变量与实体经济变量之间的相对稳定关系会发生重大变化。在资本市场不发达的经济体系中，宏观经济的基础至少从表面看是坚实稳固的，它是建立在陆地之上的。当资本市场发达之后，整个经济活动似乎慢慢地移向海洋，表现为流动性和不确定性。经济体系赖以建立的基础发生了根本性的变化，经济变量之间的关系变得越来越模糊和不确定。可以看出，迅速发展的资本市场是把“双刃剑”，一方面它为整个经济体系提供了效率，另一方面又为经济体系带来了不稳定性。

资本市场的发展不仅使经济变量之间的关系以及经济理论体系发生重大变化，而且会使全社会经济运行的规则发生根本性的调整。在传统金融体系中，商业银行制定的规则多数构成了社会经济活动的基本规则。如果企业的运行规则不与它对接，企业就无法获得银行体系资金的支持。在金融制度相对单一的时代，没有银行体系的支持，任何企业都不可能有持续的发展，从而也就不可能有持续的竞争力。在资本市场蓬勃发展之后，资本市场规则有取代银行规则之势而逐渐成为社会经济运行规则的统一接口，这时如果企业不适应这种规则，就会失去发展的契机。

资本市场在20世纪80年代之后能够持续发展，在现代金融体系中，从功能的角度不断取代传统商业银行金融功能而成为金融体制的主导力量，关键在于这个市场所具有的成长性和透明度。在Robert C. Merton和Zvi Bodie看来，现代金融或资本市场在经济体系中有六大功能，即在实践和空间上转移资源、管理风险、清算与支付结算、储备资源与分割股份、提供信息、解决激励问题。实际上，最核心的功能是两个：一是为整个社会提供一种具有流动性的有风险规避功能的金融资产，随着社会经济发展，越来越多的居民成为资金富裕者，我们不能要求所有人都去建工厂，办企业，实际上越来越多的人需要具有流动性并具有一定收益的可投资的金融资产，这种资产只能由资本市场来提供。二是创造一种风险转移机制，通过这种风险转移机制对经济活动中几乎所有的风险进行转移，现代金融本质上是一种风险转移机制，尽管建立资本市场的初衷可能是配置资源，但实际上配置资源就是配置风险。从市场角度看，配置风险变得越来越重要，市场就是要把风险进行优化配置，实际上现代金融体系的一个重要功能就是配置风险、转移风险。

第 2 章

利息与货币的时间价值

自从人类社会在经济活动中产生了货币后，不仅商品交易的效率提高了，而且借助于货币的支付手段职能，使人类的经济活动进入了更高级的形式。随着商品借贷发展到货币借贷，利息和利息率这些概念也就产生了。17 世纪英国古典政治经济学创始人威廉·配第（William Petty）指出："利息是同地租一样公道、合理、符合自然需要的东西。"

时间价值是客观存在的经济范围，任何企业的财务活动，都是在特定的时间中进行的，因此时间价值正确揭示了不同时间点上资金之间的换算关系，是投资决策跨期配置的基本依据。企业筹融资属于一种资金的跨期配置行为，因此在筹融资过程中必须考虑资金的时间价值。

2.1 利息

货币本身并不会自行增值，只有当实业本家用货币购买到生产资料和劳动力，才能在生产过程中通过雇佣工人的劳动，创造出剩余价值。货币资本家凭借对资本的所有权，与实业资本家共同瓜分剩余价值。因此，资本所有权与资本使用权的分离是利息产生的内在前提，而再生产过程的特点，导致资金盈余和资金短缺者共同存在是利息产生的外在条件。

货币利息理论认为利息是借钱和出售证券的成本，同时又是贷款和购买证券的收益。作为一种货币现象，利息率的高低完全由货币的供求决定。利息实际反映了资金使用的费用。

威廉·配第认为利息是因暂时放弃货币的使用权而获得的报酬；亚当·斯密认为利息来自"使用货币所获得的利润的一部分"；凯恩斯认为利率"决定于现期的货币供给和以对货币的递延要求权来表示的对货币现期要求权的需求表"；蒋硕杰认为利率是可贷资金的价格。

虽然站在资金供需的角度看，利息是所有权的报酬，但利息真正来源于经济的实际增长。马克思指出利息是劳动人民创造的剩余价值的一部分。这个剩余价值就是经济的增长部分。就利率本质而言，它体现资金供求双方对经济体中未来财富增量的分割。这种分割在长期中表现出相当稳定的趋势。马克思认为，利息来源于剩余产品或利润的一部分，它是剩余价值的特殊转化形式。这说明利息是由劳动者创造的价值的一部分。利息与利润之间有一定的量的关系。由于利息是利润的一部分，所以，利润就成为利息的最高界限。对全社会而言，平均利润就是利息的最高界限。由于利息和利润之间存在量的关系，利息也就成为反映使用借贷资金投资效率高低和货币资金使用是否合理的一个标志。

利息是资金所有者在一定时期内让渡资金使用权而获得的报酬，本质上是资金供求双方对未来财富增量的分割。资金供求双方的谈判力则决定了这样的分割是按照何种比例进行，从而确定利率大小。实体经济增长率则在长期中决定了可供分割的基础，也就是可供分割的蛋糕究竟有多大。因此，利率大小在不同时期的变化归根结底是受经济体发展状况的制约。但是，在短期中，利率受到各种因素的影响而具多样性。

利息来源于经济体的经济增长，这是决定利率大小的基础。利率的大小表明资金供求双方在未来财富的分割中所占的份额。资金供求双方谈判力的大小，则决定各自份额的大小，从而决定利率的高低。而谈判力的大小受制于资金供求双方的硬约束，需要政府培育市场并保护谈判弱势一方。当然，利率的大小要受风险和预期的影响。

2.2 利率及其种类

利息率简称利率，指一定时期内利息额同本金额的比率，利息率实质上是资金使用权价格：

$$利率 = 利息 / 本金 \times 100\% \qquad (2-1)$$

现实生活中的利息率都是以某种具体形式存在的。如3个月储蓄存款利率，1年期国债利率，6个月贷款利率，贴现利率，等等。随着金融活动的日益发展，金融活动方式的日益多样化，利息率的种类也日益繁多。这些利率按照不同的标准，可以有多种不同的分类，经济生活中常用以下几种分类方法。

(1) 年利率、月利率、日利率

按照计算期限不同，利率分为年利率、月利率和日利率三种。年利率是指按年计算的利率，通常用百分数（%）表示；月利率是指按月计算的利率，通常用千分数表示；日利率是指按天计算的利率，通常用万分数表示。三者可相互换算：

$$年利率 = 12 \times 月利率 = 365 \times 日利率 \qquad (2-2)$$

随着现金理财产品的不断丰富，我们经常可听到年化收益率的概念。年化收益率仅是把当前收益率（日收益率、周收益率、月收益率）换算成年收益率来计算的，是一种理论收益率，并不是真正的已取得的收益率。比如某银行出售的一款3个月理财产品，宣传时称91天的年化收益率为3.1%，那么你购买了10万元的理财产品，实际上你能收到的利息是10万元×3.1%×91/365=772.88元，绝对不是3 100元。使用年化收益率的好处是使短期资金的收益看起来似乎较高。

（2）名义利率和实际利率

按照性质不同，利率又分为名义利率和实际利率两种。名义利率是指用货币数量所表示的利率，通常即银行挂牌的利率或债券的票面利率，而实际利率则是指用名义利率扣除通货膨胀率之后的差数。

一般而言，利率以货币计量，而不是以房屋、汽车或其他商品计量。名义利率衡量的是每一元投资每一年所获得的货币收益。但货币可能会是一把扭曲的尺子。房屋、汽车或其他商品的价格基本上每年都在变化——最近的价格也通常因通货膨胀而上升。货币利率并不能衡量出借者实际所得到的商品或服务。比如在年初以 5% 的年利率借出 100 元，那么到年末将得到 105 元，但由于这一年中价格发生了变化，用这 105 元很可能已经买不到年初 100 元所能买到的商品了。

我们需要用另一个概念来理解利率，以便用实际的商品和服务来衡量投资的收益，而不是以货币来衡量。这个替代的概念就是实际利率，它衡量的是，今天我们所放弃的商品在明天能为我们带来的商品的数量。通过运用通货膨胀率来矫正名义利率或货币利率，我们就可以得到一个概略的计算实际利率的公式：

$$i_r = i_n - e \tag{2-3}$$

其中，i_r 为实际利率，i_n 为名义利率，e 为通货膨胀率。

在经济与投资活动中，区别名义利率和实际利率至关重要。是赔是赚不能看名义利率，而要看实际利率。但是在通货膨胀条件下，市场各种利率都是名义利率，实际利率却不易观察到。通常是利用式（2－3），根据已知的名义利率和通货膨胀率推算出实际利率。

（3）固定利率和浮动利率

按照管理方式不同，利率可分为固定利率和浮动利率两种。固定利率是指在借贷业务发生时，由借贷双方确定的利率，在整个借贷期内，利率不因资金供求状况或其他因素的变化而变化。浮动利率是指借贷业务发生时，由借贷双方共同确定的、可以根据市场变化情况进行相应调整的利率。固定利率与浮动利率各有其优缺点；固定利率便于借方计算成本、贷方计算收益，但它有一定的风险。在期限较长、市场利率变化较快的情况下，借贷双方中必有一方受损。浮动利率可以减少市场变化的风险，但不便于计算与预测投资或借贷的收益和成本。

2.3　利率结构

利率的结构是指各种债券利率之间的关系。由于债券种类繁多，每种债券利率也有不同种类的区分方法，因而泛泛而论债券利率之间的关系是个很复杂的问题。目前的理论一般把利率结构分为两类：一类是利率的风险结构，在假定期限相同的前提下研究各种债券利率之间的关系，并研究这些关系是如何产生的；另一类是假定在其他条件均相同的条件下，研究仅仅因为期限不同的各种债券间的利率差异是由什么因素决定的。

2.3.1 利率的风险结构

各种期限相同的债券利率间的关系被称为利率的风险结构。利率的风险结构主要是由债券的违约风险、债券的流动性及税收等因素决定的。

(1) 违约风险

债券的违约风险是债券的发行人可能无法按期还本付息而给债券购买者造成损失的可能性。由于存在违约风险，债券利率因风险大小不同而不同，二者呈正向变化关系，债券违约风险越大，对投资者吸引力越小，债券发行时所定的利率就要高些；反之，发行利率应低些。

对债券风险资信的评估，美国有四家权威的评级机构：穆迪投资者服务公司、标准普尔公司、费奇公司和价值线投资调查公司。国内有两家权威机构：中国诚信证券评估有限公司、大公国际资信评估有限公司。

(2) 流动性

债券的流动性是指能及时、低成本变现的能力。流动性的大小可以用变现成本来衡量。变现成本包括交易佣金和债券买卖差价。交易佣金是投资者买卖债券时支付给经纪人的手续费；债券买卖差价是债券出售者报出的卖价和债券买入者报出的买价之差。一般地，投资者买入债券时，支付的是卖出价，但是他将手中的债券变现时，得到的都是买入价，其间的价差就构成了变现成本。对于流动性大的债券来说，市场上买卖人数多、交易频繁，买卖差价小，交易佣金也少，变现成本就小；反之，变现成本就大。所以，从流动性角度看，流动性大的债券其利率相对低些，流动性小的债券其利率相对高些。

(3) 税收因素

如果政府对债券利息收入课税，那么税收待遇不同显然也会影响债券利率。由于债券持有人真正关心的是税后的实际利率，税率越高的债券，其税前利率也应该越高；反之，税率越低的债券，其税前利率也相应较低。

当然在利率的风险结构中还包括再投资风险、通货膨胀风险等因素，因此根据资本资产定价模型只要是投资者认为未来会产生的风险都可以计算到货币资产的使用价格中，因此对于一项投资或经营活动，其蕴涵的风险越高，投资者要求附加的风险就越多，对融资者而言资金使用权价格越高。

2.3.2 利率的期限结构

收益与到期时间的关系称为利率的期限结构。一般来说，随着债券到期期限的增加，利率随之增加。

(1) 预期假说

该假说的关键是假定整个债券市场是统一的，不同期限的债券具有完全替代性，并且长期债券的利率等于长期债券到期之前人们对短期利率预期的平均值。

例如，有两种不同的投资策略：某投资者有 2 年期的闲置资金打算投资债券。策略一：先购买 1 年期的债券，1 年后将收回的本息再用于购买 1 年期的债券。策略二：直接购买 2 年期债券。

假设：i_t 表示 1 年期债券的年利率；i_{2t}表示 2 年期债券的年利率；i_{t+1}^e 表示预计 1 年后债券的年利率。那么，策略一的预期收益率为

$$(1+i_t)(1+i_{t+1}^e)-1 \tag{2-4}$$

策略二的预期收益率为

$$(1+i_{2t})(1+i_{2t})-1=(1+i_{2t})^2-1 \tag{2-5}$$

由于假定两种债券可互相替代，所以，在均衡的情况下应相等，即策略一和策略二预期收益率相等，则

$$(1+i_{2t})^2-1=(1+i_t)(1+i_{t+1}^e)-1$$

即

$$2i_{2t}+i_{2t}^2=i_t+i_{t+1}^e+i_t\times i_{t+1}^e \tag{2-6}$$

式（2－6）中 i_{2t}^2、$i_t\times i_{t+1}^e$的值均很小，可以忽略不计，因此可简化为

$$i_{2t}=\frac{i_t+i_{t+1}^e}{2} \tag{2-7}$$

可见，式（2－7）表示 2 年期利率等于当年和次年 1 年期利率的均值。推而广之，可以推出 n 期债券的利率 i_{nt}为

$$i_{nt}=\frac{i_t+i_{t+1}^e+i_{t+2}^e+\cdots+i_{t+(n-1)}^e}{n} \tag{2-8}$$

式（2－8）的意义在于将不同期限的债券视为一个相互联系的统一体，从而为债券市场上不同期限利率的同向波动作出了解释。

（2）分割市场理论

分割市场理论假定债券市场是完全独立和分割开的市场，不同期限的债券不是替代品，各种期限债券的利率仅由该种债券的供求所决定，不受其他债券预期回报率的影响。

这种假说的理由是投资者对所要投资的债券都有一个具体的预期持有期，一般只对某种期限的债券有强烈偏好，对其他期限债券并非如此。因此，当他们把债券持有期与债券到期日匹配起来，就可以获得稳定的无风险回报。考虑到机构投资者、居民甚至政府在债券市场上的习惯做法，上述理由显然是有根据的。

（3）预期选择理论

预期选择理论的关键假设是不同的债券是替代品，但并非是完全替代品。这就意味着一种债券的预期回报率可以影响具有不同期限的债券的预期回报率，同时考虑到时间的风险因素，长期债券的利率等于该种债券到期之前短期利率预期的平均值加上这种债券随供求条件变化而变化的期限升水。

上述内容用公式表示为

$$i_{nt} = \frac{i_t + i^e_{t+1} + i^e_{t+2} + \cdots + i^e_{t+(n-1)}}{n} + k_{nt} \tag{2-9}$$

其中，k_{nt}为债券期限升水，k_{nt}随债券期限延长而增大，一般为正值。

例如，假定今后 5 年里，1 年期利率预期分别为 5%、6%、7%、8% 和 9%，投资者偏好持有短期债券 1 年期至 5 年期的期限升水为 0、0.25%、0.5%、0.75% 和 1%。这样，2～5 年期债券的利率分别为

$$i_2 = \frac{5\% + 6\%}{2} + 0.25\% = 5.75\%$$

$$i_3 = \frac{5\% + 6\% + 7\%}{3} + 0.5\% = 6.5\%$$

$$i_4 = \frac{5\% + 6\% + 7\% + 8\%}{4} + 0.75\% = 7.25\%$$

$$i_5 = \frac{5\% + 6\% + 7\% + 8\% + 9\%}{5} + 1\% = 8\%$$

结果表明，加上升水后的长期预期利率高于预期假说算出的长期利率（2～5 年期分别为 5.5%、6%、6.5%、7%），这样就解释了经验事实一：各种期限债券利率是同向波动的。同时，由于期限升水与期限呈正向关系，期限越长，期限升水越大。在投资者偏好短期债券时，即使未来短期利率预期的平均值稳定不变，长期利率也会高于短期利率，从而使回报率曲线向上倾斜，这就解释了经验事实二。

利率的风险结构和期限结构实际上是从不同角度计量利率，风险结构衡量的利率包含了风险，而利率的期限结构考虑了不同期限的借贷行为之间的时间关系。

2.4 货币的时间价值

2.4.1 时间价值原理

货币的时间价值反映了货币在不同时点的价值，它在很多方面都具有积极的作用。在企业进行投融资决策和评估作业等很多方面，货币的时间价值都是必须全面考虑的因素。

利用货币的时间价值，国家可以对整个交易市场作出宏观调控。货币在贬值，物价相对来说则是在上升，生产者的生产技术停留在原有基础时，生产成本就会增加，生产者要盈利，就只有提高产品售价，而消费群体的经济承受能力和心理承受能力则有可能只停留在原来的水平，这就会造成生产者投资回收的困难，从而促使生产者提高自己的生产技术，降低生产成本。这正是国家利用货币的时间价值对生产交易市场的调控。显而易见，货币的时间价值使得国家对交易市场的管理收到了事半功倍的效果。

企业财务估价是借助资金时间价值的计算形式来进行的。资金时间价值是指一定量资金在不同时点上的价值量的差额。资金的时间价值来源于资金在运动过程中，经过一定时间的投资与再投资后所产生的增值。

在市场经济条件下，今天的 1 元钱和将来的 1 元钱是不等值的，前者要比后者的价值大。例如，将今天的 1 元钱存入银行，若银行存款年利率为 10%，1 年以后就会是 1.10 元。可见，经过 1 年时间，这 1 元钱发生了 0.10 元的增值，今天的 1 元钱和 1 年后的 1.10 元钱等值。这就是资金在投资后随时间的推移而产生的增值，也就是资金的时间价值，它可以用绝对数来表示（本例中的 0.10 元），即利息，也可以用相对数来表示，增加价值与投资价值的比值（本例中 10%），即利息率。

资金在投入生产经营过程后，其数额随时间持续而不断增长，这是客观存在的经济现象。资金在投资过程中，不断按照投入—回收—再投入—再回收周而复始地运动，资金的时间价值是资金在周转使用中产生的，是资金所有者让渡资金使用权而参与社会财富分配的一种形式。

通常情况下，资金的时间价值相当于没有风险和通货膨胀条件下的社会平均资金利润率，这是利润平均化规律作用的结果。在市场经济中，由于竞争，企业的财务管理活动总是存在着不同的风险，而通货膨胀是客观存在的经济现象。因此，同样多的资金在相同的时间投资不同的项目，所获得的投资报酬率是不同的，而它们之所以不同，是由于它们所产生的风险报酬率不同，时间价值（社会平均利润率）是相同的。企业在投资中，所赚得的基本报酬也必须达到社会平均利润率，否则就不如投资于其他项目或其他行业。只有购买国库券等政府债券几乎没有风险，如果通货膨胀率为零，则可以用政府债券利率来表现资金时间价值。

银行存款利率、贷款利率、各种债券利率、股票的股利率都可以看做是资金投资的报酬率，它们与资金的时间价值率是有区别的，只有在没有风险和通货膨胀条件下，时间价值才与上述各报酬率相等。值得注意的是，通常情况下，在讲述资金时间价值时，均假设只有在没有风险和通货膨胀条件下，以利息率来代表资金的时间价值。

资金时间价值以商品经济的高度发展和借贷关系的普遍存在为前提条件或存在基础，它是一个客观存在的经济范畴，是财务管理中必须考虑的重要因素。在经济活动中，应将资金时间价值作为一种观念引入财务管理中，在有关的融资、投资和资本收益分配的财务决策中，都要认真考虑资金时间价值。

2.4.2　货币时间价值的计算

每一种投资机会都可以用其产生的现金流来充分描述。现金流简单说就是支出或收入的款项。现金流具有三个重要特征，第一是现金流的大小；第二是现金流的方向；第三是现金流发生的时间。现金流可以用任何一种货币的形式表示。以何种货币计值与我们进行分析的逻辑没有任何关系。收入的款项经常被称为现金流入，支出款项经常被称为现金流出，现金流出一般代表成本。

用来描述某一特定投资的一整套现金流称为现金流序列或收支序列。对于筹融资过程而言，一个现金流序列可能是已知的，也可能是不确定的，现金流序列的确定性越高，则其相关的投资机会的风险就越小。

下面介绍一次性收付款项的终值与现值的计算。

在某一特定时点上一次性支付（或收取），经过一段时间后再相应地一次性收取（或支付）的款项，即为一次性收付款项。例如，某人持有一笔现金 10 000 元，现在按年利率为2%的5年定期存入银行，5年后取得本利 11 000 元，这种收付款项就属于一次性收付款项。

资金时间价值的计算，是说时间是有价值的，这种价值在现金流估值时必须加以考虑，对时间价值的考虑主要是通过将现金折现为一般的时间等价物来实现的，一般的时间等价物主要是指终值和现值。

终值又称将来值，是现在一定量资金折合成未来某一时点上的资金的价值，俗称本利和。现值又称本金，是指未来某一时点上的一定量资金折合为现在资金的价值，一般需要一个折现率来把现金流变换为现值。用经济学的语言来讲，恰当的折现率也就是准备进行投资的人的资金的机会成本。上例中，10 000 元存入银行，5 年后获得本利和 11 000元，因而现在的 10 000 元经过 5 年后的终值为 11 000 元；反之，5 年后的 11 000 元折合为现在的价值为 10 000 元。现在 10 000 元与 5 年后 11 000 元在价值上是等量的。

终值与现值的计算涉及利息计算方式的选择。目前有两种利息计算方式，即单利和复利。单利方式下，每期都按初始本金计算利息，当期利息即使不取出也不计入下期本金，计算基数不变。复利方式下，以当期末本利和为计息基础计算下期利息，即利上加利。现代财务管理过程中一般用复利方式计算终值和现值。

(1) 单利的终值和现值

为计算方便，这里假定如下符号含义：I 为利息；P 为现值；F 为终值；i 为利率（折现率）；n 为计算利息的期数。

①单利终值的计算公式为

$$F = P \times (1 + i \times n) \tag{2-10}$$

【例 2-1】 某人将现金 10 000 元存入银行 4 年，银行年利率为 2%，若按单利计息，则 4 年后所获得的资金为

$$F = 10\,000 \times (1 + 2\% \times 4) = 10\,800(\text{元})$$

②单利现值的计算公式为

$$P = F \div (1 + i \times n) \tag{2-11}$$

单利现值的计算同单利终值的计算是互逆的，由终值计算现值的过程称为折现。

(2) 复利的终值和现值

①复利终值的计算公式为

$$F = P \times (1 + i)^n \tag{2-12}$$

【例 2-2】 某人将 10 000 元存入银行，年利率为 2%，则经过一年时间本利和为

$$F = P + P \times i = P \times (1 + i) = 10\,000 \times (1 + 2\%) = 10\,200(\text{元})$$

如此人并不提走现金，将 10 200 元继续存在银行，则第二年本利和为

$$F = P \times (1 + i)^2 = 10\,000 \times (1 + 2\%)^2 = 10\,404(\text{元})$$

同理，第三年的本利和为

$$F = P \times (1 + i)^3 = 10\,000 \times (1 + 2\%)^3 = 10\,612.08(\text{元})$$

依此类推，第 n 年的本利和为

$$F = P \times (1+i)^n$$

其中，$(1+i)^n$ 通常称为一次性收付款项终值系数，简称复利终值系数，用符号 $(F/P,i,n)$ 表示。如［例 2－2］中 $(F/P,2\%,3)$ 表示利率为 2%、3 年复利终值的系数。复利终值系数可以通过查复利终值系数表直接获得。

复利终值系数可由复利终值系数表查得，一般复利终值系数表的第一行是利率 i，第一列是计息期数 n，相应的 $(1+i)^n$ 在其纵横相交处。由表可查出，$(F/P,2\%,3) = 1.061$，即在利率为 2% 的情况下，现在的 1 元和 3 年后的 1.061 元在经济上是等效的，根据这个系数可以把现值换算成终值。

②复利现值的计算公式为

$$P = F \times (1+i)^{-n} \tag{2-13}$$

其中，$(1+i)^{-n}$ 通常称做一次性收付款项现值系数，记做 $(P/F,i,n)$，可以直接查阅复利现值系数表。

【例 2－3】　某企业进行一项投资，预计 5 年后可获得收益 200 万元，按年利率（年折现率）10% 计算，这笔收益的现值为

$$P = F \times (1+i)^{-n} = 200 \times (1+10\%)^{-5} = 200 \times 0.621 = 124.2(\text{万元})$$

2.4.3　年金的终值和现值

年金是指一定时期内每期等额收付的系列款项，通常记做 A。年金的形式多种多样，如折旧、保险费、养老金、租金、等额分期收款、等额分期付款以及零存整取或整存零取储蓄等。年金按其每次收付发生的时点不同，可分为普通年金、即付年金、递延年金、永续年金等几种。

（1）普通年金的终值

普通年金是指从第一期起，在一定时期内每期期末等额发生的系列收付款项，又称后付年金。普通年金终值是指每期收付款项的复利终值之和，是折算到最后一期期末的本利和。如图 2－1 所示。

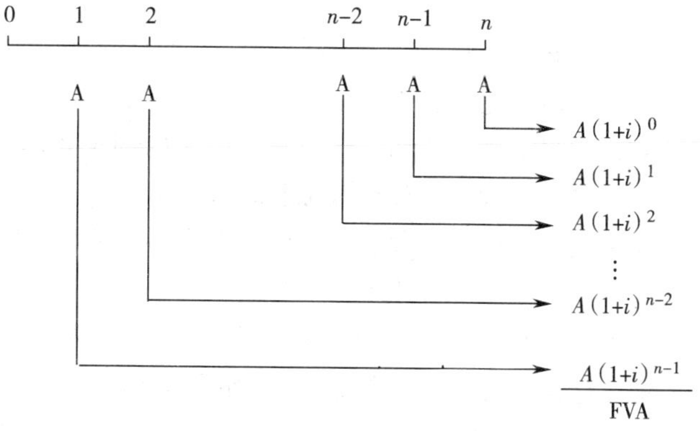

图 2－1　普通年金现金流

年金终值的计算公式为

$$F = A \times (1+i)^0 + A \times (1+i)^1 + \cdots + A \times (1+i)^{n-1} \qquad (2-14)$$

整理式（2－14），可得

$$F = A \times \frac{(1+i)^n - 1}{i} \qquad (2-15)$$

其中，$\frac{(1+i)^n - 1}{i}$称为年金终值系数，记为$(F/A,i,n)$，可通过直接查阅年金终值系数表求得有关数值。

【例2－4】某企业投资一项目建设期5年，若5年内每年末从银行借款50万元，借款年利率为10%，则该项目竣工时应付本息的总额为

$$F = 50 \times (F/A, 10\%, 5) = 50 \times 6.1051 = 305.25(\text{万元})$$

（2）普通年金的现值

普通年金现值是指一定时期内每期期末等额收付款项的复利现值之和。年金现值的计算公式为

$$F = A \times (1+i)^{-1} + A \times (1+i)^{-2} + \cdots + A \times (1+i)^{-n} \qquad (2-16)$$

整理式（2－16），可得

$$F = A \times \frac{1 - (1+i)^{-n}}{i} \qquad (2-17)$$

其中，$\frac{1-(1+i)^{-n}}{i}$称为年金现值系数，记为$(P/A,i,n)$，可通过直接查阅年金现值系数表求得有关数值。

【例2－5】 某公司拟于9年后清偿1笔20万元的债务，欲自今年起，每年年底计提一笔固定款项，年利率为10%，每年应计提多少钱？

$$F = 20\text{万元}, i = 10\%, n = 9$$

$$A = F/(P/A, 10\%, 9) = 20\text{万元}/13.579 = 14\,729(\text{元})$$

2.4.4 单利与复利

上面讨论资金时间价值时，均假定利率为年利率且每年复利一次。但实际上，复利的计息期间不一定是一年，有可能是季度、月份或日。比如某些债券半年计息一次，有的抵押贷款每月计息一次，银行之间拆借资金均为每天计息一次。当每年复利次数超过一次时，这样的年利率称为名义利率，而每年只复利一次的利率才是实际利率。对于一年内多次复利的情况，可采取两种方法计算资金时间价值。

第一种方法，将名义利率调整为实际利率，然后按实际利率计算资金的时间价值。

$$i = (1 + r/m)^m - 1 \qquad (2-18)$$

其中，i为实际利率，r为名义利率，m为每年复利的次数。

【例2－6】 某企业存在银行的一笔资金为10万元，年利率为5%，每季度复利一次，到第5年末的本利和是多少？

依据题意，$P=10$，$r=5\%$，$m=4$，$n=5$，有

$$i=(1+5\%\div 4)^4-1=5.09\%$$

$$F=10\times(1+5.09\%)^5=12.82(\text{万元})$$

第二种方法，将名义利率 r 调整为每年复利周期一次时的利率 $r\div m$，复利基数为 n 年内，总的复利次数为 $m\times n$。

【例2-7】　利用［例2-6］的数据，求得

$$F=10\times(1+5\%\div 4)^{4\times 5}=12.82(\text{万元})$$

现金流现值的总和与零时刻成本间的差被称为净现值，通常以NPV来表示，净现值对于分析和比较投资机会是非常有用的，例如有两个投资机会，投资A的净现值是822美元，投资B净现值是768美元，那么很明显投资A优于投资B。

把净现值作为投资价值的度量对于折现率的变动是十分敏感的，也就是说即使现金流是已知的，如果折现率发生变动，则投资的净现值也会发生变动，在不同折现率假设下两个投资机会净现值的比较有助于进行投资过程的敏感性分析，同时净现值与折现率还存在相反关系，一般折现率越高，净现值越小。

2.5　证券价值与筹资成本

时间价值原理在投资学与企业筹融资过程中具有广泛的用途。利用货币的时间价值与贴现的概念，我们可以用来分析公司任何资产的价值，如厂房、设备、股票、债券、优先股、按揭贷款以及不动产交易等，另外还被应用于公司财务方面进行资本预算的决策、兼并与收购交易。由于价格是价值的表现形式，讨论价值与价格具有同样的意义。

债券与股票是现代公司进行筹融资的最基本的金融工具，发行债券和股票虽可以使公司在当期获得需要的资金，同时也使公司在未来必须支付利息或股利，因此如何确定这些证券的价格（价值），并计算企业的融资成本就具有非常重要的意义。

2.5.1　债券价格与成本

债券是政府或企业发行的一种借款凭据。它具有以下四个要素：①面值（B_0）。即债券法定票面价值，它表示公司或政府借入资本的货币额和到期承诺偿还的金额。②票面利率（i）。债券的票面利率是名义利率，在发行债券前就已经确定，并注明于债券票面上。一般说债券的票面利率越高，发行价格越高，反之发行价格越低。③市场利率（K_d）。债券发行时的市场利率是衡量债券票面利率高低的坐标，两者共同影响债券的发行价格。一般市场利率越高，债券的发行价格越低。④债券的期限。债券的期限对于债券的价格影响较复杂，债券期限越长，持券人风险越大，债券到期面值及单期利息的现值就越小，另一方面较大的风险要求较高的票面利率，同时利息的收益期越长，利息总额越大，这些从正反两方面影响债券的价格。债券的发行价格（V）为

$$V=\frac{B_0}{(1+K_d)^n}+\sum_{t=1}^{N}\frac{B_0\cdot i}{(1+K_d)^t} \tag{2-19}$$

债券的发行价格由两部分组成：一部分是债券到期还本面额按市场利率贴现的现值，另一部分是债券各期利息的现值之和。

【例2－8】 某公司拟发行20年期、面值1 000元、票面利率9%的债券，计算：①市场利率为8%的发行价格；②市场利率为9%的发行价格；③市场利率为10%的发行价格。

①市场利率为8%时：

$$\begin{aligned} V &= 1\,000(P/F,8\%,20) + 1\,000 \times 9\%(P/A,8\%,20) \\ &= 1\,000 \times 0.215 + 90 \times 9.818 = 1\,099(\text{元}) \end{aligned}$$

②市场利率为9%时：

$$\begin{aligned} V &= 1\,000(P/F,9\%,20) + 1\,000 \times 9\%(P/A,9\%,20) \\ &= 1\,000 \times 0.178 + 90 \times 9.0128 = 1\,000(\text{元}) \end{aligned}$$

③市场利率为10%时：

$$\begin{aligned} V &= 1\,000(P/F,10\%,20) + 1\,000 \times 9\%(P/A,10\%,20) \\ &= 1\,000 \times 0.149 + 90 \times 8.514 = 915(\text{元}) \end{aligned}$$

可见当债券票面利率等于市场利率时，应按面值出售；当票面利率小于市场利率时，应折价发行；当票面利率高于市场利率时，应溢价发行。

2.5.2 股票价格与成本

投资者购买普通股的目的有两个：一是分享股息；二是希望将来某日出售，卖出的价格高于买进价格，即资本利得。一般来说，人们购买股票的目的是为获取资本利得。

股票的价值由未来现金流入量的现值所决定。预期的现金流入量包括两部分，一是每年预期的股利（D_t），二是投资者在第 n 年底出售股票预期收到的价格（P_n），此价格包括原始投资加上资本利得（或减去资本损失）。

公司给予股东的现金流量是什么？从个人投资者来看现金流量包括股息和资本利得，但是就整个市场以及未来与现在的投资者而言，预期的现金流量就是股息，所以股票的价值（P_0）可由其股息来求得

$$P_0 = \sum \frac{D_t}{(1 + K_s)^t} \tag{2-20}$$

其中，K_s 为必要收益率。

多数公司的盈余与股息应该是逐年增加的，一般来说，成长率 g 在未来是可预见的，如果公司已经发放过股利，则第 t 年的股息为

$$D_t = D_0(1 + g)^t \tag{2-21}$$

将式（2－21）代入式（2－20）并化简可得

$$P_0 = \frac{D_0}{K_s - g} \tag{2-22}$$

式（2－22）即著名的高登模型，其必要条件是 $K_s > g$，否则方程毫无意义，若相等则方程不确定。

式（2－22）变换可得

$$\hat{R}_S = \frac{D_0}{P_0} + g \qquad (2-23)$$

其中，$\hat{R}_S$ 表示投资者预期收益率，它等于股息收益率 D_0/P_0 加上资本利得收益率（g），若 g 等于0，可推得 $\hat{R} = D_0/P_0$，即零成长股票的预期收益率就是股息收益率。

在均衡市场中，预期收益率等于必要收益率，由于股价对新的情报调整迅速，可以认为股票市场是均衡市场，可用 K_s 表示预期收益率和必要收益率。

【例2－9】　某公司去年每股收益为1.81元，过去几年盈利及股息都是按5%的成长率增长，预测今年也按5%增长，必要收益率为12%，求股票的价值。

$$P_0 = 1.81 \times (1 + 0.05)/(12\% - 5\%) = 27.15(元)$$

第3章

资本结构理论

1958 年 MM 定理诞生以来，经济与金融学家开始对公司资本结构问题进行不懈的研究，诸多学者一直在试图放松 MM 定理的前提条件，以重新解释在企业考虑了公司及个人所得税、潜在破产成本、债务代理成本与收益约束条件后的最优资本结构存在的可能性。

资本结构是指企业各种资本的价值构成及其比例。随着企业融资过程的不断发展，企业融资工具与融资手段不断丰富，不同资金来源构成了企业的资本结构。广义的资本结构是指企业全部资本价值的构成及其比例关系。狭义的资本结构是指企业各种长期资本价值的构成及其比例关系，尤其是指长期的股权资本与债权资本的构成及其比例关系。资本结构理论是现代企业财务领域的核心部分，资本结构对企业的市场价值和治理都有重要作用。美国著名经济学家斯图尔特·梅耶斯（S. Myers，1984）曾将资本结构问题称为“资本结构之谜”（the capital structure puzzle）。

根据研究发展过程，资本结构理论的研究分为三个主要阶段。第一阶段：传统资本结构理论阶段，包括净收入理论、净经营收入理论和传统折中理论；第二阶段：现代资本结构理论阶段，包括 MM 定理、税差学派、破产成本主义、权衡理论；第三阶段：新资本结构理论阶段，包括代理成本理论、信号传递理论、控制权理论和啄食顺序理论。

3.1 传统资本结构理论

传统资本结构理论主要是指 20 世纪 50 年代之前的有关资本结构理论，最早可以在希克斯著名的专著《价值与资本》（1946）中追溯到资本结构理论研究的踪迹。美国经济学家大卫·杜兰特（David Durand）是这一时期的集大成者，他系统地总结了当时资本结构的理论，1952 年大卫·杜兰特在《企业债务和股东权益成本：趋势和计量问题》论文中系统阐述了传统的资本结构理论。

3.1.1 净收入理论

净收入理论认为，只要债务成本低于权益成本，增加负债可以降低企业的资本成本，那么负债越多，企业的加权平均资本成本越低，负债程度越高，企业的价值越大。

净收入理论假定：①当企业融资结构变化时，企业发行债券和股票进行融资其成本均不变，也即企业的债权融资成本和股票融资成本不随债券和股票发行量的变化而变化；②债券融资的税前成本比股票融资成本低。根据以上假定，当企业增加债权融资比重时，融资总成本会下降，如图 3－1 所示。

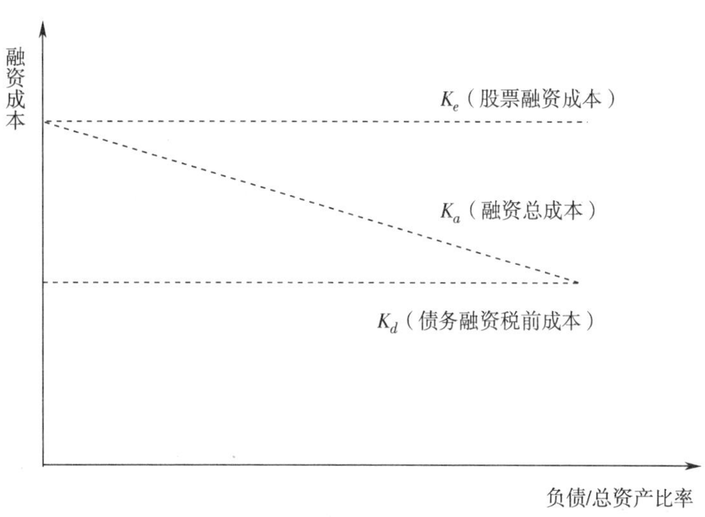

图 3－1　净收入理论（不考虑税收的影响）

由于降低融资总成本会增加企业的市场价值，所以，在企业融资结构中，随着债权融资数量的增加，其融资总成本将趋于下降，企业市场价值会趋于提高。当企业以 100% 的债券进行融资时，企业市场价值会达到最大。

该理论假设在实际中很难成立。首先，债务资本的增加，意味着财务风险增大，作为理性人的股东会要求增加报酬率 K_e；其次，由于债务增加，债权人的债券保障程度下降，风险增大，K_d 也会增加。这是一种极端的资本结构理论观点，虽然考虑到财务杠杆利益，却忽略了财务风险。

3.1.2　净经营收入理论

净经营收入理论认为，不管企业财务杠杆多大，债权融资成本和企业融资总成本是不变的。当企业增加债权融资时，股票融资的成本就会上升，原因在于股票融资的增加会由于额外负债的增加，使企业风险增大，促使股东要求更高的回报。尽管如此，企业可以通过增加成本较低的负债融资而抵消成本较高的股权融资的影响，以减少融资的成本和风险。因此，负债比例的高低都不会影响融资总成本，也就是说，融资总成本不会随融资结构的变化而变化，如图 3－2 所示。

根据该理论推论，不存在最佳资本结构，企业价值与资本结构无关，筹资决策无关紧要。该理论夸大了财务风险，忽略了财务杠杆的作用。

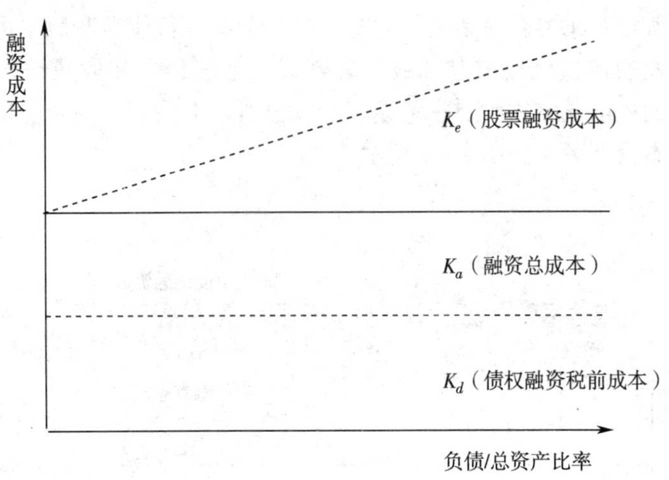

图 3－2　净经营收入理论

企业无法利用财务杠杆改变加权平均资本成本，也无法通过改变资本结构提高企业价值；资本结构与企业价值无关；决定企业价值的应是其净营业收入。

3.1.3　传统折中理论

传统折中理论是介于净收入理论和净经营收入理论之间的一种折中理论。该理论认为，企业利用财务杠杆尽管会导致权益成本上升，但在一定程度内却不会完全抵消利用成本率低的债务所获得的好处，因此会使加权平均资本成本下降，企业总价值上升。但是，超过一定程度利用财务杠杆，权益成本的上升就不再能为债务的低成本所抵消，加权平均资本成本便会上升。以后，债务成本也会上升，它和权益成本的上升共同作用，使加权平均资本成本上升加快。这样加权平均资本成本线呈现 U 形结构，加权平均资本成本从下降变为上升的转折点是加权平均资本成本的最低点，这时的负债比率就是企业的最佳资本结构。

从内容上看，早期的资本结构理论中许多观点仅仅是推断的，只是从直观角度提出，只是一些学者对资本结构问题的某些方面产生的零散看法，本身没有形成一个完整的理论体系，因此这些早期的观点不具有理论上的完整性和系统性。从研究方法来看，早期观点关于资本结构问题的研究基本上只是对某些事实的简单陈述，缺少内在分析的成分。早期资本理论没有建立理论逻辑模型进行严格论证，也缺乏充分的经验基础和统计分析依据作支持，且缺乏实证支持与实践意义，未能进一步研究发展。不过，毕竟早期资本结构理论将研究核心聚焦在企业资本结构安排与企业价值上，应视其为资本结构理论研究的开端。

3.2 现代资本结构理论

现代资本结构理论的创立是以MM定理的提出为标志的。从MM理论开始，进入了对称信息分析框架下的资本结构理论阶段，其隐含的假设是投资者和管理者的信息是对称的，主要包括MM定理、税差学派和破产成本学派及综合两学派的权衡理论。

3.2.1 MM定理

美国金融学家莫迪利安尼（Modigliani）和米勒（Miller）是现代资本结构理论的开创者。他们在1958年建立了具有划时代意义的MM模型，之后的许多学者循着MM的思路，在逐步释放MM理论的诸多假设条件的基础上，发展了现代资本结构理论。

（1）最初的MM理论——资本结构无关论

美国经济学家莫迪利安尼（Modigliani）和米勒（Miller）于1958年发表的《资本成本、企业财务与投资理论》一文中，提出了最初的MM理论。其基本观点是：在企业投资与融资相互独立、无税收及破产风险和资本市场完善的条件下，企业的市场价值与资本结构无关。该理论假设在不考虑税收的情况下，企业的总价值不受资本结构的影响，即风险相同但资本结构不同的企业，其总价值相等。

这一定理是建立在下列假定上的：①不考虑企业所得税；②企业经营风险可由纳税付息前的标准差来衡量，处于同一风险等级的企业具有相同的经营收入；③投资者对未来的收益和风险的预期相同；④资本市场是完全的，即信息充分、无交易成本、投资者完全理性、投资者可与企业以同一利率借款，企业和个人负债均无风险；⑤企业的增长率为零，即企业现金流量都是固定年金。

在这样严格的假设条件下，两位经济学家运用套利原理得出三个命题：

命题一：企业的总价值及资本成本独立于其资本结构。即只要税前企业利润相等，处于同一风险等级里的企业，其总价值是相等的。企业的加权平均成本与企业的资本结构毫无相关。

命题二：负债企业的权益资本成本等于无负债企业的权益资本成本加上根据无负债企业权益资本成本与负债成本之差以及负债比率确定的风险报酬。

命题三：投资项目的取舍独立于融资方式，企业的投资决策与融资决策无关。内部收益率大于加权平均资本成本和预期收益率是进行投资决策的基本前提。

（2）修正的MM理论——资本结构有关论

最初的MM理论在逻辑上得到了肯定，但在实践中却受到了挑战。1963年，莫迪利安尼和米勒考虑了企业所得税，修正了无关性定理，证明了负债在税收上的优势，企业可利用负债利息在税前支付而产生的“税收屏蔽”不断增加财务杠杆，以不断降低资本成本，从而增加企业的市场价值。推导出的结论，当考虑企业税带来的影响时，企业可利用财务杠杆增加企业价值，因有负债利息避税利益，企业价值会随着资产负债率的增加而增加，当100%负债时企业价值最大。

修正后的MM理论的基本思想，同样包括三个命题：

命题一：负债企业的价值等于处于相同风险等级的无负债企业的价值加上赋税节余的价值，后者等于企业税率乘以负债额度：

$$V_L = V_U + T_C B \quad (3-1)$$

其中，T_C 为企业所得税税率，B 为负债。可以看出，当引入企业所得税后，负债企业的价值会超过无负债企业的价值，负债越多，差异越大，所以当资产负债率最后达到100%时，企业价值最大，也就是说企业最佳资本结构为全部都是负债。

命题二：负债企业的权益资本成本等于相同风险等级的无负债企业的权益资本成本加上由无负债企业的权益资本成本加上由无负债企业的权益成本和负债成本之差以及负债额和企业破产概率所决定的风险报酬。

命题三：企业的资金应该投向于内部报酬率大于或等于新投资临界率的项目：

$$IRR \geqslant KSU \times [1 - T_C(D/V)] \quad (3-2)$$

其中，K_{SU}为无负债企业的股本收益率，IRR 为内部报酬率，T_C 为企业税率，D/V 为资产负债率。

（3）回归的MM理论——米勒模型

1976年，米勒发表的《负债与税收》，将个人所得税因素引入修正的MM理论，建立了加入所得税因素的MM理论。他阐述了个人所得税对企业负债和股票价值的综合影响，提出了考虑个人所得税的米勒模型。

米勒模型认为最佳资本结构受企业所得税和个人所得税变动的影响：当企业所得税提高，资金会从股票转移到债券以获得节税效益，此时企业的负债率提高；如果个人所得税提高，并且股利收入的税率低于债券利息收入的税率，资金会从债券转移到股票，此时企业的负债率降低。基本公式为

$$V_L = V_U + [1 - (1 - T_C)(1 - T_S)/(1 - T_B)]B \quad (3-3)$$

其中，T_C 为企业所得税率，T_S 为个人股票所得税率，T_B 为个人债券所得税率，B 为企业负债价值。

负债经营企业的价值等于无负债经营企业的价值加上负债带来的税收节约价值，其中税收节约价值取决于 T_C、T_S 和 T_B，假设企业处于无税收环境，即 $T_C = T_S = T_B = 0$，则该模型变为不含税的MM模型，$V_L = V_U$；若忽略个人所得税，即 $T_S = T_B = 0$ 时，模型变为含企业税的MM模型，$V_L = V_U + T_C B$；若 $(1 - T_C)(1 - T_S) = (1 - T_B)$，模型变为不含税的MM模型，$V_L = V_U$，此时负债减税的全部好处恰好为个人所得税抵消；若个人所得税中股票收入的有效税率与债券收入的有效税率相等，即 $T_S = T_B$，由 $V_L = V_U + T_C B$，此时负债减税的部分好处为个人所得税抵消；当 $T_S < T_B$ 时，意味着括号内的值小于 T_C，甚至可能小于零。此时，$V_L < V_U + T_C B$，个人所得税中债券收入的有效税率大于股票收入的有效税率，利用负债增加的企业价值至少要小于含企业税的MM模型中所增加的价值。

从回归的含税MM模型可以看出，资本结构的变动会影响企业的总价值；负债经营

将为企业带来税收节约价值，当企业所得税提高，资金会从股票转移到债券以获得节税效益，此时企业的负债率提高；如果个人所得税提高，并且股利收入的税率低于债券利息收入的税率时，资金会从债券转移到股票，此时企业的负债率降低。米勒模型和含有公司税的MM模型的结论基本一致，米勒模型是对MM模型的最后总结和重新肯定。

MM定理证明：资本结构对公司价值影响

MM理论认为，在不考虑企业所得税，认为企业无论以负债筹资还是权益资本筹资，都只是改变企业总价值在股权人与债权人之间的分割比率，而不会影响企业的市场总价值，风险相同而资本结构不同的企业，其总价值是相等的。因此企业的价值和资本成本均不受资本结构的影响。

根据公司现金流量模型，公司收益如表3-1所示。

表3-1　公司收益表

序号	项目名称	备注
1	公司收入 *Rev*	
2	——公司可变成本 *VC*	
3	——固定现金成本（如管理成本等）*FCC*	
4	公司折旧 *dep*	
5	净经营收益 *NOI*	5=1-2-3-4
6	债务利息支付 $k_d D$	
7	税前收益 *EBT*	7=5-6
8	公司所得税收 *T*	
9	公司净收益 *NI*	9=7-8

注：k_d 表示公司债务利率，D 代表公司债务本金。

（1）不举债情况下的公司价值

如果公司不举债，全部资本来自（投资总额为 I）股本金，则公司的预期税后现金流量为 $FGF=NOI-R_t\times NOI$，设公司的所得税率为 R_t。

而 $NOI=Rev-VC-FCC-dep$，所以有

$$FGF=(Rev-VC-FCC-dep)(1-R_t)$$

考虑折旧和投资之后，最后的预期现金流量可以表示为

$$FGF=(Rev-VC-FCC-dep)(1-R_t)+dep-I$$

假设公司投资额等于公司折旧，即假设 $dep=I$，则有

$$NOI(1-R_t)=FGF=FGF=(Rev-VC-FCC-dep)(1-R_t)$$

因此在公司没有对外债务的条件下，公司的价值就是其全部股本未来收益的现金流量根据相同风险水平下的股本必要回报率折现的现值，即

$$V_u=\frac{E(FGF)}{K_s}=\frac{E[NOI(1-R_t)]}{K_s}=\frac{E[(Rev-VC-FCC-dep)(1-R_t)]}{K_s}$$

（2）举债条件下的公司价值（有财务杠杆）

在公司发生债务时，公司的税后现金流量将被分成两部分：一部分是公司股本持有者的权益 $NI + dep - I$（公司股本持有者拥有剩余索取权，即公司股本持有者的权益为公司现金流量在支付完税收、债权人利息及再投资后的净现金流量）；另一部分是债务持有者的权益 K_dD，所以根据表 3 - 1，$NI = (NOI - K_dD) - T = (NOI - K_dD) - R_T(NOI - K_dD)$。因此最后净现金流量就被表示为

$$FCF = NI + dep - I + K_dD$$
$$= (Rev - VC - FCC - dep - K_dD)(1 - R_T) + dep - I + K_dD$$

令 $dep = I$，则有

$$NI + K_dD = (Rev - VC - FCC - dep - K_dD)(1 - R_T) - K_dD$$
$$+ K_dDR_t + K_dD = NOI(1 - R_t) + K_dDR_t$$

实际上，上面两部分，前者是股本持有者的回报，后者是债务资金提供者的资金回报，所以在公司借债的情况下，公司的价值实际上就是由两部分的现金流量的现值总和决定，即

$$V_L = \frac{E[NOI1 - R_t]}{K_s} + \frac{K_dDR_t}{K_b}$$

其中，K_s 是股本资本的必要回报率，K_d 是无风险借贷利率。

这里假定公司筹措的是无期限的无风险的债务资金，因此该债券的市场价值 B 等于 K_dD/K_b，这样利用财务杠杆效应的公司价值就为

$$V_L = V_u + R_tB$$

如果不存在公司所得税，即 $R_t = 0$，则 $V_L = V_u$。

其经济含义是：当不存在公司税时，公司价值由公司资本投资决策所决定，而不是由公司财务决策所决定。

3.2.2 税差学派

虽然 MM 定理在理论上的论证是很完美的，但与现实并不相符，原因在于 MM 定理的完美假设限制了它的有效性。按当时财务学界的主流说法，对于资本结构理论而言，两个最主要的不完美条件是税收和破产成本的存在。因而沿着 MM 定理的假设条件，对资本结构的研究主要分为两大分支，其中一支包括 MM 在内，企图探讨在引入税收制度后，各类税收差异与资本结构的关系，形成“税差学派”。莫迪利安尼和米勒于 1963 年提出了考虑公司所得税的资本结构模型——修正的 MM 理论，结论是最优融资结构应该是 100% 负债（尽管两人始终认为，当考虑个人所得税时，企业不应最大限度负债），但这显然与现实不符。米勒做了进一步的研究，将个人所得税因子纳入资本结构模型中，演化成为一个市场均衡模型，税差学派在米勒手中发展到了顶峰。虽然在米勒以后，又发展了以税收为基础的资本结构模型，如迪安吉罗和马苏里斯指出，可以用非负债的税收规避替换负债；曼森等的研究分别衡量了非债务税收规避与可担保资产的影响等，但影响不大。

3.2.3　破产成本主义

以斯蒂格利茨、华纳等为代表，研究破产成本对资本结构的影响，形成了“破产成本主义”。他们认为，虽然增加负债可以带来税收利益，但同时也增加了企业破产的风险，破产成本的存在降低了企业总价值。随着这个学派的发展，逐渐发展出清偿成本和财务困境成本等旁支。这个学派按照研究内容大致可分为两个分支：一支是以斯蒂格利茨、巴克特等为代表的学院破产成本主义，试图从理论上证明破产成本与MM定理的关系；另一支是以华纳和阿特曼等作为代表人物的经验破产成本主义，研究主要局限在怎样用经验数据来估计和衡量破产成本。

3.2.4　权衡理论

修正的MM理论虽然考虑了负债带来的免税优惠，但却忽略了由于债务上升而形成的企业风险所带来的费用。在此背景下，20世纪70年代中期权衡理论诞生了，其代表人物是罗比切克和梅耶斯，他们在1966年所著的《最优资本结构理论问题》对权衡理论的思想作了最清楚的表述。

权衡理论认为，制约企业无限提高负债比例、追求免税因素的关键是由于债务增加而上升的风险。随着企业财务比率的增加，企业陷入财务危机成本的概率也会增加，由此引起的财务成本一方面会降低企业市场价值，另一方面会降低企业债券购买者的收入预期，加大发行债券的成本，并导致企业发行债券困难，这两个方面都会抑制企业无限追求免税优惠。因此，企业最佳的资本结构应该是对债务的免税优惠利益与由债务上升带来的财务危机成本之间进行权衡的结果。权衡理论引入了均衡的概念，使企业资本结构具有了最优解的可能性，从而为现代企业资本结构研究提供了一种新思路。此外，权衡理论放松了MM定理关于无破产企业与企业投资政策和筹资政策独立的假设。相对而言，权衡理论的结论比较贴近实际，因而到了20世纪70年代，它一度成为现代企业资本结构理论中的主流学派。

（1）权衡理论的概念

美国著名经济学家詹森和麦克林、瓦勒、梅耶斯和海吉拉夫针对MM理论的缺陷提出了“税负利益—破产成本”的权衡理论。他们认为，MM理论的最大缺陷就是完全忽视了现代经济社会中极为重要的两个因素：财务拮据成本（又称财务危机成本）和代理成本，从而使MM理论的结论失去现实意义。

权衡理论通过放宽MM理论完全信息以外的各种假定，考虑在税收、财务拮据成本、代理成本分别或共同存在的条件下，资本结构如何影响企业市场价值。一方面，它包括负债的好处：①企业所得税的抵减作用。由于债务利息和股利的支出顺序不同，世界各国税法基本上都准予利息支出作为成本税前列支，而股息则必须在税后支付。②权益代理成本的减少。负债有利于企业管理者提高工作效率、减少在职消费，更为关键的是，它有利于减少企业的自由现金流量，从而减少低效或非盈利项目的投资。另一方面，它也包括负债的弊端：①财务拮据成本，包括破产威胁的直接成本、间接成本和权益的代理成本。②个人税对企业税的抵消作用。因此，现实中企业的最优资本结构是使债务资本的边际成本和边际收益相等时的比例。

权衡理论认为，负债企业的价值等于无负债企业价值加上税负节约，减去与其财务拮据成本的现值和代理成本的现值。最优资本结构存在于税负成本节约与财务拮据成本和代理成本相互平衡的点上。用公式表示为

$$V(a) = V_U + TD(a) - C(a) \quad (3-4)$$

其中，$V(a)$ 表示有举债的企业价值，V_u 表示无举债的企业价值，TD 表示负债企业的税收利益，C 是破产成本。a 是举债企业的负债权益比。

根据权衡理论，V_u 是不变的常量，而 TD 和 C 都是 a 的增函数。在 a 较小时，TD 的增量速度高于 C 的增量速度，此时企业继续举债是有利的；但随着 a 的增加，当 TD 的增量速度等于 C 的增量速度时，企业举债比例达到临界点，此时企业价值最大。存在最优负债比例 B 点使得有负债企业价值最大。

以 MM 理论为中心的现代资本结构理论，发展到权衡理论达到了一个高潮，它为资本结构理论的发展作出了巨大的贡献。权衡理论分析的工具是边际分析方法，最优财务杠杆比率取决于等边际法则，说明权衡理论的分析框架还是新古典的，在研究方法上仍然脱不了新古典范式，不同的是引入了新的变量——税收利益和破产成本，这是权衡理论的进步。

权衡理论放宽了 MM 理论信息完全以外的各种假设，讨论债务的收益与成本如何平衡，认为企业最佳资本结构应当是企业负债所引起的企业价值增加与因企业负债上升所引起的企业风险成本和各项费用相等时的平衡点。这一理论也可以说是对 MM 理论的再修正，从而更接近实际。权衡理论认识到各个企业的目标负债率可以不同，有着安全的、有形的资产和大量应税收入的企业应该有高的负债率，而有着较多有风险的或无形资产的或亏损企业应该主要依赖股权融资。

经验证据证实了有较多有风险的或无形资产的企业的负债率要低得多。但是经验证据也表明在一个行业内，大多数盈利企业的负债率比亏损企业要小一些。权衡理论认为高额利润意味着有更大的负债容量和更多的应税收入需要利息的税盾，它们应该借得更多而不是更少。另外，因为权衡理论把研究视野集中在企业的外在因素之上，即权衡理论只重视税收、破产等“外部因素”对企业最优资本结构的影响，加之主观的批判与客观的机遇。

这样看来，权衡理论并不是完美的。这需要现代资本结构理论的进一步发展。到 20 世纪 70 年代后期，以信息不对称理论为中心的新资本结构理论取代了权衡理论。

（2）最优资本结构权衡理论

修正后的 MM 定理强调了负债在法人所得税方面的避税效应，主张企业所需资金应完全采取负债融资方式来筹集。现实中 100% 利用负债融资的企业几乎没有，因此，修正后的 MM 定理仍不能较好地说明企业融资的现实。另一方面，由于各企业所属的行业特征不同，不同行业的企业在决定资本结构时，往往选择与本行业特征相适应的资本结构。

为克服MM定理与现实的矛盾，建立能够合理地说明现实中企业融资行为的资本结构理论体系，经济学家开始关注负债融资的破产成本，将负债的破产成本引入MM理论的分析体系之中，认为企业的最优负债应由负债的避税效应和负债的预期破产成本这两种效应来均衡决定。

巴格斯特最初在资本结构理论的研究中分析了负债的破产成本问题，随后由斯蒂格利茨、克劳斯和利兹伯格、斯科特以及其他学者加以扩展。这一理论认为，当企业大量利用负债融资时，如果经营不善，就有可能因资不抵债而破产。在破产的情况下，不仅会发生破产清算手续费、企业信用丧失等直接成本，还会出现清算中企业资金冻结、财产强制处分的价值损失等直接成本发生。

破产所带来的直接和间接成本虽然直接表现为债权人最后取得的财产价值的减少，但是，如果资本市场是完全的，债权人在购买企业债券时就会要求企业将债券利率设定在包括预期破产成本的水平上。因此，企业利用负债的破产成本最终还是由股东来负担。在决定负债融资时必须权衡负债的避税效应和破产成本。

（3）有关资本结构权衡理论的争论

资本结构权衡理论的合理与否取决于负债的避税效应和破产成本的大小。如果负债的避税效应和破产成本两者中任何一种不存在，或者其中一方对于另一方而言较小，权衡理论的合理性就值得怀疑。围绕着负债避税效应和破产成本的大小问题，经济学家对权衡理论进行了批判性探讨。

瓦勒对1933—1955年破产的11家美国铁路公司的破产成本进行的实证研究表明，这类企业事后的直接破产成本仅为公司总价值的5%左右，即使加上间接成本，也无法与高达40%～50%的公司所得税效果相比，因此，在决定资本结构时可以不考虑破产成本的影响。

郝根和森伯特等人从理论上论证了必须将破产成本和清算成本区别开来，他们认为，破产仅仅意味着企业在法律上无法偿还债务；而从经济学的角度来看，只有在企业的未来期望价值小于企业的清算价值和清算费用之和时，企业才能被清算。因此，当企业因某种原因而陷入暂时的财务危机时，可能仅仅意味着企业在法律上处于破产的状态，但并非一定会被清算。

米勒从个人所得税和企业债券收益率决定的角度分析了负债的公司所得税效应，分析表明，在个人所得税累进制下，企业债券的收益率是由债券市场上债券的总供求均衡所决定的。债券市场上的供求均衡所决定的是所有企业的最优债券需求和供给总量，而不是单个企业的最优债券需求量和供给量。因此，单个企业的最优债券需求量和供给量是无法决定的。米勒进一步认为，如果企业因负债在公司所得税方面具有避税效应而增发企业债券，在债券市场均衡的情况下，只有提高投资者持有债券的收益率才能使大量的债券被投资者消化。对企业而言，投资者持有债券收益率的提高会抵消负债的公司所得税效应，负债融资和股权融资也就没有什么差别，企业最优的资本结构并不存在。米勒的这种分析被称为米勒均衡或MM定理的回归。

3.3 新资本结构理论

20世纪70年代以后，随着信息经济学的迅速发展，资本结构理论的研究也进入了一个新的阶段。这些理论研究不仅延续了以前的只注重税收、破产等外部因素的研究，而且试图通过企业内部因素分析，通过内外结合方式，为资本结构理论的研究提供了新的方向。

3.3.1 代理成本理论

委托—代理理论是建立在非对称信息博弈论的基础上的。非对称信息指的是某些参与人拥有但另一些参与人不拥有的信息。信息的非对称性可从以下两个角度进行划分：一是非对称发生的时间，二是非对称信息的内容。从非对称发生的时间看，非对称性可能发生在当事人签约之前，也可能发生在签约之后，分别被称为事前非对称和事后非对称。

研究事前非对称信息博弈的模型称为逆向选择模型，研究事后非对称信息的模型称为道德风险模型。从非对称信息的内容看，非对称信息可能是指某些参与人的行为，研究此类问题的模型，我们称为隐藏行为模型；也可能是指某些参与人隐藏的知识，研究此类问题的模型，我们称为隐藏知识模型。

委托—代理理论是制度经济学契约理论的主要内容之一，主要研究的委托—代理关系是指一个或多个行为主体根据一种明示或隐含的契约，指定、雇佣另一些行为主体为其服务，同时授予后者一定的决策权利，并根据后者提供的服务数量和质量对其支付相应的报酬。授权者就是委托人，被授权者就是代理人。

委托—代理关系起源于“专业化”的存在。当存在“专业化”时就可能出现一种关系，在这种关系中，代理人由于相对优势而代表委托人行动。现代意义的委托—代理的概念最早是由罗斯提出的，“如果当事人双方，其中代理人一方代表委托人一方的利益行使某些决策权，则代理关系就随之产生。”委托—代理理论从不同于传统微观经济学的角度来分析企业内部、企业之间的委托—代理关系，它在解释一些组织现象时，优于一般的微观经济学。

委托—代理理论是过去30多年里契约理论最重要的发展之一，它是由20世纪60年代末70年代初一些经济学家深入研究企业内部信息不对称和激励问题发展而来的。委托—代理理论的中心任务是研究在利益相冲突和信息不对称的环境下，委托人如何设计最优契约激励代理人。

委托—代理理论的主要观点认为，委托—代理关系是随着生产力大发展和规模化大生产的出现而产生的。其原因一方面是生产力发展使得分工进一步细化，权利的所有者由于知识、能力和精力的原因不能行使所有的权利了；另一方面专业化分工产生了一大批具有专业知识的代理人，他们有精力、有能力代理、行使好被委托的权利。但在委托

—代理的关系当中，由于委托人与代理人的效用函数不一样，委托人追求的是自己的财富更大，而代理人追求自己的工资津贴收入、奢侈消费和闲暇时间最大化，这必然导致两者的利益冲突。在没有有效的制度安排下，代理人的行为很可能最终损害委托人的利益。世界——不管是经济领域还是社会领域——都普遍存在委托—代理关系。

（1）委托—代理理论模型

近20多年来，委托—代理理论的模型方法发展迅速。主要有三种：第一种是由威尔逊、斯宾塞、泽克豪森和罗斯最初使用的“状态空间模型化方法”。第二种是由莫里斯最初使用、霍姆斯特姆进一步发展的“分布函数的参数化方法”，这种方法已成为标准化方法。第三种模型化方法是“一般分布方法”。

在对称信息情况下，代理人的行为是可以被观察到的。委托人可以根据观测到的代理人行为对其实行奖惩。此时，帕累托最优风险分担和帕累托最优努力水平都可以达到。

在非对称信息情况下，委托人不能观测到代理人的行为，只能观测到相关变量，这些变量由代理人的行动和其他外生的随机因素共同决定。因而，委托人不能使用“强制合同”来迫使代理人选择委托人希望的行动，激励兼容约束是起作用的。于是委托人的问题是选择满足代理人参与约束和激励兼容约束的激励合同，以最大化自己的期望效用。当信息不对称时，最优分担原则应满足莫里斯—霍姆斯特姆条件（由莫里斯提出、霍姆斯特姆进一步解释）。非对称信息情况与对称信息时的最优合同不同。代理人的收入随似然率的变化而变化。似然率度量了代理人选择偷懒时，特定可观测变量发生的概率与给定代理人选择勤奋工作时，此观测变量发生的概率的比率，它告诉我们，对于一个确定的观测变量，有多大程度是由于偷懒导致。较高的似然率意味着产出有较大的可能性来自偷懒的行为；相反，较低的似然率告诉我们产出更有可能来自努力的行动。分配原则对似然率是单调的，因此，使用此原则的前提是似然率对产出是单调的，这就是统计中著名的概念：单调似然率（由米尔格罗姆引入经济学）。莫里斯和霍姆斯特姆引入了“一阶条件方法”来证明当代理人行为是一个一维连续变量、信息非对称时的最优合同，其结论与非连续变量情况相似。由于一阶条件方法存在不能保证最优解的唯一性的问题，格罗斯曼、哈特和罗杰森导出了保证一阶条件有效的条件：分布函数满足MLRP①和凸性条件。

（2）投资中的委托—代理关系

企业投资是企业发展壮大的直接动力。投资作为企业的重要决策行为之一，自然也受到委托—代理关系的影响。

①委托—代理关系对投资决策的影响

在委托—代理关系中，管理者被授权经营所有者的资产，代理人应当承担资产保全、增值、实现委托人权益最大化的责任，但是由于代理人也有自身的利益要求，从而导致了一定的冲突。这种利益冲突体现在投资决策上就表现为“投资过度”和“投资不

① MLRP是指某种分布的单调似然率。

足”。

一是投资过度。当委托人与管理者之间存在利益冲突时，会导致企业的过度投资行为。与委托人目标不同，管理者的效用是企业规模的增函数，因此，当企业存在自由现金流时，管理者不是基于股东财富最大化的目标将他们支付给股东，而是将其投资于不能为委托人创造财富但有利于扩大企业规模的项目上，从而形成过度投资。

管理者（代理人）的规模扩张战略通常会为自身带来如下效用：第一，企业的扩张不仅扩大管理者手中的权力，同时常伴随着管理者报酬的提高；第二，企业高层管理者用职位提升激励而非年度奖金的激励形式来激励中低层管理人员，也使得企业必须不断扩张；第三，管理者为了自身就业保障，会通过扩大公司规模、收购与核心业务无关的资产，来降低其“就业风险”；第四，经理们为了迅速树立其声誉，更倾向于能够较快看到回报的项目，即使一些项目净现值为负。

另外，自由现金流成本偏低的软约束，特别是我国上市企业股权融资成本很低，因而对投资项目评价时，折现率的要求也很低，企业有极大的动力通过股权融资进行大规模的过度投资。

二是投资不足。投资决策是企业对投资进行的可行性分析、判断和选择。在投资决策前往往需要企业经营者花费大量的成本去收集信息、分析估算投资收益率等，这些活动对企业经营者而言是额外的劳动，如果没有特殊的压力或适当的激励作为动力，理性的管理者便不会作额外的劳动——投资分析与决策，而且投资决策会增大企业的风险，企业总体风险的提高会对企业经营者造成失业的威胁和声誉的潜在不良影响。企业经营者的人力资源是专有属性的，一旦失去了现有的工作岗位，管理者的声誉就会受到影响，加之外部管理者市场的压力，他们将很难再谋求到与现有职位相当的工作岗位。因此企业经营者有厌恶增大企业风险的倾向，对于某些净现值为正的项目仍然不予采纳。即使采纳净现值为正的项目，公司长期投资不会立即传导于公司股票价格；或者短期业绩不明显，导致因企业的市场价值或者业绩低于预期，根据代理契约，委托人向代理人支付报酬将减少，理性的代理者就可能放弃对长期资本或研究开发项目的投资。

上述管理层违背股东信托责任的行为都会减少股东收益，因此给股东带来的收益减少都可以看做是代理成本。

②股东与债务人之间的委托—代理关系对投资决策的影响

当企业采取债权融资时，股东与债权人之间的委托—代理关系就形成了。债权人将资金借与企业使用，希望获得利息收入，处于资产委托人的地位。由于其利息收入是固定的，与企业如何使用资金进行投资无直接关系，所以债权人更希望企业能稳妥地投资，减少其贷款的风险。而企业股东的期望与债权人期望恰恰相反。在债权融资中，股东只以其投入资本对企业负责，却享有投资项目所带来报酬除去固定利息费用之后的全部剩余收益，虽然债权人也只以其出资承担责任，但是其收益却仅限于预先确定的利息收入。股东与债权人之间收益与支出的不对等性，必将产生代理问题。股东有将融资资金投入风险较大、回报较高的项目中的强烈激励，追求超额回报的同时令债权人为其承担部分风险。在这种情况下，股东会拒绝投资某些具有正净现值的项目。若一企业拟投资一个项目，股东投资报酬率低于债务资金成本率时，通常股东是不会同意投资于此项目的，只要有可能，他们更愿意投资于风险更高、收益更大的其他项目。

③原始股东、经营者与新股东之间的委托—代理关系对投资决策的影响

如果一个拥有企业100%股权和经营管理权的股东，通过出售部分股份在资本市场融资，出售股份者称为原始股东，获得出售股份的持有者为新股东。原始股东、管理者有投资于风险更高、收益更大的项目的激励，同时有增加额外消费的倾向。例如，他们会投资于豪华装饰、奢侈消费等无回报项目，而这种额外消费的支出将按比例由新股东承担一部分。

在经营过程中，企业会与政府管理部门、顾客群体等许多团体发生利益关系，同样，企业与其利益相关者之间也存在着各种委托—代理关系。

3.3.2　信号传递理论

信号传递理论研究的是在信息不对称下，企业怎样通过适当的方法向市场传递有关企业价值的信号，以此来影响投资者的决策。

根据信息不对称理论，内部人比外部投资者更了解有关企业未来现金流量、盈利能力和投资机会等的私下信息。信息不对称并不导致直接的激励问题，如偷懒、个人享受等，而是扭曲企业的价值，从而导致投资的无效率。内部人必须通过一定的企业行为才能向市场传递有关信号，向外部投资者表明企业的真实价值。采用高成本的、低价值公司难以模仿的行为作为一种信号，那么信号就是可信的，就可以产生分离均衡，辨别出高价值公司。如果存在信号均衡，外部投资者就可以通过对内部管理者的行为即信号的观察来消除信息不对称。

信号传递理论认为不同的融资结构会传递有关企业价值的不同信号，内部人应选择合适的融资结构，以增强正面的信号，避免负面的信号。其主要的模型有利兰—派尔模型和罗斯模型。

利兰—派尔模型认为内部人通过持股比例可以向市场传递有关企业价值的信号。在存在信息不对称情况下，为了使投资项目的融资能够顺利进行，借贷双方就必须交流信息，这种交流可以通过信号的传递来进行。内部管理者掌握有关投资项目的私下信息，知道投资项目的平均收益，而外部投资者并不知道项目的真实价值。管理者的财富是有限的，并且是风险规避者，希望与外部投资者共同分担这个项目，如何使投资者相信企业的真实价值呢？这时内部管理者可以通过内部人持股比例来传递信号。管理者本身对项目进行投资意味着他们把一部分风险留给了自己，市场会认为项目质量是管理者持有股权份额的一个函数，管理者的股份越高，项目价值越高，企业的市场价值也越大。

罗斯模型认为企业负债水平可以传递有关企业价值的信号。在信息不对称的情况下，投资者无法甄别不同企业之间的价值差异，只能通过管理者输出的信息间接评价企业价值。给定投资水平，负债股权比可以作为内部人有关企业收益分布的私人信息的信号。

如果企业价值被高估，管理者将受益，如果破产，管理者将受到损失。破产的概率

与负债水平正相关而与企业质量负相关，外部投资者把较高的负债水平当做高质量的一个信号。低质量的企业预期边际破产成本太高而无法模仿。给定破产惩罚，管理者将选择最大化其预期效用的负债水平。

信号模型虽然在直觉上很有吸引力，但并不能很好地解决现实资本结构问题。对其实证研究表明，这一模型对实际行为的预测能力很差，与其理论预测相反，杠杆作用率差不多在每个行业都与其盈利负相关。

信号模型预测成长机会较多和无形资产较多的行业比那些成熟的、固定资产比较多的行业更多地运用负债，这与我们观察到的事实正好相反。

信号模型的主要缺陷还在于它虽然说明某种特定的财务工具可以被作为一项信号，但却没有办法解释为什么要选择这种而不是那种财务工具。另外，信号传递的实际程度以及信号模型对于解释所观察到的企业财务决策的贡献在很大程度上还是一个实证研究问题。

3.3.3 控制权理论

代理理论和信号传递理论研究的是不同的融资结构安排对收益权分配的影响，而控制权理论研究的是不同的融资结构安排对控制权的不同影响。

由于企业管理者对控制权本身的偏好，他们会通过融资结构来影响控制权的分配，从而影响企业的市场价值。控制权理论认为负债融资在公司治理中发挥着重要作用，有利于控制权的实现和控制权的相机转移。控制权模型分析的最终目的，在于解释为什么股权与债务可以被公司选择为融资的工具。控制权理论主要有阿洪—博尔顿模型及哈里斯－雷维吾模型。

阿洪和博尔顿在企业融资契约的研究中，分析了剩余控制权的分配问题，并建立了不完备融资契约理论的分析框架。在契约不完全、信息不完全的市场条件下，融资结构的选择就是将企业的控制权在不同融资契约所有者之间进行分配。他们证明，在一个多时期的世界里，当出现不利的、公开观测得到的收益信息时，将控制权转移给债权人是最优的，而在企业经营状态较好的情形下，股东应该拥有企业的控制权，即在不完备契约的条件下，企业的控制权配置应该是状态依存的。

这样，融资结构的选择也就是控制权在不同证券持有人之间分配的选择，最优的负债比例是在该负债水平上导致企业破产时能够将控制权从股东转移给债权人。因为债权人和股东在目标上的不同，企业家既关心货币收益，又关心非货币的收益，而外部投资者则只关心货币收益。最优融资结构应该保证在任何情况下，社会总收益最大化，而不是某一部分投资者的收益最大化。因此，不完备契约条件下的最优融资契约应该是负债契约，因为只有负债契约能够与这种最优控制权配置相对应。

哈里斯－雷维吾模型认为，经理被假定既从其股份、又从其控制权本身获得收益。管理者可以通过改变负债水平来相对改变其持有的股份，进而影响或操纵兼并成功的可能性。管理者持有股份越大，外部股东的收益越小，潜在股权收购成功的可能性就越小。企业的价值取决于兼并的结果，而这种结果反过来又由管理者持有的股份决定。因此存在一种权衡，管理者持有股份大，从控制权中获得的收益也越大；而如果其持有股份太大，企业被收购成功的可能性减小，企业的价值及相应管理者持有股份的价值就会减少。

最优的所有权份额是掌握控制权带来的任何个人收益同自有股份的资本价值的损失相权衡的结果。由于经理的股份是由企业的融资结构间接决定的，因此，这种控制权之争也成为一种融资结构理论。

3.3.4　啄食顺序理论

啄食顺序理论由梅耶斯（Mayes）于20世纪80年代中期提出。它的提出，从根本上是源于整个20世纪70年代信息经济学的兴起、繁荣与成熟。梅耶斯认为，当企业内部经营管理者和现有股东与外部投资者之间在有关企业现有资产和投资项目价值方面存在信息不对称时，如果企业投资项目的决策者——企业经营管理者的投资决策是追求现有股东的利益最大化，而且通过发行股票来对项目融资，那么，企业经营管理者只有在投资项目的预期收益大于或等于企业股票的实际价值与投资者根据自己所掌握的信息评估的企业股票价值的差额时，才愿意实施投资行为；否则，即使此时投资项目的预期收益大于零，企业经营管理者也会放弃投资项目，从而导致投资不足的现象发生。

在有效市场假设的条件下，如果外部投资者能够合理地预期到企业经营管理者的这种行为，就会将企业发行股票融资看做是一种坏信息，重新对企业的股票进行评估，使市场上企业股票的价格下降。因此，在信息不对称的情况下，发行新股融资有可能导致企业股票价格下降和投资不足发生。

（1）啄食顺序理论模型

梅耶斯提出了著名的啄食顺序原则：内源融资、外源融资、间接融资、直接融资、债权融资、股票融资。即在内源融资和外源融资中首选内源融资；在外源融资中的直接融资和间接融资中首选间接融资；在直接融资中的债权融资和股票融资中首选债权融资。其中，内部融资主要是指公司的自有资金和在生产经营过程中的资金积累部分；外部融资又可分为通过银行筹资的间接融资和通过资本市场筹资的直接融资（直接融资包括债权融资和股权融资）。

啄食顺序理论认为，企业所有权与经营权的分离会导致经营管理者和外部投资者之间的信息不对称，经营管理者比外部投资者拥有更多的关于企业未来收益和投资风险的私人信息，外部投资者只能根据企业经营者所传递的信息来进行投资决策。如果企业经营者代表现有股东利益，只有当股价被高估时，经营者为了新项目融资才会发行股票。这时就会出现逆向选择的问题，外部投资者会把企业发行新股当做一个坏消息，股权融资会使股价下跌。如果企业被迫发行新股对项目进行融资，股价过低可能严重影响新项目的筹资效率，即使新项目净现值为正，也会被投资者拒绝。因此，啄食顺序理论的核心观点：企业偏好内部融资；如果需要外部融资，企业偏好债权融资，最后才不得不采用股权融资。

当公司要为自己的新项目进行融资时，将优先考虑使用内部的盈余，其次是采用债权融资，最后才考虑股权融资。也就是说，内部融资优于外部债权融资，外部债权融资优于外部股权融资。所以从本质上说，存在一个可以使公司价值最大化（公司发行的股票和债券的价值最大化）的最优资本结构，并且以对不同性质的资本进行排序的方式，给出了决策者应当遵循的行为模式。

在任何条件下或者在比较符合市场实际的条件下，如果企业需要进行融资，都会按照内部留存收益—外部债权融资—外部股权融资的顺序进行自己的资本结构选择。

（2）啄食顺序理论的讨论

要想证明啄食顺序理论，我们需要说明的是在任何条件下或者在比较符合市场实际的条件下，如果企业需要进行融资都会按照如下顺序进行自己的资本结构选择。

内部留存收益→外部债权融资→外部股权融资

在对基本的MM定理的后续发展中，已经证明了在比较完备的市场中，如果信息是对称的，那么税收（同时存在公司所得税和个人所得税）和破产风险（不考虑破产成本）都不会影响公司的价值，各种融资方式无差别，啄食顺序理论也就不可能成立。对啄食顺序理论的讨论主要是在放松MM定理的信息对称与不存在破产成本的前提假设的条件下进行的。

①公司资本结构的信息不对称分析

首先考虑信息不对称对公司资本结构的影响。在这方面啄食顺序理论的主要支持是MM理论，当存在公司外部投资者和内部经理人之间的信息不对称时，由于投资者不了解公司的实际类型，只能按照对公司价值的期望来支付公司价值，因此如果公司采用外部融资的方式为公司的新项目融资时，会引起公司价值的下降，所以公司发行新股票是一个坏消息，如果公司具有内部盈余的话，公司应当首先选择内部融资的方式。当公司必须依靠外部资金时，如果可以发行与非对称信息无关的债券，则公司的价值也不会降低，因此债权融资比股权融资具有较高的优先顺序。

我们可以看到在内部融资优于外部融资的分析上，MM理论的论述是比较清晰的，其假设与现实也比较贴近；但是，在债权融资比股权融资优先方面，MM理论对啄食顺序理论的支持是建立在很强的理论假设的基础上的。在这方面，MM定理基本上没有考虑债权融资的代理成本问题，这与现实的差距是比较大的。

②公司结构的代理成本

信息不对称还导致了另外一个严重的问题——各种融资方式之间的代理成本差异。从代理成本的角度来考虑问题，由于内部经理人和外部投资者之间信息的不对称，进行任何的外部融资都会产生代理成本，引起公司价值的下降，而如果采用内部融资的方法则不会增加公司的代理成本，因此内部融资是比外部融资优先的融资方式。假设公司仅采取外部股权的融资方式，由于信息不对称以及存在道德风险问题，内部经理人有可能采取过度的在职消费行为，从而降低公司的价值。因此内部融资优于外部股权融资。

3.3.5 不同国家企业融资顺序比较

按照现代资本结构理论，企业融资一般遵循内源融资＞债权融资＞股权融资的先后顺序。但由于发展中国家与发达国家市场化程度不同，特别是经济证券化程度不同及资本市场的发达程度不同，因此不同类型国家企业融资方式和融资顺序是不同的。

（1）美国企业的融资顺序

经过长期的演进和发展，美国的金融市场体系已经相当成熟和完善，资本市场十分发达，企业制度也已非常完善，企业行为非常理性化，完全在市场引导下进行。美国企业融资的选择，先依靠内源融资（留利和折旧），然后才外源融资。外源融资中，主要是通过发行企业债券和发行股票，从资本市场上筹措长期资本。可见，美国企业融资方式的选择遵循的是“啄食顺序理论”。

美国企业融资特点：一是企业内源融资总额比重大。据统计，美国企业内源融资占资金来源总额的比重，一直在65%以上，2002年甚至达到97%，平均为71%；二是美国企业在外源融资中优先选择债权融资，而股权融资则相对受到冷落，美国企业从证券市场筹集的资金中，债权融资所占的比重比股权融资要高得多。据统计，美国企业通过债权融资筹集的资金在企业外部筹资中所占的比重为91.7%，远远大于股权融资所筹资金的比重。

（2）日本、德国企业的融资顺序

在日本、德国模式中，以日本银行融资模式最为典型和突出。日本在经济高速增长时期，主要企业的融资始终是以银行为中心，1957—1974年，在企业的资本结构中，内部融资（折旧和利润留成）所占比重仅在25.6%～37.7%，企业融资主要依赖外源融资。在外源融资中，最引人注目的是银行融资所占比例很高，一直在40%左右，而股票和债券等证券融资所占比例从1957—1959年的18.5%下降到1970—1974年的8.3%，呈下降趋势。正是在这种企业自我积累能力低而证券市场又不发达的情况下，日本企业形成了以依靠银行贷款为主的融资结构模式。值得注意的是，20世纪70年代中期，随着日本经济高速增长的终结，企业经营战略的转变及股票市场的不断发展，日本企业的融资方式从以银行融资为中心转变为以证券融资、间接融资和内源融资等三种方式并重的模式。进入80年代以来，日本主要企业以内源融资为主要融资方式，借款所占比重急剧下降，1985—1988年仅占3.2%。这与高速增长时期形成了鲜明的对照。它说明银行融资已逐步退居次要地位，证券融资比重则大幅提高。1985—1988年，证券融资比重已高达28.7%，成为企业外部融资的主要方式。从公司治理结构来看，日本作为一个后起国家，证券市场不发达，其融资体制也不同于欧美国家，主要采取的是“银行导向型融资”。日本所有大企业都有自己的主办银行。与此相对，日本公司在证券融资中形成了独特的法人相互持股的股权结构。企业通过这种持股方式集结起来容易形成企业集团，有助于建立长期稳定的交易关系，也有利于加强企业经理者对公司的自主控制。因此，在此基础上形成的日本公司治理结构，具有与英、美等国很不相同的特点：一方面，日本公司经理人员拥有作出经营决策的极大自主权，由于法人之间具有持股关系，很少干预对方的经营活动；另一方面，企业经理者又会受到银行特别是主办银行的监督。

(3) 中国企业的融资顺序

目前我国企业的融资顺序是内源融资比例低，外源融资比例高。而在外源融资中，股权融资比例高，债权融资比例低。《中国证券报》的相关数据统计显示，2008 年，我国上市公司内部融资比例最高仅占总资金来源的 21.98%，最低比例仅为 0.99%。在外部融资中股权融资占比高，债权融资占比低，上市公司偏好于股权融资是我国上市公司融资结构的显著特征。在债权融资中，流动负债比例高。根据 2008 年的数据可以看出，我国上市公司的流动负债比例偏高，除了具有行业特色的金融保险业流动负债率高达 99.95%、甚至 100%外，批发零售业、信息技术业也均超过了 90%，建筑业及农林牧渔业也分别为 85.02%和 86.89%，其他行业稍低也都在 55%以上。我国企业的融资顺序偏好是股权融资 > 内源融资 > 债权融资，可见与“啄食顺序理论”不同。

中国企业融资的啄食顺序是外源融资、内源融资、直接融资、间接融资、股票融资和债权融资。中国企业之所以会采取这样的顺序，其根本原因是由于信用缺失。

3.3.6 逆向选择与道德风险

信息经济学认为，信息不对称是一种普遍的市场现象，由于信息不对称，市场会产生两种不同的效应，即逆向选择（adverse selection）和道德风险（moral hazard）。资本市场作为一种典型的信息不对称市场也不例外，也会引起逆向选择和道德风险问题。

逆向选择是指由于交易双方信息不对称和市场价格下降产生的劣质品驱逐优质品，进而出现市场交易产品平均质量下降的现象。在金融市场上，逆向选择是指市场上那些最有可能造成不利（逆向）结果（造成违约风险）的融资者，往往就是那些寻求资金最积极而且最有可能得到资金的人。逆向选择现象是一个存在于交易合同签订前的信息不对称问题。在许多高息非法集资案件中，诈骗者往往承诺高额回报实际就是一种逆向选择行为，因为诈骗者并没有想要履行承诺，而被骗者因为贪图高额的回报而上当。

道德风险是指合约签订后，融资者并没有投资当初约定的项目。因此道德风险是一种事后的信息不对称问题。

(1) 逆向选择模型

逆向选择问题来自买者和卖者有关车的质量信息不对称。[①] 在旧车市场，卖者知道车的真实质量，而买者不知道。这样卖者就会以次充好，买者也不傻，尽管他们不能了解旧车的真实质量，只知道车的平均质量，愿以平均质量出中等价格，这样一来，那些高于中等价的上等旧车就可能会退出市场。接下来的演绎是，由于上等车退出市场，买者会继续降低估价，次上等车会退出市场；演绎的最后结果是市场上成了破烂车的展览馆，极端的情况是一辆车都不成交。现实的情况是社会成交量小于实际均衡量。这个过程称为逆向选择。

逆向选择理论深刻地改变了我们分析问题的角度，可以说给人们提供了逆向思维的

---

① 乔治·阿克洛夫（George Akerlor）在 1970 年发表了名为《柠檬市场：质量不确定性和市场机制》的论文，被公认为是信息经济学中最重要的开创性文献。

路径，会加深对市场复杂性的认识，由此能改变很多被认为是“常识”的结论，使市场有效性理念又一次遭受重创。

由于信息不对称在市场中是最普遍存在的最基本事实，因而乔治·阿克洛夫的旧车市场模型具有普遍经济学分析价值。他讲的故事虽然是旧车市场，可以延伸到烟、酒等所有产品市场、劳动市场和资本市场等。也能解释为什么假冒伪劣产品充斥这些市场，是因为交易双方的信息不对称，一方隐藏了信息。逆向选择的理论也说明如果不能建立一个有效的机制遏制假冒产品，会使假冒伪劣泛滥，形成“劣币驱逐良币”的后果，甚至导致市场瘫痪。

资本市场上由于信息不对称，市场参与者在发生交易之前也会作出一种有利于自己而不利于对方的“逆向选择”行为。资本市场上典型的逆向选择例子很多，例如，由于贷款人（银行）与借款人之间信息不对称，借款人为了获得贷款总是夸大投资项目的收益性而隐瞒其风险性，银行面对众多的借款人的贷款申请，为了保证资金的安全性和收益性，在调查等获取信息的成本很大的情况下，只能按照平均的项目的收益和风险水平确定给谁发放贷款和利率的高低，这样，一部分项目好收益高的借款人可能贷不到款而被排斥出市场，或者以高于当前市场利率水平的成本得到贷款。结果信贷市场只能以“信贷配给”的方式、在非正常的利率水平上达到均衡状态。另一个典型的例子就是上文论述过的资本市场上的选择行为。这里，由于发行公司与投资者之间的信息不对称，使资本市场变成了一种“柠檬市场”，双方必然作出有利于自己的“逆向选择”，从而带来“劣股驱逐良股”现象。

案例　二手车市场

阿克洛夫在其1970年发表的《柠檬市场：产品质量的不确定性与市场机制》中指出在二手车市场上，显然卖家比买家拥有更多的信息，两者之间的信息是非对称的。买者肯定不会相信卖者的话，即使卖家说得天花乱坠。买者唯一的办法就是压低价格以避免信息不对称带来的风险损失。买者过低的价格也使得卖者不愿意提供高质量的产品，从而低质品充斥市场，高质品被逐出市场，最后导致二手车市场萎缩。

我们假设市场中好车与坏车并存，每100辆二手车中有50辆质量较好，50辆质量较差，质量较好的车在市场中的价值是30万元，质量较差的价值10万元（尽管经过维修、换新后）。二手车市场的特性是卖方（经销商或原车主）知道自己的车是好车或坏车，但买方在买卖交易时无法分辨。在买方无法确知车子的好坏时，聪明的卖方知道，无论自己手中的车是好车还是坏车，宣称自己的车是“好车”一定是最好的策略（反正买方无法分辨）。尽管市场中有一半好车、一半坏车，但如果你去问车况，卖方必有一个统一的答案——我们的车是好车。但消费者真的会以好车的价格向卖方买车吗？不会。买方知道，他买的车有一半几率是好车、有一半几率是坏车，因此最高只愿出价20万元买车。

导致结果：此时不幸的事情陆续发生，市场拥有的好车的原车主开始惜售，一台30

万元的好车却只能卖到20万元，有一些车主宁愿留下自用，亦不愿忍痛割爱，因此好车逐渐退出市场。当部分好车退出市场时，情况变得更糟。举例而言，当市场中的好、坏车比例由1:1降到1:3时，消费者此时只愿花15万元买车，车市中成交价降低（由20万元降至15万元）迫使更多的好车车主退出买卖，到最后，车市中只剩下坏车在交易，买卖双方有一方信息不完全，因而形成了一种市场的无效率性（好车全部退出市场）。

（2）信息不对称与柠檬市场理论

削减信息不对称，沟通是唯一的手段。在信息社会中，诚实也是一种工具。因为信息不完整和信息不对称，人与人之间需要沟通对话，以取得信息。以股票市场为例，由于金融市场的运行基础就是信息，投资者相对于上市公司而言处于信息弱势地位，如果不知道上市公司的经营状况、盈利能力、产品的竞争力和公司管理层的变动等信息，投资者就很难确定自己购买的公司股票的真正价值，也就无法进行正常的交易。

“劣币驱逐良币”是柠檬市场的一个重要应用，也是经济学中的一个著名定律。该定律是这样一种历史现象的归纳：在铸币时代，当那些低于法定重量或者成色的铸币——“劣币”进入流通领域之后，人们就倾向于将那些足值货币——“良币”收藏起来。最后，良币将被驱逐，市场上流通的就只剩下劣币了。当事人的信息不对称是“劣币驱逐良币”现象存在的基础。因为如果交易双方对货币的成色或者真伪都十分了解，劣币持有者就很难将手中的劣币用出去，即使能够用出去也只能按照劣币的“实际”而非“法定”价值与对方进行交易。简单说来，货币是作为一般等价物的特殊商品，当货币的接受方对货币的成色或真伪缺乏信息的时候，就会想办法提供价值更低的交易物，而交易物的需求方（也就是支付货币的一方）相应地也会想办法用更不足值的货币来进行支付，最终导致整个市场充斥劣币。

总之，在许多的市场领域，柠檬市场的理论是十分受用的，只要存在着信息不对称，就会形成次品市场，从而使得次品驱逐优品，次品充斥整个市场。

（3）道德风险模型

所谓道德风险亦称道德危机，它是一种“事后行为”，指交易双方签订合同后一方“隐藏行动”的一种行为。道德风险是80年代西方经济学家提出的一个经济哲学范畴的概念，即“从事经济活动的人在最大限度地增进自身效用的同时作出不利于他人的行动”。或者说当签约一方不完全承担风险后果时所采取的自身效用最大化的自私行为。金融中道德风险是指资金短缺者获得资金盈余者提供的资金后，违反合约从事高风险投资活动。保险中的道德风险是指投保者购买保险后可能降低自我防范意识，因为一旦发生事故，将由保险公司承担损失。

股份公司中的道德风险问题亦称为“委托—代理问题”。所有权与控制权的分离可能使经理人员无视股东利益，按照自己的利益，利用自己的信息优势，为了自己的利益最大化而掩饰公司经营的真实状况。

在经济活动中，道德风险问题相当普遍。斯蒂格利茨在研究保险市场时，发现了一个经典的例子：美国一所大学学生自行车被盗比率约为10%，有几个有经营头脑的学生发起了一个对自行车的保险，保费为保险标的的15%。按常理，这几个有经营头脑的学生应获得5%左右的利润。但该保险运作一段时间后，这几个学生发现自行车被盗比率迅速提高到15%以上。何以如此？这是因为自行车投保后，学生们对自行车安全防范措施明显减少，投保的学生由于不完全承担自行车被盗的风险后果，因而采取了对自行车安全防范的不作为行为。而这种不作为的行为，就是道德风险。只要市场经济存在，道德风险就不可避免。

道德风险的特点：①风险的潜在性。很多逃废银行债务的企业，明知还不起也要借，例如，许多国有企业决定从银行借款时就没有打算要偿还。据调查，目前国有企业平均资产负债率高达80%左右，其中有70%以上是银行贷款。这种高负债造成了企业的低效益，潜在的风险也就与日俱增。②风险的长期性。观念的转变是一个长期的、潜移默化的过程，尤其在当前我国从计划经济向市场经济转变中，这一过程将是长久的阵痛。切实培养银行与企业之间的“契约”规则，建立有效的信用体系，需要几代人付出努力。③风险的破坏性。思想道德败坏了，事态就会越变越糟。不良资产形成以后，如果企业本着合作的态度，双方的损失将会减少到最低限度；但许多企业在此情况下，往往会选择不闻不问、能躲则躲的方式，使银行耗费大量的人力、物力、财力，也不能弥补所受的损失。④控制的艰巨性。当前银行的不良资产处理措施，都具滞后性，这与银行不良资产的界定有关，同时还与银行信贷风险预测机制、转移机制、控制机制没有完全统一有关。不良资产出现后再采取种种补救措施，结果往往于事无补。

资本市场上由于信息不对称，这种道德风险也是经常发生的。例如，一级市场上股份公司在股票发行完毕、资金到手后（事后），不按原先“招股说明书”约定的资金用途使用资金，而投资于短期的预期收益大而风险更大的项目，从而可能给股东（投资者）造成较大的风险或损失。又如，二级市场上，由于投资者之间信息不对称，知情投资者在买到股票后，发布或制造各种“利好消息”，引起股价上涨从中牟取暴利；或者在卖出股票后，散布或制造各种“利空消息”，引起股价下挫，给别人造成损失，为自己在低价上买到股票进行下一轮“炒作”作准备。所有这些行为都是道德风险的表现。

信息不对称条件下逆向选择和道德风险的存在，给资本市场的正常运转和健康发展带来了不良影响，会引起市场的不公平交易和利益的非正常分配，减低运作效率，导致市场萎缩。最严重的情况是，如果由于信息不对称引发市场参与者的信心丧失和心理崩溃，则可能会引爆金融危机。经济学家密希肯（F. J. Mishkin，1991）从这一角度对金融危机进行了定义，“所谓金融危机就是一种因逆向选择和道德风险问题变得太严重以至于金融市场不能够有效地将资源导向那些拥有最高生产率的投资项目而导致的金融市场崩溃。”

由于逆向选择和道德风险产生的原因在于信息不对称，因此，信息经济学认为，解决的办法无非是建立以合作和分担风险为中心的激励机制以及必要的“市场信号”机制，强化资本市场的信息披露制度建设，缓解信息不对称程度，降低或减少市场中的逆向选择和道德风险的影响，只有这样，才有利于资本市场的规范持续发展。

3.4 市场择时理论与托宾 Q

3.4.1 市场择时理论

1996 年，Stein 提出了市场择时概念，他研究了市场非有效而管理者理性情况下的公司投融资行为。Stein 的理论模型表明，在非有效市场中，公司管理层不但可以通过采用正的 NPV 项目为自己（公司原股东）创造价值，同时也可以利用市场的无效性合理地安排融资来创造价值，具体行为就是公司在股票被高估时倾向于增发，而在低估时倾向于回购。

2002 年，Baker 和 Wurgler 在其开创性论文《市场择时与资本结构》中首次明确提出了市场择时理论：市场价值高时（由市场价值与账面价值比衡量）融资的公司杠杆低，而市场价值低时融资的公司杠杆高；过去市场的价值对于资本结构的影响是非常显著的，无论是以账面价值还是以市场价值来衡量杠杆，或包括其他的控制变量，这一关系都是明显和持久的。市场择时理论的核心在于市场择时通过净股票融资长期影响资本结构，资本结构是历史股票市场择时的累积结果。

A 公司可以发行价值 10 亿美元的股票，浮动成本总数为 3 000 万美元。假设当时该企业没有需要融资的项目，但是股权的内在价值只有 7. 5 亿美元。在这种情况下，与新发股权相联系的调整净现值为 2. 2 亿美元。那么，A 公司的管理层将会通过承担 0. 3 亿美元的费用从新股东那里转移给现有股东 2. 5 亿美元的财富。

B 公司价值被低估了 25 个百分点。那么如果 B 公司用 10 亿美元现金去回购股票，将会得到 12. 5 亿美元的价值。与这项决策相关的经调整的净现值为 2. 5 亿美元，代表财富从行使股权的股东向持有股权的股东转移。

现实中的经理人行为证实了市场择机融资行为的存在。在对 300 多家美国公司财务经理人的匿名问卷调查结果表明：①2/3 的公司首席财务官认为：“股票市场对公司股票价格的高估或低估是融资行为的重要考虑因素。”86. 6% 的公司认为，当公司股票的市场价格相对于其真实价值较低时，公司选择回购。同样，在是否发行可转债的决策中，有五个因素被认为是重要的决定因素，而股价是其中最重要的一个。②调查发现市场择时也是债权融资的一个重要动机。当利率特别低时，公司发行债务；当短期利率比长期利率低或 CFO 正在等待长期利率下降的机会时，大部分 CFO 偏好短期债务。管理者更加关注与债务市场环境有关的公开信息而不是关于信用质量的个别信息，仅仅 9% 的管理者认为“我们期待我们的信用等级会提高，将一直等到信用等级提高后再借入短期债务”。③调查还发现，市场择时还是公司在跨国上市中考虑的一个重要因素。对考虑过到海外发行债券的美国 CFO 的调查发现，较低的外国利率是他们决策考虑中的一个重要方面，44% 的 CFO 含蓄地否定了利率平价。

3.4.2　托宾 Q

20 世纪 60 年代末，托宾提出了著名的 Q 理论，此理论认为投资是企业的市场价值与企业的重置成本之比的增函数，这一比例就是所谓的托宾 Q。如果 Q>1，即资本的市场价值大于获得资本所需的成本，则厂商将增加其资本存量；如果 Q<1，即资本的市场价值小于获得资本所需的成本，则厂商将减少其资本存量。理性的厂商应当调整其资本存量直至 Q=1，此时资本的市场价值等于资本的成本。托宾 Q 确实包含了许多与投资相关的涉及将来的行动以及面临的冲击方面的信息，比他之前的投资理论前进了一大步。

托宾进而将他的投资理论引入了 IS－LM 模型，当时人们普遍认为这是具有凯恩斯主义色彩的投资理论。事实上，托宾的投资理论不过是发展了凯恩斯在《通论》中提出的一个观点，即进行新投资理论的激励取决于资本的市场价值与构建这项资本所必须花费的成本的比较。

但是到了七八十年代，许多关于调整成本的文献将托宾的 Q 理论整合起来，穆萨和阿贝尔分别针对确定性模型和随机模型指出，具有凸调整成本函数的新古典模型也可以产生一种 Q 理论。企业的最优投资率是资本的影子价格的增函数，而资本的影子价格恰恰描述的是新资本的市场价值与资本的重置成本之比，并与托宾的 Q 相区别，人们将这一比例称为边际 Q，而将托宾的 Q 称为平均 Q。显然，对于投资决策来说更重要的是边际 Q，但是在经验研究中，平均 Q 却是一个更容易观察到的变量，因为如果企业的所有投资都可以在二级市场上交易的话，则我们可用企业股票或债券的价值来衡量企业的市场价值，这就结合实证研究带来了很大的方便。在什么情况下，平均 Q 等于边际 Q？Hayahi（1982）指出，当生产函数和调整成本函数都是资本与劳动的一次齐次函数，并且工资率、资本品的价格以及时间偏好率都外生给定时，企业的价值与资本存量成比例，从而边际 Q 等于平均 Q。但是一般来说，调整成本函数是规模报酬递减的，因而平均 Q 将大于边际 Q。

下面就连续时间模型推导一次 Q 理论。假设企业的生产函数 $Y_t = F(K_t, L_t)$ 是新古典的；调整成本函数 $C = C(I_t, K_t)$ 满足：$\partial C/\partial I_t > 0$，$\partial^2 C/\partial^2 I_t > 0$；投资品的实际价格为 p_t；工资的实际水平为 w_t；利息率为 r_t。于是，企业面临的问题为

$$\begin{cases} \max \int_t^{\infty} [F(K_s, L_s) - w_s L_s - p_s I_s - C(I_s, K_s)] e^{\int_t^s -r_\tau d\tau} ds \\ s.t.\ dK_t/dt = I_t - \delta K_t \end{cases} \tag{3-5}$$

其中，δ 是资本折旧率。

通过构造现值汉密尔顿（Hamilton）函数：

$$H_t = F(K_t, L_t) - w_t L_t - p_t I_t - C(I_t, K_t) + q_t (I_t - \delta K_t) \tag{3-6}$$

利用庞特里雅金（Pontryagain）最大值原理，我们可得

$$\begin{cases}\partial H_t/\partial I_t = 0\\ \partial K_t/dt = \partial H_t/\partial q_t\\ dq_t/d_t = -\partial H_t/\partial K_t + r_t q_t\\ TVC\end{cases} \tag{3-7}$$

注意，由于我们在厂商的优化问题中并未给定边界条件，因此最大值原理当中的横截性条件没有给出具体的形式。整理上述方程组得到

$$\begin{cases}q_t = p_t + \partial C(I_t,K_t)/\partial I_t\\ dK_t/d_t = I_t - \delta K_t\\ dq_t/d_t = -F_K(K_t,L_t) + C(I_t,K_t) + \delta q_t + r_t q_t\\ TVC\end{cases} \tag{3-8}$$

由此可得

$$q_t = \int_t^{\infty}[F_K(K_s,L_s) - C_K(I_s,K_s)]e^{\int_t^{\delta}-r_\tau d\tau}e^{-\delta(s-t)}ds \tag{3-9}$$

式（3-9）表明，q_t 是一个单位边际资本所产生的所有未来边际收益的贴现值，这正是多位的边际 Q。

进一步地，如果我们假定 $C(I_t,K_t) = g(dK_t/d_t) = g(I_t - \delta K_t)$，则

$$g'(I_t - \delta K_t) = q_t - p_t$$

定义 $G(\cdot)$ 为 $g'(\cdot)$ 的反函数，于是

$$I_t - \delta K_t = G(q_t - p_t) \tag{3-10}$$

因为 $g'(\cdot) > 0, g''(\cdot) > 0$，所以 $G'(\cdot) > 0$。式（3-10）证明净投资是资本的影子价格 q_t 的严格增函数，这正是 Q 理论的核心结论。

3.4.3 托宾 Q 理论与资本市场价值投资

托宾 Q 理论把一直被忽视的资本市场的作用表现了出来，把资本评价与投资决策联系起来。资本市场是投资者对企业投资价值进行评价的场所。投资的边际效率投资理论只是指出了投资是表示资本成本的利率的函数，然而在托宾 Q 理论中不仅仅考虑了利率，而且考虑了投资者在股票市场上对企业投资价值的评价。虽然利率代表了货币与债券的交换比率，但是 Q 值更代表了股票（表现了实物资产的边际效率）与“货币—债券”（表现了金融资产的收益率）之间的交换比率。因而托宾 Q 理论在投资活动中很好地体现了资本市场中两个重要的均衡机制。

资本市场上一个重要的均衡机制是价格机制。在资本市场上，投资者（资本的所有者）不会白白地向企业供应资本，而是有条件的，条件就是要求企业（资本的使用者）必须为资本使用权的转让支付一定的报酬，这种报酬即为资本价格。在资本市场上，资本价格是资本得以配置的指示信号，资本的有效配置在很大程度上就取决于资本价格所包含的信息是否充分反映了资本的短缺程度和机会成本，即是否能把资本配置到可以创造最大价值的企业中去。

资本市场的价格机制就是形成这样的价格，一般地说，资本市场越完善，所形成的资本价格就越能反映资本的真实价值，进而反映出企业的价值。因此，只要投资者是经济理性的，资本价格的上升与下降就可以反映出投资者对企业价值的判断，托宾 Q 值无疑就是一个对企业价值判断的指示器。当 Q 大于 1 时，投资者可以向企业提供资本（买入股票），此时资本的配置效率是最高的，投资者与企业均可以获得最大收益，反之，投资者就撤出资本（卖出股票）。资本的配置通过价格机制达到最优。

同时，资本市场的价格机制还是引导企业进行套利投资的一种机制，因为企业只能以二级市场上的股票价格购买同样的资本，此时新的资本价格就成为企业计算成本的依据。由此，资本存量（既存资本）的价格与新资本的价格也因此在资本市场上相关，企业投资可以看做是在代表新资本价格的股票和相似的既存资本之间的套利投资行为。

套利投资机制是资本市场的第二个重要的均衡机制，它的存在改变了企业的经营。企业经营的目的不只是在产品销售中获得利润，而且也要在资本升值——高价出售资本——从中获取利润，这种套利被称为追高套利。企业不仅可以经营产品，也因此可以经营资本，所以纳入资本市场的企业产权或所有权结构便成为动态性和开放性的。

托宾 Q 理论所表示的重点就是，一方面，企业投资不只是考虑收入流量，而且还要考虑当企业市场价值高于其拥有的资本存量的重置价值时，即当托宾 Q 值大于 1 时，企业的所有者就可以进行追高套利，卖掉企业变现而获得巨额收益。当然也可以保留企业，用廉价的重置资本可以继续追加投资。另一方面，如果当企业的资本存量价值过高，那么企业就会因为折旧过高导致亏损或破产，或以低价被并购，而这种通过并购方式所产生的资本贬值将不再计入企业的亏损，因此企业在财务会计上可能出现盈利，而并购的企业同时也以低廉的成本实现了资本规模的迅速扩大，这种套利被称为逢低套利。所以说，追高套利与逢低套利这两种独特的套利投资机制起到了放大财富的作用，使得资本市场的功能发挥到了极致。因此，托宾 Q 理论更新了传统的投资理念，企业之间并购和出售的套利行为是一种全新的投资思维，企业产权或所有权也在动态转换中达到最优配置。

托宾 Q 理论贯穿资本市场的价格机制与套利投资机制之中，把企业与资本市场紧密地联系起来。托宾 Q 理论的含义是丰富的：企业的市场价值发现和价值确定不仅是企业投资决策的依据，而且还是企业优化资本配置和优化产权或所有权结构配置的依据。

股票价格的高低成为了左右企业进行套利投资的关键因素，也就决定了企业能否利用资本市场达到资本升值，迅速扩大规模的目的。同时，资本市场在企业资本配置与产权或所有权动态转换中也必然将达到均衡——资本市场在托宾 Q 值等于 1 时达到无套利均衡，企业股票价格反映了资本的真实价值，企业在重置资本与并购企业之间的选择没有差异。托宾 Q 值也必将围绕资本市场的均衡点上下波动。

案例　中国平安再融资事件的启示

2008 年初，中国平安巨额再融资方案在引发资本市场激烈反应后，仍在股东大会上高票通过。

（1）事件回顾

2008 年 1 月 21 日，中国平安公布了《关于公司向不特定对象公开发行 A 股股票方案的议案》，拟公开增发不超过 12 亿股 A 股和 412 亿元分离交易可转债。不过没有同时说明募集资金的用途。其结果是中国平安股票 21 日、22 日连续两日跌停，平安股价由周一开盘时的 98.21 元跌至周末收盘时的 80.59 元。3 月 5 日，中国平安召开临时股东大会，巨额融资方案获得绝大多数股东赞成，顺利通过。该融资方案招致了资本市场投资者的质疑，导致其自身以及整个股市的股价大跌。5 月 8 日，在各方面压力下，中国平安宣布六个月内不考虑 A 股增发。

（2）中国平安再融资事件的经验教训

再融资的推出时机欠考虑，上市公司在进行再融资时，要根据市场的状况，审慎考虑再融资的时机。中国平安选择在 2008 年初这一时机推出这一巨额再融资计划，其不利因素主要有以下三个方面：

首先，2008 年 1 月 11 日，中煤能源股份有限公司首次公开发行不超过 15.25 亿股 A 股的申请获得证监会审核通过。10 天后，中国平安公布 1 600 亿元的天量融资方案。两大融资同时进行已经动摇牛市的基础，再进行 1 600 亿元规模的融资肯定非市场能够承受，所以暴跌在情理之中。大规模的融资已经成为市场不能承受之重。

其次，始于 2007 年 3 月的美国次级抵押贷款泡沫的破灭。次贷危机开始逐步显现，2007 年 8 月席卷美国、欧盟和日本等世界主要金融市场。由于中国股市与全球股市的关联度越来越高，美国次贷危机虽然对中国股市没有直接的影响，但产生了很大的间接影响，如股民的信心受挫等。中国平安再融资方案在这一背景下公布，给原本动荡的股市增添了一份不稳定。美国次级贷款问题暴露以后，人们开始普遍担心经济会否出现衰退，再加上巨额再融资计划的推出，多数股民心理恐慌，大量抛售股票，导致大盘大幅下跌。

最后，2008 年全年将有 800 亿股、价值 1.6 万亿元的各类限售股票解禁流通，涉及的上市公司近千家，这无疑将成为 2008 年悬在中国所有投资者头上最大的一把利剑，而中国平安再融资方案却正在此时获得股东大会通过。

综合上述各方面原因，中国平安在 2008 年初推出其巨额再融资计划实属不明智之举。

第 4 章

公司治理理论

4.1 公司治理概念与模式

公司治理是现代企业理论的重要组成部分，是跨经济学、金融学、管理学等学科的一个重要研究课题。公司治理（corporate governance）一词最早出现在美国，近 20 年来，公司治理所涉及的问题受到国外学术界的高度重视，出现了大量的研究文献，但是对公司治理的概念并没有形成一致的看法，主要是从不同角度和方面来回答什么是公司治理。

4.1.1 公司治理的概念

公司治理是原英文词 corporate governance 的意译，由于是一个舶来词，国内一直没有一个统一的解释，有译做公司治理机制、公司治理结构、公司督导机制等。由于“结构”、“机制”等只是从公司的一方面来定义，“公司治理”显然不是单指公司各部门或当事人之间的简单组合或搭配，其中包含着各部门及利益关系主体的有机结合和运作。费方域（1996）对公司治理的定义做了归纳，又补充了“公司治理的制度构成”,① 把公司治理的定义分为六类，如表 4－1 所示。

表 4－1　　　　公司治理定义

角度	定义
公司治理的具体形式	公司接管市场；机构投资者；市场竞争机制
公司治理的制度构成	有效的制衡、协调、监督和赏罚的制度结构和市场结构
公司治理的制度功能	一套制度性安排；协调各利益相关者关系
公司治理的理论基础	委托—代理理论；产权理论；契约理论
公司治理的基本问题	控制问题；激励问题
公司治理的潜在冲突	所有权与控制权分离问题；治理与管理的对应问题

① 费方域．企业的产权分析［M］．上海：上海三联书店，1998：165.

(1) 根据公司治理的具体形式定义

根据治理的具体形式，并购市场、董事会以及机构投资者都是公司治理的重要方法和力量。此外，公司接管市场也是公司治理的主要力量，接管市场的本质是使经营者忠于职守，因为没有公司接管市场，经营者就会玩忽职守，侵蚀股东权益。公司接管市场对公司治理产生外在的压力，在董事会、经理市场、产品市场、资本市场等都不能起有效作用的前提下，接管市场将发挥其有效的约束作用。

(2) 根据制度构成定义

企业作为一个团队组织，其内部是人力资本与非人力资本通过一系列不完备的契约联结关系，由于人力资本与其所有权的不可分离性，天生就具有玩忽职守及“偷懒”的性质，而非人力资本与其所有权的可分离性，天生就具有承担风险的性质，这就要求一个有效的制衡、协调、监督和赏罚的制度结构和市场结构来约束各利益相关者的权利和利益范围。以股份公司为例，股东大会及董事会对企业经营者的任免、监督和评价以及董事会的监督等就是企业治理的制度结构；通过来自债权人的监督以及来自股票市场的压力来对企业经营者的行为施加影响就是企业治理的市场结构。

(3) 根据制度功能定义

1985 年英国《公司法》规定，公司治理是由董事、股东和审计员三方构成的一种制度。董事是管理部门的领导者，指导公司实现利润最大化；股东的作用是确保董事及经理人员行为为公司利润最大化服务；审计员的作用就是保证公司不会有财务违规现象，确保董事能实现“真实而公平”的公司财务绩效状况。

目前公司治理的范畴相对有所扩大，除董事、股东及审计外，开始注重公司中利益相关者权益。公司的一系列制度安排除了为股东利益服务，还要考虑利益相关者权益，让投资者、雇员等参与公司治理，并通过制度安排能够发表自己的建议，对维护自己的权益和公司的正常运营及发展起到监督的作用。此外，“公司的社会责任”受到人们的普遍关注，美国法律协会在其报告《公司治理的原则》中，研究了公司治理的各个方面，包括公司的目的和行为、董事与管理人员的功能和权利、大型上市公司中审计委员会的作用、对董事会和监察委员会安排的原则和建议、公平交易的定义、控制权交易中董事和股东以及出价者的作用等。美国公司董事协会也做了相应的解释：公司治理是确保企业长期战略目标和计划得以确立，能够按部就班地实现计划的一种组织制度安排；公司治理机构要确保维护公司的向心力和完整性；对与公司发生各种社会经济关系的团体和个人承担相应的义务和职责。

(4) 根据理论基础定义

公司治理的理论主要是企业所有权理论和管理理论，包括委托—代理理论、产权理论等。

从委托—代理理论角度来看，企业是委托人与代理人之间通过合同缔结的复杂治理关系，股东是委托人，董事是代理人。代理人的行为是理性（或有限理性）和以自我利益为导向的，因此需要制衡机制来对抗潜在的权力滥用，通过激励机制来使董事和经理为股东利益服务。

从产权理论来看，所有权限定了公司治理的边界，是公司控制权的基础，这些权利包括被提名和选举为股东利益管理企业的董事的权利；要求董事就企业资源的配置作出决策并给予解释的权利；任命独立审计师检验公司财务的准确性及对董事作出的报告和账目提出质疑的权利。因此，公司治理可看做是产权或控制关系。

（5）根据基本问题定义

Corhran 和 Wartick（1988）从公司治理要解决的问题来定义公司治理。他们认为，构成公司治理问题的核心是：首先，谁从公司决策（高级管理层的行为）中受益（“是什么”）？其次，谁应该从公司决策（高级管理层的行为）中受益（“应该是什么”）？当二者之间不一致时，公司治理问题便随之出现。

Corhran 和 Wartick 将公司治理分为四个要素，每个要素中的问题都是由与高层管理和其他主要利益相关者相互作用有关“是什么”和“应该是什么”之间不一致引起的，即由高级管理层的决策和其他主要利益相关者的利益相冲突而引起的。具体来说，表现在管理者有优先控制权、董事过分屈从于管理者、工人在企业管理上没有发言权，以及政府注册过于宽松。每个要素关注的对象是这些利益相关者中的一个，如股东、董事会、工人和政府。对于这些问题，方法可以分别是加强股东的参与、重构董事会、扩大工人民主和严格政府管理。Corhran 和 Wartick 认为理解公司治理中包含的问题，是回答“公司治理是什么”这一问题的一种方式。

（6）根据潜在冲突定义

公司治理问题的潜在冲突可以概括为两方面：一是公司治理和公司管理；二是所有权与控制权分离。

最早对公司治理与公司管理进行区分的是特里科尔，他在1984年出版的《公司治理》一书中，明确提出公司治理的重要性及其与公司管理的区别。特里科尔认为，公司管理涉及的是公司边界内的业务运作，如生产、开发、人事、营销、融资等；而公司治理涉及的则不是这种管理本身，而是关于在公司边界之外，董事如何全面指导企业、监察和控制管理部门的行为，满足公司边界之外利益集团对责任和规则的合法预期，它涉及的是董事会和股东、高层管理部门、规制者与审计员，以及其他利益相关者的关系。概括说，公司治理与公司管理的区别在于：第一，治理的中心是外部的，而管理的中心是内部的；第二，治理是一个开放的系统，而管理是一个封闭的系统；第三，治理是战略导向的，而管理是任务导向的。

但是，公司治理与公司管理是两个相辅相成的体系，公司治理的目标就包括协调公司的治理和公司的管理，公司治理与公司管理是一种交叉关系，公司治理与公司管理的异同见表4－2。

表4－2　公司治理与公司管理

类别	公司治理	公司管理
目的	实现相关利益主体的制衡	实现公司的目标

续表

类别	公司治理	公司管理
所涉及主体	所有者、债权人、经营者、雇员	顾客、经营者、债权人、雇员
在公司发展中的地位	规定公司的基本框架	规定公司具体的发展路径及手段
职能	监督、制定责任体系和制度	计划、组织、指挥、协调和控制
层次结构	企业的治理结构	企业内部的组织结构
实施的基础	契约关系	行政权威关系
法律地位	主要由法律、法规决定	主要由经营者决定
政府的作用	政府发挥重要作用	政府基本不直接干涉
资本结构	体现债权人和股东的相对地位	反映各企业的资本及管理状况
股本结构	体现各股东的相对地位	反映所有者构成及对管理的影响

资料来源：廖理. 公司治理与独立董事［M］. 北京：中国计划出版社，2002：34－35.

所有权与控制权的分离，是公司治理问题产生的根源。控制权的分配问题一直是管理层和股东之间矛盾的焦点，董事会则是二者争斗的场所。管理层根据自身的需要进行决策，他们对股东只是安抚。董事会作为缓冲层，既为管理层利益服务，又抗衡股东的要求。由于股东的财产只附着于他们拥有的股票上，而且所有权又相当分散，因此管理层对公司财产的使用几乎不受股东影响，费方域认为，股东通过他们在金融市场特别是股票市场上的行为，控制着公司财产的使用。股票的买卖是股东控制权的真实反映，他们的作用不应该被低估，背离股东利益的管理层将在这一市场上受到惩罚。

4.1.2 狭义和广义的公司治理概念

公司治理的概念可以从狭义和广义两方面来理解。狭义的公司治理是指公司董事会的功能、结构、股东的权利等方面的制度安排；广义的公司治理则是指有关公司控制权和剩余索取权分配的一整套法律、文化和制度性安排（Blair，1995；张维迎，1996），是“关于把哪些约束和要求强加给那些管理公司的人，公司经理必须服务于谁的利益，企业不同组成人员拥有哪些影响和追索权以及他们能在什么压力下去观察其利益是否被保护等一系列制度安排”①。

在探讨公司治理的广义和狭义的定义时，主要是从具体的公司治理内容和功能来定义。经济学家们主要形成两种观点：一是公司治理的核心在于保护股东的利益，股东在公司治理中处于主导地位，公司治理结构是公司融资者确保获得投资收益的所有方式（Fama 和 Jensen，1983；Shleifer 和 Vishny，1997）。② 融资者确保投资收益的方式包括设计合理的工资合同激励经理为股东利益服务、以法律手段给予股东恰当的权利、赋予董事会监管经理的代理责任。二是利益相关者理论。利益相关者价值观的支持者则认为，公司的董事和经理不仅是公司股东的信托人和代理人，同时也是公司其他利益相关

① 玛格丽特·M. 布莱尔. 所有权与控制：面向21世纪的公司治理探索. 北京：中国社会科学出版社，1999：2－3.

② Fama. E.，M. Jensen. Agency Problem and Control［J］. Journal of Law and Economies，1983：26.

者的信托人和代理人，公司的利益相关者包括股东、债权人、董事会、经理层、雇员、消费者，乃至整个社会。从这一观点出发，Tirole 把公司治理结构定义为“诱使经理人员内在化利益相关者福利的制度设计”①。

4.1.3　公司治理模式

目前公司治理的具体模式可分为两种，一种是以日本、德国为代表的内部控制主导型（又称网络导向型）公司治理模式，指股东（法人股东）、银行（一般也称银行股东）和内部经理人的流动在公司治理中起着主要作用，而资本流通性则相对较弱，证券市场不活跃。另一种是以英国、美国为代表的外部控制主导型（又称市场导向型）公司治理模式，指以大型流通性资本市场为基本特征，公司大都在股票交易所上市，其存在的具体外部环境是非常发达的金融市场、股份所有权广泛分散的开放型公司和活跃的公司控制权市场。

（1）两种模式的特点和差异

两种模式的导向差异源于不同的市场经济模式及其中的公司经营导向、相关的法律环境和文化理念等诸多相关因素的区别。英美模式主要根植于自由市场经济，崇尚自由竞争，信奉股东财富最大化；日德模式则更多形成与发展于混合市场经济，长期利益与集体主义是其得以生长的文化理念支持。两种模式的特征及差异如下：

第一，股权结构与资本市场。在英、美等国家中，公司机构投资者股东和分散的社会公众股东占主导地位，美国上市公司目前最大的投资者（股东）是机构投资者，如养老基金、人寿保险、互助基金以及大学基金、慈善团体等。在德国，公司最大的股东多是法人组织，如公司、创业家族、银行等，所有权集中程度比较高。在日本，控制企业股权的主要是法人，即金融机构和实业公司，法人持股比率为72%，法人持股主要是集团内企业交叉持股或循环持股，整个集团形成一个大股东会。

第二，内部治理结构的区别。董事会对公司的重大事项进行决策，包括必要时更换代理人，董事会理论上对代理人具有约束作用。但是在不同的治理模式下，内部治理有所不同。在英美公司中，以外部董事为主导的董事会负责监督公司经营者。美英公司的组织结构只由股东大会和董事会组成，不设监事会，由董事会履行监督职责。为了保证公司治理结构的有效性，美英国家有很多复杂的制度性安排，组成董事会的执行董事与非执行董事一般分别由代理人或经理与外部董事担任，其中，外部董事以其在董事会的较大权力，在必要时能对公司的人事安排作出重大调整，比较重要的一项就是关于董事会独立性的安排，即公司章程中明确规定公司董事会必须有一定数量的独立董事。在德国，内部治理机制以监事会之名行使董事会职能，以董事会之名行使经理人员职能。德日公司的董事会以内部董事为主，经营者在公司中居主导地位，故以专设的监督机构即监事会和大股东负责监督公司的经营者，并且德国、日本的银行在对公司经营者的监督中发挥着重大的作用。

---

① Tirole J.. Corporate Governance [J]. Econometrica, 2001, 69 (1): 1-35.

第三，外部治理的区别。美英公司主要靠资本市场的收购和兼并控制公司，美国公司的经营管理效率与公司股票的市场价格之间存在高度的正相关关系。在这种理论的推动下，同时也在美英股市交易活跃的配合下，兼并、收购频频，公司控制权市场非常活跃，对经营管理者的行为起到重要的激励约束作用。外部经营管理者市场和与业绩紧密关联的报酬机制对经营管理者行为发挥着重要作用。恶意收购已成为市场活动中的一个重要方式。德日公司的股权高度集中、股东相当稳定，证券市场没有美英国家发达，市场上的兼并与收购远不如英美活跃，恶意收购更是很少发生。

第四，代理人市场。公司治理结构模式的不同决定了其代理人约束机制的差异。在外部控制主导型的英美模式下，外部资本市场与代理人市场的作用机制有利于促进代理人积极开展经营以实现股东财富最大化，但是，股东“用脚投票”与活跃的公司控制权市场容易导致代理人注重公司短期经营而忽视公司长期发展，另外，频繁的公司接管与破产行为尚可能造成经济的动荡与资源的浪费。在外部控制导向型的日德模式之下，公司代理人约束机制实则为一种组织行为或机构直接控制机制，身兼股东与债权人身份的金融机构以及基于环形持股的法人组织，以直接干预而非寻求市场的方式对代理人施压，但是，在日德模式下的代理人因处于相对稳定的地位而注重公司的长期规划与发展，外部监管的缺乏与公司控制权市场的不发达容易导致公司内部管理的松懈与“内部人控制”，不过，金融机构对其处于财务危机中的公司的救助与支持，能够避免因公司破产而造成的较大社会成本。

（2）两种模式的优缺点

外部控制主导型治理模式的优点：外部控制主导型公司治理模式的核心是公司控制权市场的强约束作用，而公司控制权市场又是基于股权的高度分散和强流动性。第一，股权分散有利于避免因一家公司的经营不善而引起连锁反应。第二，股权的强流动性能够使投资者容易卖掉手中的股票，从而减少投资风险。第三，股权的强流动性有益于资源的再分配，市场资本容易得到重新配置，这不仅使公司容易筹到资金，而且大大增强了资源的配置效率。第四，股权的强流动性使股东们可以通过在证券市场上的交易活动来控制、监督经营者，可以此在一定程度上让经营者按照自己的意愿办事。第五，股权分散和强流动性有利于保证资本市场的竞争性。①

外部控制主导型治理模式的缺点：第一，由于股票分散于成千上万的个人和机构手中，每一个股票持有者在公司发行的股票总额中仅占一个微小的比例，因此在影响和控制经营者方面股东力量过于分散，股东大会“空壳化”比较严重，使得公司的经营者经常在管理过程中浪费资源并让公司服务于他们个人自身利益，有时还会损害到股东利益。第二，金融市场是缺乏忍耐性和短视的，股东们并不了解什么是他们的长期利益，他们更愿意使他们的短期利益更大一些，当公司要在研究和发展以及市场开拓等重大战略方面持续投资时股东们就会考虑短期利益，卖出或者降价出售公司股票。在部分情况下公司是在进行低业绩的操作，因为经理人员对来自市场方面的短期压力太敏感。布莱

① 李维安，武立东．公司治理教程［M］．上海：上海人民出版社，2002：408.

尔强调，外部控制性公司治理模式过于强调股东利益，从而导致市场对其他利益相关者的投资不足，从而降低了公司潜在的财富创造。①

内部控制主导型公司治理模式的优点：这种治理模式的显著特点就是法人持股，其优点也是基于这种法人持股。首先，银行的监督作用得到有效发挥。银行作为公司的主要股票持有人、放款人，具有一般股东所缺乏的时间和精力，能够对公司的生产经营活动进行有效监督，能够使贷款的安全性和有效性最大化，及时获取和掌握公司生产经营活动的有关信息，并对贷款进行事前、事中和事后监督。其次，公司长远发展得到有效保证。银行作为股东，其进行的是长期投资，这就有效制止了公司的合并和收购事件的发生。再次，法人的相互持股形成了公司之间相互制衡、相互依赖的协调关系，一旦相关联的某企业发生困难，则由集团内主要银行出面，予以资金融通，这就从一定程度上避免了企业倒闭，对稳定经营和长期发展有极大的作用。最后，交易效率比较高。由于金融机构在不同企业同时拥有股权和债权，有利于减少债权融资的代理成本。

内部控制主导型公司治理模式的缺点：这种模式的一个显著特点是法人相互持股，这有其好的一面，也有其不好的一面。首先，违反股份公司原则。公司相互持股，容易导致资本金在形式上无限扩大，而实际上并没有得到真正的资金，往往是一张交换股票的纸片甚至是账面游戏而已。其次，引发公司支配权的不公正占有。实际出资人的支配权丧失了，而没有出资的经营者却支配着公司，从而违反了权利和义务相一致的原则。最后，股东大会"空壳化"。相互持股公司的经营者为维护自己的利益而相互支持，而不是相互监督，即出现股东大会的形式化，其结果是"无责任经营"或"相互放任型经营"，导致彼此之间不能追究责任。

(3) 公司治理模式的趋同化

各种治理模式的产生都有其特殊的历史背景，受到不同文化、法律和市场环境的影响而形成，所以不同的治理模式都有其各自的长处。研究发现，不同的治理模式正在取长补短，趋同化明显。表4-3是两种治理模式的对比，由此可以看出各种治理模式的优缺点。

表4-3　两种公司治理模式比较

比较项目	英美模式	日德模式
股权结构特点	股权分散，流动性高；单人持股比例受限，机构投资者为大股东	股权集中，流动性小；银行持股或法人相互持股
所有权与控制权分离	较强	较弱（银行或大财团）
经营决策权属	职业经理层发达，拥有较大的经营管理权力	管理人员有一定的自主权，但银行对企业决策的影响力大
政府角色	宏观调控	间接管理，行政指挥

① 玛格丽特·M. 布莱尔．所有权与控制——面向21世纪的公司治理探索［M］．北京：中国科学出版社，1999：9-12.

续表

比较项目	英美模式	日德模式
法律框架	完善	完善
证券市场有效性	较高	较低
借贷市场（银企关系）	银行对企业无控制关系，以股票市场直接融资为主，负债率较低	实行主银行制，以向银行间接融资为主，负债率较高，银行对企业有监督控制权
经理市场	完善度较高	完善度较低
产品市场	完善度较高	完善度较高

资料来源：廖理. 公司治理与独立董事［M］. 北京：中国计划出版社，2002：94－95.

公司治理模式趋同化的原因主要有以下几个方面：

第一，公司治理向英美模式趋同的首要原因是全球资本市场的增长和一体化，这使得各国市场监督当局不得不采用大体相似的指引和规则，要求公司披露对于证券定价至关重要的信息，以及对投资者提供相应的保护，而一国能否吸引长期的、有耐心的国际投资者，取决于该国的公司治理能否让投资者信赖和接受。即使该国的公司并不主要依赖外国资本，坚守良好的公司治理准则也能够增强国内投资者对投资该公司的信心，从而降低融资成本，最终能够吸引更稳定的资金来源。英美以股东利益为基础、以盈利为导向，重视资本市场作用的模式，更能适应当今全球经济环境的急剧变革和信息技术产业的飞速发展。在这种趋势下，以市场为导向的英美模式逐渐成为各国模仿的样板。

第二，美国经济对全球经济的影响也是英美模式受欢迎的一个因素。美国是世界最大的国际投资者，其公司治理模式和理念将对其他国家产生重大影响。为了得到资金充裕和价格低廉的美国资本市场融资，全球许多公司都采取美式模式。

第三，机构投资者作用加强，相对控股模式出现。传统的机构投资者与其投资的公司保持较为疏远的关系，在公司管理过程中股东价值被忽视的情况下，它们会出售股票以保护自己的利益。近年来，随着养老基金、保险基金和投资基金等机构投资者的持股数额越来越大，它们不再“用脚投票”来表达自己的不满，相反越来越多的机构投资者发现参与“关系投资”有助于提高自己的投资组合价值，它们加强与公司管理层接触，在公司治理中发挥重要作用。

第四，财务报告准则趋同。随着跨公司、跨国界投资组合，资本市场一体化发展，以及投资者对于标准化财务报表的呼吁，国际会计准则（IAS）和美国的 GAAP 会计准则逐渐为世界各国所接受。国际会计准则与美国 GAAP 会计准则也出现了进一步融合的趋势。由于一些公司不断地在国际资本市场上寻求融资机会，因此它们不得不采纳 IAS 或美国 GAAP 会计准则编制其财务报告。

第五，利益相关者日益受到重视。公司治理的利益相关者认为，公司存在的目的不是单一的为股东提供回报，公司应承担社会责任，应以社会财富的最大化为目标。利益相关者理论支持者认为，公司治理改革的要点在于：公司治理不应把过多的权力和控制权交给股东，相反，公司管理层应从股东的压力中分离出来，把更多的权力交给其他利益相关者，如职工、债权人、供应商、消费者及公司运营所在的社区，让关键的利益相关者进入公司董事会。

4.2　公司治理与其他学科的关系

4.2.1　经济学与公司治理

现代企业理论是公司治理的重要理论基础，现代企业理论发展迅速，并与多学科交叉完善，主要涉及博弈论、信息经济学、激励设计理论和制度经济学。

（1）契约理论

现代企业理论主要有两个分支，即交易费用理论和代理理论。交易费用理论研究的重点是企业和市场的关系，代理理论研究的重点是企业内部组织结构和企业人员之间的委托—代理关系。然而这两个理论有一个共同点，即它们都强调企业的契约性、契约的不完全性以及由此导致的企业所有权的问题。根据契约理论，企业是由一系列实际的和隐含的契约组成，这些契约规定了各类利益相关者（所有者、经理、职工、贷款人等）的角色，并界定了他们在各种情况下的权利、责任和报酬。企业的契约性意味着利益相关者的多样性，要实现企业的价值最大化，就是要协调利益相关者各方利益，使所有权达到最优配置。

（2）交易费用理论

在间接定价理论的开创者科斯之后，威廉姆森（Williamson）等进一步发展了这一理论。该理论认为市场和企业是两种可以替代的资源配置手段，企业的功能在于节约市场直接定价的成本，即交易费用。不同的是，企业是要素交易的契约，市场是产品交易的契约，市场上，资源配置由非人格化的价格来调节，而企业内部资源配置是通过企业家（权威）来完成。企业的出现使得交易数目大大减少，按合约对投入的资源行使使用权，并且可以不按照市场价格机制指挥生产。在威廉姆森等开拓资产专用性理论之后，泰勒尔（Tirol，1986）、格罗斯曼和哈特（Grossman，S. J. 和 O. Hart，1986）、哈特、莫尔（Hart Moore，1990）等进一步发展了该理论。专用性资产是指具有单一和极少用途的资产，一旦这种资产投入使用，要转移就得付出巨额的转换成本（交易成本），甚至最初的投资全部变成沉没成本而不能收回。

根据资产的专用性理论，美国学者布莱尔（1995）提出了一种利益相关者共同治理模式。布莱尔认为，公司的利益相关者向公司贡献了专用性资产或向公司进行了专用性投资，而资产或投资所有者无疑将与其所有权分离，这必将导致其处于风险承担者的位置。由于其承担了风险，势必要参与公司治理，以使公司关注其利益。布莱尔由此认为，“股东至上主义”的公司治理必须让位于“利益相关者”（包括股东）的共同治理。

(3) 委托—代理理论

企业的代理理论是基于所有权和控制权的分离。詹森和麦克林（Jensen Michael C. 和 Willian H. Mecking，1976）把代理关系定义为一种合同关系：委托人授予代理人某些决策权，要求代理人提供有利于委托人利益的服务。假定双方都追求效用最大化，那么代理人不会总是根据委托人的意愿行动。为此，委托人可以激励和监督代理人，或者代理人以一定的资源作为担保，由此产生的费用就是代理成本。

4.2.2 金融学与公司治理

金融学大体包括两大领域，一个是投资学（investment），二是公司财务（corporate finance）。投资学主要研究公司实物投资和财务运作的决策过程，具体包括股利政策、借贷政策、破产与重组、兼并与收购、多元化经营与股权结构等。公司财务是公司生产经营过程中有关资金的筹集、使用和利润分配活动及其货币关系的总称。其中，资金的筹集、使用和利润分配活动称为财务活动。财务活动过程中形成的公司及各方面的货币关系称为财务关系。公司财务是公司生产经营活动的一个重要方面，是公司生产、营销、技术、人事等的集中体现。

就公司治理来说，一般分为外部治理和内部治理。外部治理是通过金融市场和金融资产价格对公司经营者进行约束和激励；内部治理则是通过公司财务控制以使财务经营者追求公司价值最大化。由此可见，金融学两大领域与公司治理密切相关。以下就股票价格和股利政策为例，对金融学与公司治理的关系作简要分析。

(1) 股票价格

股票价格反映了公司价值的高低，进而反映了公司高层经理人员的经营能力。股票价格的高低直接关系经理人员的撤换，这种风险能够形成对高层经理人员的较强约束，从而刺激他们改善公司治理。

(2) 股利政策

股利政策属于融资决策的范畴。股利政策关系公司前期利润有多少可以积累于公司再投资，利润留存是下一年度投资资金的主要来源之一。在一定的投资水平下，股利支付越多，利润留存越少，外部融资规模就要越大。其结果是一方面提高了融资成本，另一方面提高了公司的经营风险，或者是导致原有股东所有权稀释，甚至带来控制权稳定问题。

4.2.3 管理学与公司治理

从管理学的角度来研究公司治理，重点是研究公司治理与公司战略决策、公司治理与财务管理等方面的关系。简单说，就是公司战略管理与财务管理。

公司治理与公司战略决策的关系如图 4－1 所示。虚线左边为公司治理部分，虚线右边为战略控制和决策理论，而公司治理与战略决策又通过组织理论联结起来。在公司组织中，董事会是公司治理与公司战略控制的重要因素，董事会作为投资者的代理人，对控制能力的度量和薪酬支付的强调能够激发他们努力工作，尤其能够增强他们决策的科学性，并愿意承担决策控制的风险。

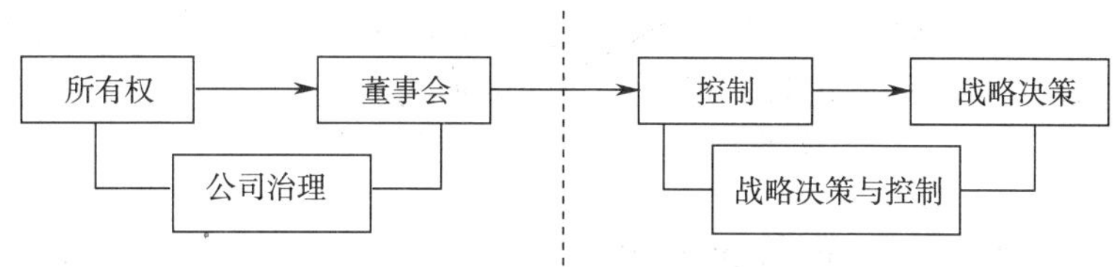

图4-1 公司治理与公司战略的关系

财务管理对于公司治理系统的有效运行是必不可少的。一方面，公司治理失灵部分原因可归咎于缺乏必要的财务报告；另一方面，在财务管理中存在的某些问题，如审计人员缺乏必要的独立性，很可能就是根源于公司治理系统的无效率。

4.3 公司治理的重要性

4.3.1 事前激励效应

通过事后的剩余（剩余利润）分配过程影响执行某些行动的事前激励，可能以两种方式创造或损害某些价值。

首先，理性的代理人不愿在公司治理体制不给他提供奖金的价值强化活动中花费最优数量的资源。事实上，设计一套公司治理体制的一个目的就是促进那些不能从市场获得回报的投资。

其次，理性的代理人可能将大量的资源花费在无效率的活动中，他唯一的（或主要的）目的就是根据他们的偏好改变事后讨价还价的结果。例如，一个经理可能使企业专伺于他能够最易控制的活动，因为这些活动提高了他事后的边际贡献，提高他在事后租金中的份额（Shleiferand Vishny，1989）。经理所体现在增长性项目上的过度投资的趋势也可以被看成是这一问题的体现。经理喜欢扩张企业规模，因为这样可以使他们对公司的价值更加重要，在事后的讨价还价上，这直接导致了他们所能够获得的报酬增长。

当然，一套治理体制或许能够促进或降低这些活动。钱德勒（Chandler，1966）认为，在杜兰德鼎盛时期，通用的资本配置是高度政治化的，随着部门经理自治权力的增加，通用向多部门结构的转变，从寻租的角度看减少了经理的报酬。拉俭等（Ranjan et. al.，1998）证明了无效率的“寻权”（power - seeking）越严重，一个企业的部门所拥有的不同的投资机会就越多。与这一要求相一致，一个多元化企业的价值与企业部门所拥有的投机机会的多元化是负相关的。

因此，在改变这些具有事后讨价还价能力的边际报酬过程中，公司治理体制影响了对投资或"寻权"的激励。例如，对独立的费雪公司而言，关于将工厂选择在邻近通用公司的讨价还价报酬上的边际效应是负的（因为减少了它更大范围的供货选择价值），但是对于费雪公司作为通用公司的一个部门来说是正的，因为在没有通用公司同意的情况下，它无权向其他制造商供货。因此，不同的所有权结构改变了作出专用化投资的激励。

4.3.2 减少无效的讨价还价

通过公司治理体制影响总价值的第二种渠道是改变事后讨价还价的效率。在各参与方及其协调成本的水平（或某一方资产变现能力）被约束过程中，一套公司治理体制能够影响信息不对称的程度。如果控制权被分割给大量且分散的剩余索取者集合（如同绝大多数公开交易的上市公司一样），即使在产权已经明确界定和完全交易的情况下，免费搭车问题可能阻碍正在执行的有效率的活动（Grossman 和 Hart，1980）。同时，在补偿性转移必须决定的过程中，通过决定方向、控制权的配置能够影响效率。相对于事后的讨价还价而言，在某一方的流动性受到约束的情况下，或者在它面对着不同的机会去从事生产性投资而不是将这些资源用于"寻权"活动的时候，补偿转移的方向是重要的。在这两种情况下，有效的交易都可能不会达成。在第一种情况下，因为可能补偿的那一方没有资源，在第二种情况下，因为交易（即使在本质上是有效率的）在"寻权"活动上浪费的资源可能比收益补偿更多。

相对于这些不完美的标准清单而言，汉斯曼（Hansmann，1996）增加了具有控制权的各方之间的利益分歧，汉斯曼证明在控制权持有者之间的利益分歧上，事后的无效率是日益增长的。他认为，在工人的职业技巧、处于等级制中的地位和任期等因素各不相同的情况下，向工人分割控制权是高成本的。他为在实践中控制权很少被分割给具有冲突利益的各方提供了强有力的证据。我们没有关于为何不同的公司治理体制导致事后无效率的不同水平的一般理论，无须怀疑无效率确实存在，而且是非常重要的。

4.3.3 风险厌恶

此外，通过决定风险的水平和分布，一套公司治理体制可能影响总剩余的事前价值。如果不同的各方具有不同的风险厌恶程度（或不同的分散风险或对冲风险的机会），那么，公司治理体制的效率也可以通过它怎样将风险分配给最具风险承受能力的那方来衡量。这一思想是法马和詹森分析组织结构和公司治理的基础。

不同的公司治理体制也能够产生不同数量的风险。假定所产生的剩余总量（利润剩余）是一个常数。如果公司治理结构产生一个随机性的讨价还价的结果，那么，每一方的报酬是随机的也是有可能的。

综合起来看，公司治理的目标是：（1）使价值强化投资的激励最大化，同时，使无效的"寻权"活动最小化；（2）使事后讨价还价的无效率最小化；（3）使任何"治理"的风险最小化，并向最小的风险厌恶方分配剩余风险。

4.4　公司治理及资本结构

4.4.1　投资者权益保护

从证券市场的发展历史来看，其就是欺诈与反欺诈的历史。信息不对称（投资者与股东、股东与经理层及公司与市场的中小投资者），委托—代理模式下的“有限理性”和“机会主义行为”，机构投资者及大股东在市场博弈中的优势地位（对中小投资者利益的侵蚀），以及行使公权力的管制机构，易为市场既得利益者所“俘获”，使得投资者权益受侵犯，这些已经成为一种全球现象，而在我国，由于金融市场不健全（金融结构不优、监管环节薄弱、政府干预较多），使得这一现象尤为明显。只有充分保护投资者利益，才能促进金融市场的良性发展，才能为企业融资、投资者权益维护提供一个良好的环境。

（1）证券欺诈

证券欺诈是指在证券发行、交易及其相关活动中发生的违反证券法律法规、破坏证券市场秩序、侵犯投资者合法权益行为的总称。主要包括内幕交易、操纵市场、欺诈客户、虚报陈述等行为。这些实质上都是破坏证券市场正常运行秩序和侵犯投资者合法权益的行为，而在表面上是违反证券法律法规的行为。证券欺诈的主要分类和相应行为如表4－4所示。

表4－4　证券市场欺诈行为及分类

欺诈类别	定义	行为
内幕交易	指在证券发行、交易过程中，内幕人员和非内幕人员利用内幕信息所实施的欺诈行为	①内幕人员利用内幕消息买卖证券；②内幕人员向他人泄露内幕消息，使他人进行内幕交易；③非内幕人员通过不正当的手段获取内幕消息并进行交易；④其他行为
操纵市场	指单位或个人以获取利益或者减少损失为目的，利用其资金或者滥用职权影响证券市场价格的行为	①合谋或者集中资金操纵证券价格；②散布虚假消息影响证券发行、交易；③以证券虚假价格与他人串谋进行虚买虚卖；④出售或者要约出售其不持有的证券；⑤以抬高或者压低证券交易价格为目的，连续交易某种证券；⑥利用职务便利压低或抬高证券价格；⑦其他操纵市场的行为
虚假陈述	指任何单位或者个人对证券发行、交易及其相关活动的事实、性质、前景、法律等事项所作出的不实、误导或者有重大遗漏的陈述	①发行人、证券经营机构在招募说明书、上市公告书、公司报告及其他文件中作虚假陈述；②律师事务所、会计师事务所、资产评估机构等在其出具的法律意见书、审计报告、资产评估报告等文件中作出的虚假陈述；③证券交易所、证券业协会或者其他证券业自律性组织作出对证券市场产生影响的虚假陈述；④发行人、证券经营机构、专业证券服务机构在向证券监管部门提交的各种文件、报告和说明书中作出的虚假陈述；⑤证券发行、交易及其相关活动中的其他虚假陈述

续表

欺诈类别	定义	行为
欺诈客户	指任何单位或个人在证券发行、交易及相关活动中违反法律法规、违背投资者意志、损害投资者利益的行为	①证券经营机构将自营业务和代理业务混合操作；②证券经营机构违背代理人的指令为其买卖证券；③证券经营机构不按国家有关法规和证券交易所规则处理证券买卖委托；④证券经营机构不在规定时间内向代理人提供证券买卖书面确认文件；⑤证券登记、清算机构不按国家有关法规和本机构规则的规定办理清算、交割、过户、登记手续；⑥证券登记、清算机构擅自将顾客委托保管的证券作不必要的证券买卖；⑦其他违背客户真实意志损害客户利益的行为

(2) 市场欺诈理论

在证券索赔案中，由投资者证明其损失与对方的欺诈行为有直接的因果关系是不现实的，因为证券交易大多是通过电脑系统完成，这就导致了证券交易快，数量大，交易对象多而难以辨认，同时由于证券交易的高度市场化，引起交易行情的变化非常复杂，很难说清楚行情的变化是由哪些因素所导致。因此，在这种情况下，要让投资者承担欺诈行为与损害之间的因果证据是不合理的，这就会导致因为投资者不能举证而败诉。“市场欺诈理论”正是为解决这种举证难的问题而产生的。

市场欺诈理论的经济学基础是有效资本市场假说，因为在有效的资本市场上，有关某项资产的信息能够迅速、完整和准确地被理性的投资者得到并及时加以运用，通过投资者的市场行为最终反映在资产的价格变动上。投资者因信赖市场定价的公正性和整体性才进行投资决策，即便是对于虚假陈述的信赖。

有效市场假说是以完美的市场为其假设前提，在这个完美的市场中交易成本和获取信息的成本为零，也不存在信息的传递成本，所有投资者均是理性的，并且能对信息进行完全解释，不存在反应滞后问题。然而，在现实中这些条件被不同程度地破坏。

市场欺诈理论以有效市场为适用前提，但是市场欺诈理论具体适用哪一类市场是一个重要的问题。这不仅关系不同效率程度的证券市场对被告虚假信息披露的反应程度不同，而且举报人的举证责任也应有所不同。从理论上讲，市场欺诈理论适用的市场条件只能是半强有效市场。强有效市场假定股票价格已充分反映所有信息，包括未加披露、虚假或扭曲的信息，因而无论是否被告虚假信息，证券市场的股价均不能被扭曲。而在弱有效市场上，股票价格仅反映历史信息而对现在公开的信息并无充分反映，因此无论是否被告虚假信息都不会影响股票价格。

在市场欺诈理论下，为了证明因果关系的存在，原告需要证明以下五项事实：第一，被告确实作出虚假陈述；第二，该虚假陈述具有重大性；第三，该虚假陈述能够诱导股票市场价格偏离其内在价值，从而使投资者作出错误的投资决策；第四，交易发生在有效市场中；第五，交易发生的时间介于作出虚假陈述和真相披露之间。在这五项事实中，交易发生的时间与虚假陈述行为都可以用客观的证据加以证明，而重大性则与虚假信息是否足以影响股票价格以及证券市场是否有效密切相关。

有效市场理论的内涵是，当被告有虚假陈述和其他证券欺诈行为，而原告遭受了损失时，只要原告能够证明他有权信赖自己买进或者卖出的证券的市场价格的真实性，就满足了自己是由于受骗而实施了交易行为。这一理论的实质是原告只需证明自己对股票市场价格的真实性存在依赖，而无须实际受到被告虚假信息披露行为的直接影响。市场欺诈理论的运用大大减轻了原告的举证责任，只需证明被告作出了公开的虚假陈述；虚假陈述属重大信息；争议的股票是在一个有效市场中交易；原告在虚假陈述作出后直至真相被揭露前这段时间内从事了交易。

（3）民事赔偿制度

证券欺诈行为违背诚实信用，破坏证券市场公平、公开、公正的原则，扭曲证券市场资源配置，损害投资者合法收益，必须严加制止，为投资者建立一个良好的证券市场。各国都在运用民事责任、行政责任、刑事责任三种方式对证券欺诈予以惩治。

证券欺诈民事赔偿制度的作用主要体现在以下几个方面：首先，证券欺诈民事赔偿制度是对证券市场资源扭曲配置后的一种补救措施，反映市场经济的客观要求；其次，证券欺诈民事赔偿制度也是对投资者的保护，投资者是证券市场的主体，如果投资者的合法权益得不到保证，投资者就会对证券市场失去信心，证券市场也就丧失了其存在的基础；再次，证券欺诈民事赔偿制度也是建立完整的证券法律责任制度的需要，民事责任、行政责任、刑事责任是法律责任的三种形式，各有分工，各有侧重，构成一个完整的体系；最后，根据我国的国情，证券欺诈民事赔偿还具有重要的现实意义，我国证券市场处于初步发展阶段，市场需要效率和发展，一些市场规律还需在发展中认识，证券法制和社会法制还需要提高，各种利益关系还需要协调，各类主体的积极性还需要保护，因此对证券欺诈行为的处罚不可过重，也不宜放纵。

4.4.2　经营者激励

（1）激励的含义

经济管理中所谈的激励援引自英文，英文“激励”一词又源自拉丁文，意思是刺激、诱导、给予动机、引起动机。经济学家对激励一词有不同的理解，麦格金森（Megginson）认为“激励就是引导有各自需要和个性的个人或群体，为实现组织的目标而工作，同时也要达到他们自己的目标”。西蒙和马奇（Simon 和 Mareh）认为“激励是对各种制定出的备择方案的一个探求过程，它将使组织成员决定是否参与为实现组织目标而进行的工作”。贝雷尔森（Berelson）和斯坦尼尔（Steiner）认为“一切内心要争取的条件、希望、愿望、动力等构成了对人的激励……它是人类活动的一种内心状态”。对激励的含义作一个归纳，即激励应既包括激发、鼓励、以利益来诱导之意，也应包括约束和归化之意。也就是说，激励本身始终具有不可割裂的两层含义，既有正向的鼓励，以利益来引导，也有反向的约束，以惩罚来监督。

其实，激励和约束在本质上是相通的，在一定条件下可以转化。合理有效的激励机制的设计，其本意就包含约束的初衷，两者只是在具体表现形式、手段和应用场合有所区别。激励往往是存在于事前和事中，而约束大都发生在事中和事后，所以从时间上看，约束可作为激励的补充，两者相辅相成，可在一定条件下相互转化。当机会主义选择后果的预期收益明显小于事前激励的作用效果时，约束就可由激励来替代。当然，并不是所有的约束都可转化为激励，因为许多事情必须事后才能作出决断。

（2）激励的必要性

现代公司治理，由于所有权和经营权的分离、信息不对称以及契约的不完备性，使得激励问题成为重中之重，剩余索取权与剩余控制权的最优控制点在哪里？怎么使代理人最大限度地按照委托人的意愿行事？怎么样降低由于契约的不完备性导致的外部问题，使公司价值最大化？这些都与“激励”息息相关。

第一，所有权与经营权分离。现代企业的委托—代理关系改变了传统的企业形式，由于出资者与经营者的目标不同，经营者不会完全服从股东利益，解决代理问题、协调股东和经理间的关系成为公司治理的关键。

一个优秀的经营者是具有特殊禀赋的人才，他在企业中的特殊地位使得他们的决策不仅对企业决策产生很大影响，而且决定企业的命运。经营者作为一种特殊的群体，一方面他们具备追求个人私利的强烈动机，另一方面他们希望自己的经营才能被市场承认，因此他天生就是激励的接受者。他还要激励他人（员工等），因此也是激励的实行者。对经营者进行有效激励可以引导经营者行为，调和股东与经理人之间的利益冲突。因此设立有效的经营者激励机制对公司业绩的增长具有重要的意义。

第二，信息不对称。虽然传统的经济学中假设“经济人”拥有完全信息，但是由于信息是不对称的，现实中市场主体不可能完全占有市场信息。通常占有信息优势的一方称为代理人，而处于信息劣势的一方为委托人，由于信息不对称，代理人为了自身利益可能凭借自己的信息优势选择对委托人不利的行为，从而引发信息不对称理论的两个核心问题——逆向选择和道德风险。

要使经营者能按照资本所有者的意图行事，资本所有者就必须设计合理的激励机制来刺激经营者。激励的作用在于促使经营者不只是按照契约条款行事，主要是激励经营者充分发挥个人才能为企业着想。

第三，不完全契约。企业是一组不完全契约的集合，是一种状态依存契约，对未来可能发生的自然状态中参与者采取的行为作出的规定。未来本质上是不确定的，特别是现在的选择对将来的预期或者是基于未来预期的现在选择。这就使得将来与现在的关系或各自的行为都有很大的不确定性，如果没有确定未来某种可能情况下的利益责任，我们就称之为“不能充分描述各种可能机会”的不完全契约。对于企业来说，在契约签订时不能够详尽描述将来可能发生的所有情况及应对措施，不能够清晰界定各种不确定性情况下契约各方的权利、责任和义务，因此不完全契约是企业所面对的真正现实。

企业在不完全契约下，事后的谈判与讨价还价能力将在很大程度上影响各方获取的租金（剩余利润）的大小。因此，在不完全契约下，需要设计有效的激励机制，从而使经营者有动力进行与企业相关的专用性人力资本投入。

（3）经营者激励的手段和激励机制的选择

作为经营者，他们关注的不单纯是收入的多少，还包括名誉、自我实现、权利、友谊等因素。表4-5就经营者激励手段进行了简要归纳。

表4-5　激励手段选择

划分尺度	细分	具体方式
按激励内容划分	物质激励	奖金、分红、年薪制和股份
	精神激励	在职消费、提升、荣誉称号、资格职称及证书、度假及进修
按激励时间划分	长期激励	年薪制、股份、股票期权
	短期激励	在职消费、提成、奖金

（4）经营者激励机制

经营者激励的核心是将经理对个人效用最大化的追求转换为对公司利润最大化的追求。激励机制的主要内容包括报酬激励机制、经营控制权激励机制、剩余支配权激励机制、声誉和荣誉激励机制、聘用和解聘激励机制、知识激励机制。

第一，报酬激励机制。一般由固定薪金、奖金、股票和股票期权、退休金计划等组成。固定薪金的优点在于稳定可靠、无风险，不受企业经营状况波动的影响，有利于保证经营者基本生活需要；缺点是固定薪金是预先给定的，缺乏灵活性和刺激性，与企业业绩无关，因而基本上没有激励作用。年度奖金能激励经营者追求企业业绩的提高，但是这会使经营者过分关注短期绩效，不利于企业长期发展。股权激励通过让经营者获得公司股权的形式，给予企业经营者一定的经济权利，使他能够以股东的身份参与企业决策、分享利润、承担风险，从而勤勉尽责地为公司的长期发展服务。简言之，股权激励就是指企业经营者和职工通过持有企业股权的形式，分享企业剩余索取权的一种激励行为。

第二，经营控制权激励。在现代企业中，特定控制权通过契约授予了企业家，这种特定控制权就是高层经理人员的经营控制权，有日常的生产、销售、雇佣等权利。经营控制权对管理者通常会产生激励作用，使其拥有职位特权，享受在职消费，给管理者带来通常报酬之外的利益满足。

第三，剩余支配权激励机制。剩余支配权的分配，即如何在股东和高层管理者之间分配事后剩余和利润，影响到对高层管理者的激励。如果契约能产生最大化效率，那么这种契约无疑是一种最优化选择。如果公司得到的剩余越接近高层管理者努力应得到的剩余，则激励效果越好。

第四，剩余与荣誉激励机制。公司治理中除物质激励还有精神激励。高层管理者一向格外重视自身长期职业生涯的声誉和荣誉。一是声誉和荣誉激励使高层管理者获得社会赞誉及地位，怀有成就感和满足；二是声誉和荣誉会带来明天的货币收入。高层管理者预期未来货币收入和声誉收入之间有替代关系。

第五，聘用和解聘激励机制。货币支付是对高层管理者行为进行激励的主要方法，但是资本拥有者对高层管理者人选的决定权也是对高管的激励手段。这种手段是资本所有者通过经理市场的自由竞争选择经理人才来实现的。被聘用的经理既要承受外部经理市场的压力，又得应对公司下级的竞争威胁，这就使得经理有被解聘的危机，高层管理者对自身声誉看得越重，聘用和解聘的激励作用就越大。

第六，知识激励机制。由于理论和现实环境的不断改变，原有的管理方法可能对现在不适用。因此，作为一个合格的高管人员，他就有自身知识信息更新、不断充电的激励。因此对管理者提供知识更新或获取新信息的机会，以提高其业务能力，这对管理者是个很大的激励。

4.4.3 中国企业融资模式与资本结构

我国上市公司资本结构有着和西方国家明显不同的特征。

(1) 中国上市公司资本结构的特点

第一，资产负债率偏低。由于长期以来形成的单一化融资体制导致了国有企业的过度负债问题，增加了国有企业的还款付息压力和出现财务风险的可能性，但是经过企业股份制改造上市后，通过增发新股和后续的配股及赠股的行为获得了大量的资本金，从而直接降低了企业的资产负债率。然而，目前我国上市公司过低的负债率也反映出上市公司没有充分利用财务杠杆，资金利用率较低也说明进一步举债的潜力很强。

第二，负债结构不合理，流动负债水平偏高。负债结构是公司资本结构的另一个重要方面。我国上市公司的资产负债率低于全国平均水平，这充分说明我国上市公司的净现金流量不足，公司要使用过量的短期债务来保证正常运营，一般而言，短期负债保持在总负债的一半水平较为合理，偏高的流动负债将增加公司流动性风险和信用风险。因为，一旦出现影响短期负债的因素，如利率上调、银根紧缩，资金周转将极可能出现困难。

第三，公司资金来源以股权融资为主。企业经过改制上市后，将享有留存收益、配股、增发新股、发行公司债券和银行信贷等多样化的融资方式，从现有的融资环境来看，上市公司长期资金来源有利润留存、长期负债以及股权融资三种渠道。我国上市公司有股权融资的偏好，表现在融资首选配股和增发。如果不行才考虑债权融资，优先考虑的是短期贷款，长期贷款居后。由于股权资本对上市公司管理行为的软约束，股权融资过度容易使上市公司产生降低企业价值和社会资本配置效率的投资行为。例如，主营业务增长潜力已尽、自由现金流充裕且收益稳定的地方基础设施和公用事业上市公司，本应成为价值型公司，但是这类公司往往申请增发新股和配股，以资本运作寻求新的增长点，从而造成投资失败。

(2) 影响上市公司资本结构的因素

从不同角度对我国上市公司资本结构的影响因素进行分析，大致可以归纳为宏观和微观影响因素。宏观因素包括经济发展水平、经济周期因素、行业特征、资金成本、融资工具，微观因素包括非债务税盾、公司盈利能力、企业规模成长性、国有股本、财务困境等。

①宏观因素

资本结构理论认为，公司融资方式的选择受到经济发展水平、经济周期、资金成本和融资工具等外部环境因素的强烈影响。

第一，经济发展水平。国外的研究表明，国家的经济发展水平、不同的经济制度对公司资本结构存在一定程度的影响。第二，经济周期。在市场经济条件下，任何国家的经济都不会较长时间地增长，也不会较长时间地衰退，而是在波动中发展，一般而言，经济衰退、萧条阶段由于整个宏观经济不景气，多数企业的经营也在此时举步维艰，财务状况常常陷入困境；而在经济复苏繁荣阶段，企业供求趋旺，大部分企业销售顺畅，利润水平会随之不断上升，此时增加负债便能使企业快速发展。第三，行业特征。国内外研究均发现同行业公司比不同行业的公司资产负债率更为相似。第四，资金成本。资金成本是公司融资行为的最根本决定因素，作为两种不同的融资方式，债权融资的主要成本是必须在期限内支付利息，而且到期必须偿还本金；而股权融资的主要成本则是目前的股息支付和投资者预期的未来的股息增长。我国证券市场规模较小，投资者需求大，证券市场市盈率和股价长时间维持在较高水平，而与之相比，公司派息水平则显得微不足道，因此投资者并不指望通过公司的派息来得到投资回报，而是希望在市场的短期投机行为中获得资本利得。因此，投资者也偏好以股本扩张进行分配的公司。第五，融资工具。资本市场包括借贷市场、债券市场和股票市场。如果市场上具有多样化的融资工具，那么企业就可通过多样化的融资渠道来优化资本结构。如果资本市场的发育不够完善，融资工具缺乏，那么企业的融资渠道就会遭遇阻滞，从而导致融资的结构性缺陷。

②微观因素

影响我国上市公司资本结构的微观因素主要有以下几个方面：

第一，非债务税盾与债务水平呈负相关关系。非债务税盾指除了债务以外的其他费用，如折旧、投资税贷项和税务亏损递延，非债务税盾也可提供纳税抵减，可作为债务的替代减少公司税负。第二，公司盈利能力，即产生内部资源能力与债务水平呈负相关关系。由于信息不对称使公司内部产生的资源优于负债，企业的融资顺序是内部融资、债务、发行新股，因此，产生内部资源的能力应与企业债务水平呈负相关关系。第三，企业规模与债务水平呈正相关关系。小企业由于信用历史资料较少，人们对之了解太少，也就是通常所说的“信息不对称”，大企业则相反，而且大企业还经常进行资金的内部调度。因此企业规模与债务水平呈正相关关系。第四，资产担保与债务水平呈正相关关系。如果适用于担保的资产越多，则企业的信用越强，越有可能获得更多的负债，由此说明上市公司的资产类型对资本结构存在显著影响。第五，国有股本与债务水平呈正相关关系。我国多数企业由国企改制而来，且国家在公司经营中仍处于控股地位。长期以来政府和国企存在着一种“隐含的契约关系”，使政府事实上对亏损的企业承担着一种无限的责任。政府提供的优惠贷款政策，最终形成企业债务水平较高的局面。

（3）中国非上市公司的资本结构

首先是非上市国有企业的资本结构。由于历史的原因，我国国有企业的资本结构普遍存在资本金不足、负债率比较高的局面，据统计，非上市国有企业的资金来源中约70%来自银行贷款，30%是内部融资，因此我国非上市国有企业的资本结构中，负债率过高，直接融资比例过低。造成这种局面的原因是非上市国有企业无法进行股权融资，债权融资的可能性也几乎没有，这样非上市公司就只能通过内源融资和银行贷款。

总之，“高负债经营偏好”是国有非上市企业存在的一个普遍现象。现代企业经营机制不健全，国有资产管理体制和投融资体制改革落后，是形成国有企业高负债偏好的根本原因；负担沉重、积累能力不足和一些社会的、历史的原因则使得国有企业不得不举债运营；而国有企业和国家的关系问题、国有企业只生不死、缺乏法律约束等事实又在客观上助长了国有企业的赖账行为。这些行为共同作用的结果，一方面导致社会债务关系混乱，阻碍国民经济发展；另一方面，把债务矛盾和风险向国有银行集中，甚至可能演化成为国家的风险。

其次是民营企业的资本结构。我国民营企业的融资结构相对于国有企业的融资结构似乎更合理。民营企业的产出增长主要依靠内源融资，形成这种状况的原因是，一方面，民营企业获得银行贷款的期限一般不超过半年，只能用于填补资金的缺口，另一方面是因为国内资本市场准入门槛高，管理日趋规范，民营中小企业很难获得上市资格，甚至被政策排斥在资本市场之外，无法得到资本市场的直接融资。

(4) 中国上市公司的融资偏好顺序

按照西方的融资方式，公司的融资顺序首先应是内部融资（成本最低），债权融资次之，股权融资的成本最高，因而企业的最优融资顺序是内部融资 > 债权融资 > 股权融资。可是我国的实际情况却与此大不相同。

第一，从融资的资金成本来看。由于我国上市公司经营效益参差不齐，加上历史遗留的问题严重，负债率高，偿还债务后所剩无几，所以内源融资能力有限；再由债权融资和股权融资的资金成本分析，可以发现我国上市公司与国外公司存在完全不同的融资方式，我国上市公司的融资顺序为股权融资 > 内源融资 > 债权融资。

第二，从财务困境来看。由于我国上市公司的破产机制无法有效实施，扩大债权融资的比例不会导致破产成本的提高，因此提高负债比例不能激励公司去努力提高绩效，避免破产，因此上市公司的融资顺序为股权融资 > 债权融资 > 内源融资。

第三，从代理成本来看。由于上市公司特殊的代理关系，国有股东是最大股东，因而经理层首先应满足国有股东的需要，然而国资部门不仅要考虑企业自身的利益，还要考虑社会的稳定，这使得经理的目标发生变化，代理成本提高。此外，高层经理的持股比例较低，增加债权融资不能有效激励经理努力工作，因而经理也会偏向于股权融资。

第四，信息不对称的成本。一方面，我国上市公司的信息披露不规范，上市公司由于信息内部优势偏向股权融资，在股价被高估时进行增资扩股、溢价发行，从而取得信息利益，降低信息成本；另一方面，大众投资缺乏正确的理念，投机性强，盲目哄抬股价，增资扩股、新发股等备受青睐，这对于市场来说就成了一个投机的机会。因此，从以上分析看来，融资顺序应为股权融资 > 内源融资 > 债权融资。

总之，在我国实际情况下，股权融资比债权融资具有资金成本、代理成本和信息成本的优势，因此股权融资优于债权融资。股权融资相比于留存收益，具有信息不对称的优势，同时不会带来破产成本的增加。此外，鉴于我国的资本市场和企业历史的原因，使得上市公司的融资渠道有限，股权融资被当做主要的融资方式成为必然。

4.4.4 现代公司的价值取向

（1）现代企业的价值取向

上市公司的目标取向是企业经营目标的选择问题。目标函数的确立，是整个管理体系赖以构建的基石和得以展开的起点，也是企业经营决策赖以为据的基准。企业选择什么样的目标函数，就会有什么样的经营方向和经营结果。迄今为止，有四大类常被讨论的企业目标函数：其一，利润最大化；其二，管理者效用最大化，细分为销售额最大化、市场份额最大化、增长最大化、其他类型的管理者效用最大化等；其三，价值最大化，细分为股价最大化、股东价值或股东财富最大化、企业价值最大化等；其四，利益相关者的利益最大化，利益相关者通常理解为除了股东外，还包括债权人、顾客或用户、政府、社区等。这几种企业目标函数都有其特有的缺陷。

第一，利润最大化的缺点。利润最大化是最正统的企业目标函数，长期以来在企业经营中占据着统治地位。从历史时间上说，它应该与人类商业性经营的历史一样长久。现行的整个会计体系可以说都是围绕利润最大化这个目标函数而建立和发展起来的。从 20 世纪 60 年代开始，人们意识到，利润最大化作为企业目标函数存在诸多缺陷。这些缺陷包括：①利润不是基于现金流量的，它作为一个会计数据，由于实行权责发生制和采用历史成本计价，不能反映企业经营的真实业绩状况和经济价值。②利润最大化容易引导企业行为短期化，不利于企业可持续发展，损害长期利益意义上的企业价值。比如，削减在研发、设备维修、品牌商誉等方面的投入，这虽能增加利润，却损害了企业的长远发展。又如利润不反映营运资本和固定资产投资的资本需求，不利于企业成长。③利润容易出现会计操纵现象，出现所谓的利润质量问题。比如直线折旧法和加速折旧法的不同选择、存货计价中的先进先出法与后进先出法的不同采用，将直接造成利润数值的不同。④现行会计准则下的利润概念忽略了权益资本成本，不能反映价值创造的真实情况，所以不能用来衡量企业经营的绩效。⑤利润作为一个绝对量，我们无法据此判断业绩好坏。比如一个实现了 100 万元利润的企业与一个实现了 1 000 万元利润的企业，哪个更好，无法判断，因为要看它们使用了多少投入资本。⑥利润最大化没有涵盖企业财务管理中的两大因素：风险（不确定性）和货币时间价值。⑦利润是企业过去时间经营的结果，它是面向历史的，而不是面向未来的，所以对企业经营的指导意义不足。总之，利润指标忽略了影响企业经济价值的基本变量：自由现金流量、风险和企业寿命。由于存在这些缺陷，现代财务学在理论上已基本摒弃利润最大化的目标函数。但在企业经营的现实中，由于思维定势和现行会计制度的影响，利润最大化依然是绝大多数企业的追求目标。

第二，管理者目标最大化理论及缺陷。管理者目标最大化理论是建立在“伯利—米恩斯假说”（Berle – Means Hypotheses）基础上的，其基本观点是，在所有权与控制权分离的前提下，管理者的目标也就成为企业的目标。伯纳姆（Burnham，1941）、戈登（Gordon，1945）等是 19 世纪四五十年代管理者模型的先导。后来，鲍莫尔（Banm，1959）、马力斯（Marris，1964）和威廉姆森（Williamson，1964）分别提出了三个最著名的管理者模型。鲍莫尔认为，管理者的目标是销售收入最大化，马力斯则认为是增长最大化，而威廉姆森则进一步把管理者的目标扩大到包括全体职员和津贴在内。

管理者目标最大化理论是建立在所有权与控制权两权分离的假设之下的。它们是在两权分离假设下对企业目标函数实际情况的推断。在目标取向上，很少企业会公然主张管理者效用最大化。而更流行的看法是，管理者效用最大化是企业目标函数的异化。

第三，价值最大化的缺陷。在西方金融经济学中，前面两类目标函数已被摒弃，价值最大化目标函数已经成为主流。但它在具体表述上有歧义，经常遭人们误解。价值最大化目标函数存在三种表述：①股价最大化；②股东价值或股东财富最大化；③企业价值最大化。长期以来，人们往往从字面上去理解它们的含义，结果将它们视为三种不同的目标函数。实际上，在现代财务理论体系中，它们有着相同的含义，即未来现金流量折现值最大化。

现代财务理论认为，企业价值就是未来现金流量的折现值。所以，现金流量折现值最大化，也就是企业价值最大化，在有效资本市场前提下，也就是股价最大化，从而也是股东价值或股东财富最大化。

较之利润最大化，价值最大化目标函数存在这样几个显著特征：①价值最大化是基于现金流量的，而不是基于权责发生制和历史成本。②价值最大化是考虑权益资本成本的。只有收益率超过所有资本成本的资本使用才算创造价值，否则就是毁灭价值。③价值最大化是面向未来的，重在企业可持续发展。④价值最大化是考虑风险和货币时间价值的。货币的时间价值集中反映在“折现”的概念上，风险则是反映在折现率的大小上。一句话，在现代财务理论体系中，股价最大化、股东价值或股东财富最大化、企业价值最大化，实质上都是下文将要说到的“价值创造”概念。仅从这个意义上说，它们是迄今为止最正确的企业目标函数。

但是它们也留下了很多歧义和误解的空间，因而容易对企业行为产生误导。首先，股价最大化的说法存在一系列问题：①股价最大化不能反映规模概念。如果由于公司规模太小，股价再高，市值也不大，这种公司在资源配置和产业演进中角色太弱小，作为个体，不值得过多关注。举例来说，公司 A 股价高达 60 元/股，总股本 5 000 万股，总市值仅 30 亿元；公司 B 股价仅 10 元/股，总股本 100 亿股，总市值达 1 000 亿元。如果依据股价最大化标准，前者比后者更有价值。事实上却未必如此，由于规模悬殊，后者有着比前者大得多的经济意义。②股价最大化不能反映增值概念。可能因为股本设计、股份合并等原因导致股价升高，这些因素都与资本增值无关。③由于不反映规模和增值，所以股价最大化也不能适当地反映公司创造价值的大小。④股价最大不等于股东利益最大，比如股份合并导致的股价提高不能够增加股东利益，反而可能导致股东风险加大。我国 A 股市场高价股遭冷淡、送股除权受追捧的现象便是这类风险加大的典型例子。⑤现实中的资本市场并不都是有效市场，在市场失效的情况下，股价最大化的说法可能误导企业经营舍本逐末，脱离开企业经营去从事金融投机。

其次，股东价值或股东财富最大化的说法容易产生歧义。具体而言：①在实际的经济生活中，股东价值不等于股权价值（或公司权益价值）。股东有新老股东和先后股东之分。比如在新股发行中，股票定价直接影响利益在新老股东之间的分配。过高的发行价将导致新股东受损、老股东受益；过低的发行价将导致老股东受损、新股东受益。如果笼统地以股东价值最大化为决策目标，那么新股发行中的定价决策就无所适从。股东也有控股股东与零散股东之分，同样的公司价值，控股股东的利益与零散股东的利益却不同。②在并购交易中，标的企业的价值在交易双方分配，分配的结局取决于谈判博弈的结果。在这个分配过程中，所谓股东利益最大化是原股东（出让方）利益最大化还是新股东（受让方）利益最大化呢？一方利益多了，另一方必定就少。股东利益最大化论未能涵盖这些股东区分，是一个容易导致管理决策无所适从的说法。③在错误理解的情况下，股东利益最大化取向也可能引导企业损害利益相关者的利益。④股东价值的增加不完全等价于资本增值或企业价值增加，股东价值增加可能来源于债权人或其他利益相关者。在企业价值既定的条件下，也可能由于股东与债权人之间的价值分配发生变化，从而导致股东利益或增加或减少。在企业价值减少的情况下，也可能由于侵占了债权人的利益而使股东价值增加。

最后，企业价值（市值）最大化的说法只反映了规模，不反映增值。这就容易引导企业追求规模增长而不追求价值创造。现实中，资产规模和市值规模巨大但资本增值和价值创造为负的企业，触目可见；而规模尚小但创造可观价值的公司，也不乏其例。

总之，股价最大化、股东价值最大化、企业价值最大化，在现代财务理论体系中，就是企业的未来现金流量折现值最大化，也就是价值创造最大化。从这个意义上说，以它们作为企业经营的目标函数是意义等价的，而且是正确的。但是在实际运用中，它们又存在不少缺点，容易引起歧义和误解，可能对企业行为产生误导。

（2）市场增加值最大化：上市公司最适当的目标函数

坚持创造价值的核心内容，尽量回避它们的上述缺点，我们认为，市场增加值最大化（maximizing market value added，MMVA）是上市公司最适当的目标函数。

上市公司市场增加值（market value added，MVA）源于西方财务理论，它反映的是上市公司的市场价值与投资者对上市公司所投入的资本之间的对比关系，最早从资本市场角度反映投入产出关系。

在计量上，上市公司的市场增加值体现为上市公司的市场价值减去上市公司占用的资本额所得的差额，即

$$\text{MVA} = \text{上市公司的市场价值} - \text{占用资本}$$

为了简化分析，我们假定上市公司的资本来源只有两类：一是普通股；二是债券。那么，一个上市公司的占用资本就由普通股股东投入的权益性资本加上债券持有人投入的债务性资本组成，二者之和构成投资者（含股票投资者和债券投资者）投入该上市公司的资本总额（capital employed）。然而，计量占用资本的实际操作过程却并不那么简单。通常，人们主要是依据公司的资产负债表及其附注来进行占用资本的估算。负债资本包括短期和长期借款，以及相当于负债性质的资本来源，例如租金、退休金和员工的年金计划。估算权益资本的数额则要复杂得多，有上百个账目需要调整一致。为简化操作，人们通常是找出几个关键账目来调整，然后得出公司占用的权益资本数额。这些关

键账目主要包括坏账准备、商誉摊销、研发费用等。

市场增加值的最大特点就是它直观地反映了上市公司的资本增值大小。MVA 为正，意味着上市公司的市场价值大于投资者所投入的资本额，表明上市公司实现了增值；MVA 为负，意味着上市公司的市场价值小于投资者所投入的资本额，表明上市公司不但没有创造价值，而且还损害了价值。

从上述 MVA 的完整意义中，我们不难看出两点：其一，公司市场价值最大化并不必定意味着价值创造，人们完全可以通过扩大投入资本即占用资本来扩大公司的市场价值规模。但是如果公司市场价值的增长幅度小于占用资本的增长幅度，那么虽然公司的市场价值增加了，但股东价值却减少了。所以，只有 MVA 的增加才意味着价值的创造。上市公司经营所追求的应该是 MMVA，而不是公司市场价值的最大化。其二，MVA 衡量的是上市公司资本增值的绝对量即增值额，而不是增值率。实际上，增值率不能用来衡量价值贡献的大小。很显然，评价一个公司的价值创造，不能依据增值率，而应该依据增值额。

虽然 MMVA 也有缺点，即现实的市场并非是完全有效市场，公司的市场价值并不能准确地反映公司的真实价值，而且，公司的市场价值受到市场特性、市场意识流和宏观经济因素等各方面因素的影响，并不完全与公司的经营努力和经营效果相关，因此，以 MMVA 为目标函数，也有可能对公司的经营努力和经营效果作出不适当的评价，也可能误导公司管理层的注意力随波逐流地移向资本市场，但相比其他目标而言，MMVA 仍是最可取的企业目的定位。

(3) 我国上市公司目标取向的异化

由于历史的原因，在股权分置改革之前，中国上市公司特殊的股权结构决定了两类不同的股权在流通转让时具有截然不同的定价方式。流通股的价格是由市场决定的，而非流通股的价格则取决于上市公司的每股净资产。股权结构的人为分割造成“同股同权同利”基础的丧失，从而为不同的股东带来不同的利益。利益的差别导致非流通股股东和流通股股东各自追求不同的价值目标。同时，中国上市公司特有的股东结构使得国有股占据着绝对的控制权，从而使得上市公司的经营管理行为易受国有控股股东的目标取向所左右，这就为上市公司的国有股股东凭借其控股地位攫取上市公司的利益提供了现实可能性。这是中国资本市场最基本的现实和客观经济基础，导致中国的资本市场具有和成熟的资本市场不同的运行方式，逻辑上引致中国上市公司目标取向异化，即背离 MMVA 的目标，而表现为控股股东利益最大化。上市公司目标取向的异化直接表现为控股股东利用上市公司的融资行为及侵占上市公司利益的行为。

4.5 资本结构、公司治理与公司价值

研究资本结构和公司治理对公司价值影响的最基本理论问题在于：资本结构如何影响公司的治理机制？资本结构和公司治理又是如何影响公司价值？这一作用的微观机制是什么？本节尝试回答这些问题，从而提供资本结构与公司治理之间关系的微观理论

基础。

4.5.1 资本结构对公司价值的影响

(1) 对称信息下的资本结构理论

将资本结构理论与古典资本结构理论划分界限的是 MM 定理 (1958)。MM 定理认为，在一定的条件下，公司价值独立于资本结构，因此公司价值与资本结构无关。随后公司财务理论沿着这一基本命题不断修正和完善。税差理论 (Farrar 和 Selwyn，1967；Brennan，1970) 认为，考虑到债务在公司税务抵扣中的作用，公司价值应随债务的上升而提高。破产成本理论 (Warner，1977；Barron，1974) 则在考虑最优资本结构时引入公司过度负债带来的破产成本。过度负债带来的破产成本包括公司在破产状态下的清偿成本，如各种法律费用、清偿费用等，以及财务困境成本，例如，公司由于陷入财务困境从而融资成本提高，导致项目无法运营，损害了公司价值。权衡理论是建立在对公司债务的税收收益以及债务的破产成本进行权衡考虑的基础之上的，通过权衡债务的成本和收益，推导出公司最优的资本结构。这一理论在发展过程中还考虑了债务的代理成本，形成所谓的后权衡理论。过分强调财务困境成本的破产成本理论受到了来自 Wruck 等人的批评，他们指出，财务困境也可以带来收益，比如，公司重组收益以及组织调整后所带来的资源更有效的利用。在这一争论的尾声，Miller (1977) 的市场均衡理论给整个旧资本结构理论画上了一个句号。Miller 在考虑了公司的债务税收收益和个人股票、公司债券税收的基础上推出了更一般的市场均衡模型，认为即使考虑了债务的税收收益，在一定条件下，MM 定理仍然成立。

(2) 不对称信息下的资本结构理论

旧资本结构理论由于没有或者很少考虑信息的不对称性问题，因此在旧资本结构理论下，债权人与股权人之间没有利害冲突，也不存在经理人—股东之间的委托—代理问题，在这种情形下，资本结构与公司治理几乎没有什么直接关系。而新资本结构理论考虑了企业资金提供者与经理人之间以及不同类型资金提供者之间的信息不对称问题，从而建立了一系列有深远影响的理论，这些新的资本结构理论的发展使得我们可以深入探究资本结构与公司治理的紧密联系。

新资本结构理论的里程碑是 Jensen - Meckling (1977) 的论文。该论文正式提出了企业契约理论中的代理问题，包括股东—经理人之间的委托—代理问题以及股东与债权人之间的委托—代理问题。Myers (1977) 研究了企业借贷的决定问题，这一论文提出了债务的另一种代理成本，即由于债务是一种硬性约束，因此，当企业债务过多时，企业将会放弃一些 NPV 大于零的项目而选择一种次优的投资决策，最优决策与次优决策的收益差值可以视为债务的代理成本，因此，在债务的收益与其运用的成本之间存在一个最优均衡，存在一个适当的资本结构。

信号模型 (Ross，1977；Leland 和 Pyle，1977) 在 Spence (1973) 研究的基础上，分析了在不对称信息下，内部人通过适当的行为向市场传递有关企业真实价值的信号，外部投资者对这一信号进行分析处理，内部人再根据市场反应作出最优的投融资决策。

融资偏好理论（Myers 和 Majluf，1984）考虑企业发行股票或债券时向市场传递的不同信号。由于信息不对称问题的存在，因此，投资者认为，如果企业有好的项目，那么它们不应该发行新股权，因为发行股票稀释了原有股东的权益。因此，对于企业发行股权，市场将视其为坏消息。所以，从发行成本看，企业融资的第一选择是内部融资，然后是对企业价值不敏感的债权融资，最后才是股权融资。

金融契约理论研究者的出发点是：如果存在各种代理成本，那么能否通过证券条款内容的具体设计来减少代理成本？因此，这一理论的主要研究思路是从规范的角度出发，通过设计各种契约，如普通债券、可转换债券、可赎回证券、优先债券等复杂的契约来解决代理成本问题。在这一理论中，Harris 和 Raviv 等从解决公司治理问题出发，探讨金融证券的规范化设计，他们从管理者追求最大控制权的角度出发，考虑企业为什么会发行没有投票权的优先股、债券。

4.5.2 资本结构对公司治理的影响

从前面对资本结构理论的简单回顾中，我们可以看出，当引入信息不对称后，不同的资本结构设计影响了公司的治理成本，导致不同的公司业绩，因此，可以通过资本结构的调整与变动，控制经理人对公司利益的侵占，控制大股东对小股东和债权人利益的侵占。也就是说，不同的契约形式，将对公司治理的实施与绩效产生不同的影响。

(1) 股权结构与公司治理

对于股东与经理人这一契约关系而言，在所有权与控制权分离的情境下，治理问题在于股东与经理人目标的非一致性；不完全契约使得不存在完美的事前契约设计用以解决代理问题，资本结构的作用在于通过融资契约的结构设计，缓解股东与经理人的利害冲突。理论上，最优的激励合同取决于经理人的风险厌恶程度、经理人决策对企业运营的重要性。

控股股东与公司治理。对于一家股权分散的上市公司来说，股东监督可以促使经理人努力工作，减少在职消费，降低代理成本。然而监督具有外部性，个人可以搭他人监督的便车，出现个体理性导致集体的非理性，经理人预期到这一点，代理成本便也不会减少。然而对于大股东，特别是其资产的较大比例投资于这一企业时，企业经营的业绩将大幅影响其财富，因而，大股东具有监督企业经理人运营的动力，这一监督改进了公司治理的绩效。从纯粹经济学角度分析，大股东将在分散风险（不监督）与获取监督收益（公司业绩的改善，股价的上升）之间权衡，决定最优监督水平。此外，大股东的存在使得外部接管成为可能（Shlefer 和 Vishnny，1986），这对经理人也是一种外在约束，股东在接管中获得收购溢价，因而股东权益得到有效保护。

控市股东与公司治理。控市股东作为二级流动市场的关键参与者，与控股大股东在目的上有着本质区别。控市股东在于获取买卖差价。一般意义上，我们将股东分为内部股东与外部股东，外部股东在二级市场上不断进行交易，形成市场流动性。企业内部控股股东作为长期战略投资者出于控制及产业经营考虑，不在二级市场交易，持有 a 比例的股份，外部股东作为二级市场交易者，持有 1 - a 比例的股份。假定证券市场存在两种交易者：流动性交易者，他们出于当前消费需要进行证券交易，其交易形成市场流动性；知情交易者，他们通过监督经理人和企业经营获得企业真实价值的信息，根据收益最大化的原则，确定相应的交易策略。由于监督之便获得企业信息，因此知情交易者在与流动性交易者的交易中获利，这一获利使得一部分股东具有监督经理人的激励。同时，随着交易的延伸，股价中企业业绩的含量逐渐提高，股市趋向于半强式有效。监督的收益受制于市场流动性：当市场流动性较小时，知情者的大笔交易引起市场价格的较大波动，流动性交易者从交易引起的价格波动中改进已有对价格的判断。这样，知情交易者的收益便随流动性下降而下降。当市场流动性小于一定水平时，监督的收益小于成本，因此，股东放弃监督。而我们的经理人报酬设计中一般包括股票期权等与股价线性相关的变量，可以证明，在股票价格由于市场缺乏流动性而较少包含企业真实信息的情况下，股票期权对经理人将产生逆向激励：不是努力工作改善企业业绩从而提高股价，而是采用操纵会计利润或者采用短视经营策略，提高股票价格。这将与我们设计报酬计划的初衷完全相反。

(2) 债券结构与公司治理

债务作为一种固定清偿契约，对企业现金流有硬性约束。从公司治理的角度看，债券的使用减少了经理人可自由使用的现金流，减少经理人的代理成本（Jensen，1986）；同时，债务可以作为企业家拥有项目的质量的一种信号，减少企业家（委托人）与融资提供者（代理人）之间的代理成本，提高项目的效益。此外，企业债务的增加降低了企业被外部人接管的可能性，使得经理人可以作出专用性投资，提高企业运营效率。然而，另一方面，债务的使用从公司治理的角度看也有成本。这些成本包括：①高债务下破产概率上升，特别是对于创业期的企业，破产概率的上升使得经理人与公司雇员降低专用性投资；②由于杠杆比率上升，经理人持有的股份比例上升，这对能力低下的经理人来说是一种逃避市场接管的方式，然而是以损害股东利益为代价的；③对于竞争程度高的行业而言，高债务可能使其在竞争中处于劣势，竞争对手通过价格竞争等多种方式，压低对手短期盈利，而对手由于负有债务需要及时清偿，因此，公司短期的利润下降导致公司陷入财务困境，甚至导致公司破产清偿。这种情况下，债务的成本就是公司的无效清偿，这不仅损害了股东利益，对社会福利也是一种损害。从公司治理的角度看，债务的使用应根据企业自身现金流特点、行业的特征、公司的业绩等指标，权衡债务使用的成本与收益，确定最优的企业股权、债务结构。

企业债务从来源看分为两大类：银行债务和企业债券。尽管同为债务，但在公司治理中的作用却不相同，根本的一点在于它们对经理人的约束不相同。企业债券使得经理人面对众多分散的债权人，在企业陷入财务困境的情况下，经理人可以与债券持有人进行协商，要求缓期或者减债，然而这一协商过程是高成本以至于经济上是不可行的；同时，考虑众多债权人之间的博弈，一个自然的均衡是：每个债权人的最优选择都是清偿企业而不是延期债权（Patrick 和 Bolton，1992）。理性的经理人事前预期到这一点，因此会选择事前终结无效的项目。然而，当这一债务偿还约束来自银行时，经理人与银行经理人协商的成本降低，同时银行经理本身也是股东代理人，这使得债务延期得以实现，由此，出于控制权考虑，经理人不会事前终结无效项目。从这个意义上说，银行债权并非完全硬性约束，尤其考虑到我国的四大商业银行本身也是国有控股银行，因此，银行债务在中国更是一种软约束，这使得债务从公司治理角度看失去了其应有意义。

确定最优债务水平还需要考虑不同期限或不同优先级的债务持有人的利害冲突，这种冲突的存在，影响了企业债券发行的种类及债券价格的确定。正如 Hart（1995）所指出的，由于短期债券可能导致无效的清算，因此在债务结构中可引入长期优先级债券，这一债券以长期收益为抵押，因此，一方面可以减少无效清算，另一方面又约束经理人挥霍短期自由现金流等损害资金提供者的行为。

债权人与股东之间也存在代理关系。由于股权人拥有投票权，参与公司经营的相关决策，因此，在这一隐性契约中，股权人特别是大股东或者作为股东利益代表的经理人拥有更多的企业经营信息，可以视做代理人，而债权人为委托人。正如 MM 理论所指出的，股权人可以从事各种高风险的项目而损害债权人利益，因为无论项目成功与否，债权人收益不变，而股东相当于持有一份买入期权，因此，项目的风险波动越大，期权价值越高，但是是以债权人利益的损失为代价的，因为高风险的项目可能导致项目失败，这时债权人得不到应有的偿还。理性的债权人预料到这一点，因此往往在债务契约中作出事先规定，比如对项目风险作出相应要求，要求股权人提供债务抵押等，这就增大了企业的债权融资成本。因此，从公司治理的角度出发，这一代理关系同样影响了资本结构的确定。

从债务结构看，尽管我国上市公司的资本结构中一般包含一定的债务，但是这一债务多为银行贷款，它对公司治理的作用有限。由于我国《破产法》中规定，债权人在企业破产时并不能取得控制权，因此，我们的债务契约并非最优相机控制契约，债权人未能获得应有的保护；同时，由于信用体系的缺乏，加之政策的限制，我国的企业债券市场到目前为止仍未得到合理的发展。从 1995 年以后，我国公司的债权融资逐渐萎缩，与股票融资量的差距逐渐增大。从全部企业的债务资本结构看，大约只有不超过 2% 的份额是通过发行中长期债券筹得的。我们认为，有条件的上市公司可通过发行企业债券来改善资本结构，改进公司治理绩效。当然，由于经济、法律等限制，企业债券的发行以及企业债券市场的发展与完善需要一个渐进变革的过程，但是这一进程是不可避免的，也是必要的。上市公司资本结构的调整需要企业债券市场的发展，同时这一调整过程又促进了债券市场的发展，两者相互促进、相互依赖，共同推动了上市公司资本结构的合理化调整以及中国债券市场的发展。

4.5.3 中国上市公司资本结构和公司治理的影响因素

我国上市公司资本结构具有以下一些特点：

①平均资产负债率逐渐下降到 50% 以下，有些企业负债只有 7% ~8% 。上市公司本可以通过扩大负债降低权益融资，从而降低企业资金的平均成本，提高企业绩效。然而整体上，我国上市公司债权融资偏低，平均中长期债权融资不到总资产的 2% 。其中的原因可能来自两个方面：第一，在上市公司经理人看来，股权融资可能是低成本甚至是零成本的。由于缺乏对中小投资者的有效保护，上市公司尤其是国有控股的公司，股利

支付较低。因此，股权融资对经理人不能形成有效约束，经理人更愿意采取股权融资。第二，由于缺乏社会信用体系，缺乏对债权人的有效保护，企业债券市场单薄，增大了债权融资成本。

②股权高度集中，国有股、法人股、定向募集法人股（非流动股）占有上市公司总股本近70%的比例。我国上市公司股权高度集中，导致大股东对小股东利益的侵占，严重伤害了中小投资者对资本市场的信心。

③高度集中的股权结构以及国有股在上市公司中的控股地位，导致我国上市公司出现总经理与董事长合二为一的现象。在国有控股的上市公司中，企业经理人一般由行政部门任命，这一经理人一般兼任董事长，以保证国有控股企业国有资本的控制地位。

中国上市公司资本结构和公司治理的影响因素有以下几个主要方面：

①由于国有股一股独大，且国有资产缺乏真正意义上所有权与收益权统一的实体，因此，造成事实上的经理人控制；又由于缺乏对经理人的有效控制机制，这使得企业委托—代理成本增加，由此可以观察到许小年（1997）的实证结果：国有股比重越高，绩效越差；法人股比重越高，绩效较好。同时，国有股本身存在的代理问题，使得公司重组市场低效运行，表现为：一方面，有效的重组最终需要行政部门的审批，而行政部门不愿放弃控制权使得有效重组失败；另一方面，公司控制权市场作为公司治理的一个重要方面，由于缺乏有效性，使得公司治理进一步恶化。此外，国有控股导致管理人员由主管行政部门任命，属于国家干部，或者由控股的法人股股东从母公司派遣，因此，出现独特的上市公司高层管理人员的零报酬现象（魏刚，2000）。魏刚的分析表明，高级管理人员报酬与上市公司业绩并不存在显著的正相关关系，而与企业规模正相关。这意味着，从对经理人有效激励角度看，我国上市公司缺乏有效的激励制度。因此，正是由于经理人报酬契约设计的低效，导致了经理人滥用事实上的控制权而损害国家以及普通投资者的利益，恶化了国有控股企业的代理成本。

②缺乏对中小股东以及债权人有效的法律保护，大股东侵占小股东现象严重。例如，已经退市的PT粤金曼，第一大股东侵占了约10亿元的资金。在粤金曼，作为第一大股东的潮州市国资局占总股本的29.3%，国资局把这部分国有股长期委托给金曼控股集团公司来经营，而金曼控股集团公司不断从上市公司抽取资金，使得粤金曼变成PT粤金曼，最后以退市告终。

③由于国有股、法人股不能在二级市场流通，因此二级市场流动性差，这导致股价有效信息含量低，噪声大，因此股价不能有效反映企业业绩。资本市场的资产价格在资源的有效配置中起着核心作用，当价格失效时，企业决策在一定程度上失去了依据；同时，基于这一扭曲的价格而进行的公司重组活动也就不免陷入低效状态。

4.6　公司治理原则与公司治理评级系统

一个有效的公司治理原则对完善公司治理机制至关重要，需通过制定一种非强制性的规则来规定公司治理运作机制，从而提高公司治理效率，维护投资者及其他利益相关者权益，促进公司良性发展。

4.6.1 国内外公司治理原则

国际范围内公司治理原则较著名的组织有经济合作与发展组织（OECD）、国际公司治理网络（ICGN）、英联邦（CACG）、亚太经济合作组织（APEC）、欧洲政策研究中心（CERS）、欧洲证券商自动报价协会（EASDAQ）、欧洲证券商协会（EASD）以及国际性股东协会等。这些组织的公司治理原则对于股东权利维护、信息披露及董事会责任的要求内容都基本相同，但侧重点有所不同。OECD强调利益相关者和董事会的作用；APEC突出政府在公司治理中的支持与引导作用，要求政府与私人部门一起推动公司治理；CACG比较侧重于董事会的领导艺术和伦理道德，对其有专门的研究。具体如表4－6所示。

表4－6　三个典型国际性组织制定的公司治理原则比较

组织名称	原则名称	制定时间	内容	特点
英联邦公司治理协会（CACG）	《英联邦公司治理原则》	1998年4月	包括董事会、股东权利、利益相关者权益等	新兴和转轨国家的企业改革，提出商业伦理与腐败问题的治理，侧重于董事会的领导
经济合作与发展组织（OECD）	《OECD公司治理原则》	1999年6月	股东权利；股东平等待遇；利益相关者的合法权益；信息披露	更加强调利益相关者和董事会的作用
亚太经济合作组织（AEPC）	《AEPC公司治理原则》	2001年10月	强调股东权益的保护；尊重利益相关者的利益；信息披露机制等	突出政府在公司治理中的支持和引导作用，对国有企业具有借鉴意义

资料来源：李维安．“中国公司治理原则”问题笔谈［J］．南开学报，2001（1）．

国内公司治理原则应用较广，2001年8月中国证监会发布了《关于在上市公司建立独立董事的指导意见》，随后2002年1月中国证监会又与原国家经贸委（现已改名为商务部）发布了《中国上市公司治理准则》。其主要内容大致包括：①平等对待所有股东，保护股东合法权益；②股东作为公司所有者应积极参与公司治理，并依法在股东大会上行使投票权；③规范控股股东和上市公司之间的关系；④董事会的主要职责；⑤建立独立董事制度；⑥设立董事会专门委员会；⑦发挥监事会的监督作用；⑧建立健全董事监事绩效评价体系；⑨保障利益相关者的合法权益；⑩上市公司要披露公司治理方面的信息。

中国政府出台的《上市公司治理准则》不仅借鉴和吸收了国外的公司治理理念，也结合中国企业的特性作出了很大的突破，具体表现在：①强化治理机制建设；②突出董事会的核心作用；③加强公司治理文化建设。

4.6.2　公司治理结构

一般的公司治理结构包括以下几个组成部分。

（1）股东大会

无论在哪种公司治理模式之下，股东大会都是公司内部的最高权力机关。首先，那些直接关系公司存亡兴衰的决定，必须由股东大会作出，否则就不能发生法律效力；其次，与公司其他机关形成相比，股东大会形成在公司内部具有最高效力；最后，股东大会形成，在公司内部具有普遍的约束力，并且这种约束力得到法律的尊重与承认。

此外，股东大会还要在以下两个方面体现其作用：

首先是中小股东权益的保护。中小股东由于持股比例低、力量分散、获取公司信息相对困难，在公司当中明显属于弱势群体。

其次是公司社会责任的承担。从最直观的角度看，股东大会只与公司以及股东的利益相关，也正因为如此，我们才说它在本质上应属于公司自治的范畴。但是，随着现代企业规模的日益扩大，对公司和股东以外的他人乃至社会的影响越来越大，体现出越来越强的涉他性。在这种情况下，公司在作出决策时，如果只是狭隘地考虑公司和股东的利益，其代价就很有可能是牺牲了他人和社会的利益，这就要求公司决策时必须考虑公司外部利益相关者的权益。

（2）董事会

董事会结构和运作主要涉及董事会的规模、权能，监督管理层行为及其对其他利益相关者的责任问题。此外，对管理层薪酬的确定及对管理层的工作进行评价；关于董事会成员的选择；董事会是否保证及时变化；外部董事的选举；审查、审批财务目标、公司的主要发展战略及发展规划等都是体现董事会治理能力的重要指标。

董事会特征也值得关注。董事会有两大主要特征。第一，董事会的独立性。董事会的独立性是董事会进行客观经营决策和客观评价、监督的基础，是关系董事会有效运行的首要问题，因而也是衡量董事会质量高低的第一个指标，主要体现在以下两点：①董事长与总经理或首席执行官（CEO）的两职状态。董事长与总经理（或CEO）两个职务的分离情况，即这两个职务由一人担任还是由两人担任，这一方面反映公司董事会的独立程度，另一方面反映公司执行层的自由程度。②外部董事在董事会中所占的比例。董事会的独立性强弱表现为董事会中外部董事的多少，以及外部董事在审计委员会、提名委员会和报酬委员会中的比例，他们从公司领取收入的多少，他们与公司的关系等。第二，董事会的激励与约束。激励机制的主要内容包括报酬激励机制、经营控制权激励机制、声誉激励机制、聘用与解雇激励机制。其中物质方面的激励主要包括公司董事的年度报酬、持股权比例、股票期权、奖金、养老金计划等诸项内容。我国上市公司的激励机制通常包括年度报酬、股票期权、奖金等内容，持股权激励机制也逐渐被一些公司采用。对于董事的激励机制设计主要考虑如下几个方面：董事为公司提供服务的价值、政府税务部门认为合理的工资标准、同行业的薪酬标准、公司的财务状况等。

(3) 独立董事

引入独立董事制度的根本意义在于通过独立董事对公司重大决策过程的参与，监督经理人员，促进科学决策，从而最大限度地增加公司价值。首先，对于一名独立董事而言，在公司治理中发挥作用的基础在于独立性派生出的客观性。其次，如果公司已经持续经营很长一段时间，经理人员很容易形成关于市场状况的错误认识，导致他们对本行业今后的发展趋势作出错误的判断。独立董事由于能够置身于公司繁杂事务之外，可以从不同的角度来分析问题，因而能够帮助经理人员识别市场发出的预警信号，认识到公司可能面临的潜在危机和商业周期的影响。再次，许多公司选择独立董事的一个重要原因是由于他们在管理大型项目、设计和实施股票期权计划、安排国际国内贷款等方面具有丰富的经验和特殊的知识和才能。最后，当公司由一个强有力的 CEO 控制时，独立董事可以及时识别和限制不当行为。

(4) 监事会

监事会制度的设立目的就是制约董事会及其他高级管理人员的权力，监督其经营管理行为，以确保公司和股东的利益不受损害，因此，监事会必然要被法律、公司章程或股东会授予一定的权力，方能行使监督之职。

监事会的权力是否能够体现是监事会存在的首要意义，监事会的权力体现在以下几个方面：

①业务监督权。业务监督权就是监事会依照法律、公司章程或者股东大会决议所享有的对公司整个经营活动进行监督的权力。

②财务检查权。所谓公司财务检查权，是指监事会依照法律、章程的规定或股东会决议的所享有的对公司整个财务活动，包括公司账簿、财务文件以及财产变动进行监督、查阅和审查的权力。

③股东会会议召集权。一般情况下，公司股东会或股东大会由公司董事会负责召集。但是在某些特殊情况下，如董事会应当召集而不召集时，为了维护公司和全体股东的利益，公司监事会有权以自己的名义召集股东会或股东大会。

④聘请专业人士协助监督检查权。公司在实际的运营过程中，财务与法律事项是最为重要的日常活动之一，是公司经营合法性问题存在最多的领域。监事会在行使监督权的过程中，对这两方面监督检查的力度应该加大，以防范、化解公司的财务风险与法律风险。

⑤解任董事提案权。所谓解任董事提案权，就是指提案主体就解任公司董事向股东大会或股东会提交议案的权力，该提案权不得以任何理由排除在股东会会议议题之外。监事会作为公司的经营管理监督机关，能否享有解任董事的提案权对其能否有效地牵制董事、经理将起到至关重要的作用。

(5) 财务透明度及信息披露

财务透明涉及是否及时地披露了关于企业财务表现、公司运营及公司治理方面的信息。所谓透明性意味着公司的财务报告要切实反映公司的真实财务状况。除了财务信息，非财务信息也至关重要，如公司运营、行业的竞争程度及公司的竞争地位、公司章程，重大决策等。

信息披露是公司治理的决定性因素之一，上市公司披露信息的内容比较复杂，既包括上市时披露的信息，又包括上市后披露的信息；既包括定期披露的信息，又包括临时披露的信息；既包括强制披露的信息，又包括自愿披露的信息；既包括财务信息，又包括非财务信息。公司治理信息披露从需求层次和受托责任上又可分为三个层次：一是经营者向董事会进行信息披露；二是董事会向股东大会进行信息披露或说明责任；三是公司（作为法人）向外界社会各利益相关者的信息披露。

（6）高层管理者激励

公司治理中的代理成本与道德风险问题仅靠监督与制衡不可能解决，关键是设计有效的激励机制。高层管理者激励机制是解决委托人和代理人之间关系的动力问题，即委托人如何通过一套激励机制促使代理人采取适当的行为，最大限度地增加委托人的效用。

公司对高层管理者的激励方式主要有物质激励和精神激励，但这种结构已不能够完全适应现代公司的经营机制。激励的核心是将经理对个人效用最大化的追求转化为对公司利润最大化的追求。激励机制的主要内容包括报酬激励机制、剩余支配权与经营控制权激励机制、声誉激励机制、聘用与解雇激励机制、知识激励制度。

4.6.3　公司治理评级

（1）公司治理评级模式

在宏观层面，公司治理较好的国家，通常有较为分散的股权结构，其资本市场规模较大，产品范围较广，首次公开发行（IPO）活动较为频繁；微观层面，公司治理层面主要是指最大股东拥有的现金流量权、董事会的独立性与信息的透明度等。最大股东的现金流量权越高，董事会的独立性越强，信息披露越充分，公司价值越高。针对这些具体的指标，不同的机构和公司提出了各自的评价体系。按其性质大致可以分为以下五种模式：

第一，评级机构模式。特点是评级机构通常都具有丰富的评级经验和一流的人才，市场竞争和信誉机制会促进评级质量的提高。但是评级机构的商业运作模式和评级的独立性有着一定的冲突。

第二，机构投资者模式。机构投资者为自己的收益考虑，也对公司治理进行评级。机构投资者做公司治理评级不是营利性业务，所以较为可靠。

第三，民间协会模式。非营利的民间机构如董事会协会、机构投资者协会，他们都会从投资者的角度出发做公司治理评级，所以可信度、客观性较高，避免了商业机构评级的营利目的，缺点是机构的评级能力、资源和知识可能欠缺，容易导致评级质量较差。

第四，媒体模式。如《亚洲货币》、《欧洲货币》等每年也进行“最佳公司治理”的评选，虽然专业性不如评级机构，但是也同样具有可信度和客观性。

第五，交易所模式。这是指各国交易所做的公司治理评级。这种模式的好处是在市场基础还不发达的国家和地区，交易所的评级可以推进公司治理评级活动的展开，加强上市公司的监管力度；缺点是附属于政府，可能会干预企业运作。

（2）国内外机构公司治理评级系统

公司治理评价体系从内容上看，有的包括对整个宏观和微观公司治理制度进行评价，如标准普尔的评级指标就分为国家评分和公司评分两部分，有的则仅涵盖公司治理水平评级；从具体形式上看，一些评价的是公司具体的制度安排是否合理，一些则从公司治理的原则出发，对公司治理的公平性、问责性、责任性和透明度等角度评价；从指标选取上看，有纯公司治理因素的指标，有从公司治理效率角度出发的指标等。表4－7介绍了主要公司治理评价体系的细节内容。

表4－7　　世界主要公司治理评级系统

评级机构或个人	评级内容	使用范围	评分方法
标准普尔	国家评分：法律基础、监管、信息披露制度、市场基础 公司评分：所有权结构、利益相关者权利和相互关系、财务透明度和信息披露、董事会的结构与运作	公司评分与国家评分	指标值越大，治理状况越好
戴米诺公司（S&P）	国家评分：治理有关的法律分析 公司评分：股东权利与义务、接管防御的范围、信息披露透明度、董事会结构	公司评分与国家评分	指标值越大，治理状况越好
里昂证券（亚洲部分）（CLSA）	国家评分：公司透明度、综合规划和监管条例、相关法规实施、影响公司价值的制度因素 公司评分：管理层约束、透明性、小股东权益保护、董事会独立性与问责性、核心业务、债务控制、企业社会责任	公司评分与国家评分	指标值越大，治理状况越好
美国机构投资者服务组（ISS）	董事会及其主要委员会的结构和组成、公司章程制度、管理层董事会薪酬、财务业绩、高管人员比例等	公司评分	指标值越大，治理状况越好
公司法与公司治理结构（ICLCG）	信息披露、所有权结构、董事会和管理层结构、股东权利、侵吞风险、公司治理历史	公司评分	指标值越大，治理状况越好
信息与信用评级代理机构（ICRA）	所有权结构、管理层结构、财务报告和其他信息披露质量、金融股东利益的满足程度	公司评分	指标值越大，治理状况越好

续表

评级机构或个人	评级内容	使用范围	评分方法
韩国公司治理评价系统	股东权利、董事会和委员会结构、董事会和委员会程序、向投资者的信息披露和所有权的平等性	公司评分	指标值越大，治理状况越好
中国台湾公司治理和评价系统	宏观评分：清楚完善的法规与管制、法规与管制的有效执行、政治环境、会计准则、企业文化 公司评分：董事会组成、股权结构、参与管理与第二大股东、大股东介入市场的程度	宏观评分与公司评分	指标值越大，治理状况越好

由以上内容可以看出，公司治理评分有国家评分和公司评分。

国家评分的重点是：在全国和宏观层面上，依据法律和监管方面的制度框架，对股东和其他利益相关者的权利以及这些权利在多大程度上得到保护。国家评分主要从以下四个方面进行分析：首先，法律基础。有效的法律法规和法律实施是良好的公司治理最基本的要求。最重要的有《公司法》、《证券法》，然后有《破产法》和《抵押法》，法律的实施也有重要的意义，高效的法律实施有时比法律规则更重要。其次，监管。企业管理、董事会及监事会等相关人员的权益范围应有合理的监管体系来达到，企业的重大决策、信息披露等都需监管体系来完成。再次，信息披露制度。从公司治理的角度，对公开信息披露的监督应使得已披露信息准确、完整和及时有效，这样才能使股东和其他利益相关者关注和参与公司治理和运行。最后，市场基础。市场规模、国家持股、国企私有化方法、银行性质、政府保护以及政治环境等都是关系企业治理的市场基础因素。

（3）公司治理评价的意义

完善的公司治理是提高公司运营效率、提高投资者信息的必要保证。国际组织、各国政府、私人机构等都在寻求一套行之有效的公司治理评价体系。各有不同之处，但是，大体上都遵循公平性、透明性、问责和责任等原则。

我国的证券市场不完善，资本市场不健全，上市公司虚假信息披露严重，投资者利益亟待保护。政府须规范证券市场，为投资者挽回信心。公司治理评价是不同于法律法规的规范企业行为的一种重要措施，具有诸多意义：

第一，为投资者提供决策依据。公司治理的好与差决定了企业的中长期发展，尤其是吸引中长期投资的关键。各国研究表明，具有良好治理水平的公司，其公司业绩要明显高于治理水平较差的公司，在资本市场不完善的国家尤其如此。因为企业在一个功能健全的资本市场要通过提高公司治理水平来提高业绩已经没有太多空间，大部分公司治理水平都处于较高和较完善的层次，而在不完善的市场，法律法规不健全，通过良好的公司治理来规范企业行为，这对增强企业竞争力，保护投资者利益等都有着不可替代的作用。

第二，公司治理评级较高有利于获得外部融资。公司要获得外部债权和股权融资，要得到投资方的认同，公司治理水平是一个“未知者”获得企业信息的重要因素。公司治理水平为投资者提供了一个“显性的信号”，投资者愿意为治理水平较高的公司付出较高的溢价。因此对于有融资需求的企业来说，在首发、增发新股、配股、债券发行、贷款和并购中，通过公司治理水平评价可以向投资者提供必要的信息，将自己与其他企业区别开来，吸引并留住投资者。

公司的市场价值表现为股权价值和债权价值之和。如果公司治理存在严重问题，外部投资者利益不能得到有效保护，投资者就不愿购买和持有公司股票，这会使股票交易低迷、股价不振，从而导致公司市值下降。

第三，公司治理是企业发展的基础。公司治理就是委托人、代理人及利益相关者之间复杂的契约安排，这种安排对企业的中长期发展至关重要。因为这种契约安排（这里指控制权和收益权之间的最优对应安排，而非完备契约）就是公司治理制度性安排，短期可能看不出效益，但是从长远来看，这种有效的制度安排才是企业生存的关键。

公司治理战略目标包括近期和远期所要达到的治理水平。公司治理评价体系为公司战略目标的实现建立了参照物。一方面可以根据评价结果发现问题；另一方面可以根据评价结果自查，发现公司治理问题及时反思，并加以完善。尤其对于上市公司，其历史评价记录可作为一种反映公司治理水平的信号，对于企业业务投资合作以及融资都会产生深远影响。

第四，为监管部门的监督提供依据。公司治理的评价可以及时发现公司治理存在的问题，这就为监管部门提供了信息。对于一些重大的全局的公司治理问题，监管部门就可以及时予以惩治或修正，其他问题则可完善和修补。监管部门对公司治理评价结果还可以向社会公开披露，从而强化企业市场信誉。

4.7 小结

本章从公司治理的定义，到公司治理与各学科的联系，再到公司治理的重要性分析，让读者对公司治理的概念有一个初步的了解；接着对公司治理的相关问题进行分析，包括投资者保护，经营者激励，中国企业融资模式与资本结构分析，现代公司的价值取向以及资本结构、公司治理与公司价值的探析，从更深层次对公司治理进行了分析；最后对公司治理的评级系统做了简要介绍，强化了公司治理的意义及目标。第5章将对公司治理的两种重要治理方式进行探讨，即利益相关者治理和相机治理。

第5章

利益相关者理论与相机治理

利益相关者理论（stake - holder theory）是20世纪60年代左右在西方国家逐步发展起来的，进入80年代以后其影响迅速扩大，并开始影响英、美等国的公司治理模式的选择，促进了企业管理方式的转变。之所以会出现利益相关者理论，是有其深刻的理论背景和实践背景的。

5.1 利益相关者理论

5.1.1 利益相关者理论的背景

（1）理论背景

利益相关者理论有两大理论基础：一个是契约理论，另一个是产权理论。契约理论和产权理论一直都被认为是“股东利益至上”理论最为坚实的思想根基。

第一，利益相关者理论认为，从“企业是一组契约”这一论断出发，可以把企业理解为“所有相关利益之间的一系列多边契约”（Freeman 和 Evan，1990），这一组契约的主体当然也包括管理者、雇员、所有者、供应商、客户及社区等多方参与者。每一个契约参与者实际上都向公司提供了个人的资源，为了保证契约的公正和公平，契约各方都应该要有平等谈判的权利，以确保所有当事人的利益至少都能被照顾到，这是因为契约理论本质上就要求对不同利益相关者都要给予应有的“照顾”。与詹森等人在契约理论上费尽心机地为“股东利益至上”辩护不同，弗里曼和伊万（Freeman 和 Evan，1990）等把契约理论转为利益相关者理论所用。

第二，利益相关者理论的另一个理论基础——产权理论是“股东利益至上”论赖以立足的基础。在利益相关者理论看来，主流企业理论对于产权的理解过于狭隘了。简单地把产权与人权分离开是错误的。在定义某人的产权时不能影响到其他人的权利，产权必须要受到一定的限制。据说利益相关者理论的支持者在与主流企业理论学者的论战中曾经巧妙地援引现代企业理论的鼻祖科斯（R. Coase）的话来巩固其理论基础。科斯（1960）曾经批评过：“土地所有者的权利不是毫无限制的……在任何法律制度下都是如此。一种对个人权利无所约束的制度将会是一种无须取得任何权利的制度。”连科斯这位企业理论的鼻祖尚且如此说，利益相关者的拥护者随即指出，正是基于狭隘的产权定义，才会得出管理者只为股东利益服务的结论。于是，利益相关者的主张者如贝克尔等，坚持必须从多元理论的角度来重新定义产权概念。所谓多元理论，贝克尔指的是包括自由意志论、功利主义和社会契约论等在内的所谓的多元“个体判断”理论。虽然按照自由意志论者的观点，财产所有权人可以自由地使用他们所拥有的资源，但根据功利主义原则，财产所有权人又必须压抑他们自我的欲求，以满足他人利益上的需求。社会契约论更直截了当，它尤其强调个人和群体之间在私人财产适当分配和使用上的相互表达和相互理解。只有基于这些“多元个体判断”而形成的产权概念才更符合实际情况，同时，企业的这种产权关系也就赋予了不同群体不同的利益。布莱尔曾指出，在实际生活中要在公司这样一个错综复杂的企业组织里完整清晰地界定“产权”是不可能的。其中部分原因当然是源于产权概念本身十分复杂，另一部分原因在于公司控制权一部分赋予股东，而另一部分是由利益相关者所掌控的。利益相关者理论认为任何一个“个体判断”理论独自是无法放之四海而皆准的，因此，单独依靠某一个“个体判断”理论来描述产权也是不完整的。在谈论到像企业的权利和义务这样复杂的问题时，应该趋向于建立一个多元“个体判断”的产权理论。从此逻辑出发，利益相关者理论顺理成章地提出，“只要一种多元的产权理论能够被接受，那么产权理论和利益相关者理论之间的联系也就显而易见了。”

（2）现实背景

利益相关者理论的产生和发展与20世纪60年代以后企业所处的现实背景密不可分。从宏观经济状况来看，20世纪60年代末期以后，在现实经济中企业奉行股东至上主义的英国、美国等国经济遇到了前所未有的困难，而企业经营更多体现利益相关者理论思想的德国、日本以及许多东南亚国家和地区经济却迅速崛起。诸多学者研究的结果表明，产生这种差距的原因之一就在于股东至上主义的公司治理模式使经理人员始终处于严重的短期目标的压力之中，往往无暇顾及公司的长远发展；日本、德国实行的是内部监控型公司治理模式，企业的经营活动注重公司利益相关者的利益要求，并充分融合了人本主义的管理思想。虽然很难说英美等国的公司治理制度的安排是导致其经济窘境的全部原因，但是西方学术界在这种现实反差面前不得不开始反思英美企业制度安排的合理性，而企业界则在70年代后期迅速从“追求卓越”转变为“学习日本”。

促使西方学术界和企业界开始重视利益相关者理论的另一个更为重要的原因是全球企业在20世纪70年代左右开始普遍遇到了一系列的现实问题，主要包括企业伦理问题、企业社会责任问题、环境管理问题等。这些问题都与企业经营时是否考虑利益相关者的利益要求密切相关，迫切需要企业界和学术界给出令人满意的答案。

第一，企业伦理。企业伦理问题是60年代以后管理学研究的一个热点问题。由于过分地追求所谓的利润最大化，企业经营活动中以次充好、坑蒙拐骗、行贿受贿、恃强凌弱、损人肥己等不顾相关者利益、违反商业道德的行为，在世界各国都不同程度地存在着。据1982年《美国新闻和世界报道》杂志报道，在美国的500家大型企业中，有

115 家曾被起诉，或曾由于行为不良而被判民事罚款。在这些企业名录中，埃克森石油公司、美孚石油公司、通用汽车公司、美国电报电话公司、IBM 公司、海湾石油公司、西尔斯公司、通用电气公司、美国银行等世界知名企业赫然在目。1997 年加拿大有数百家大企业从事了违反商业道德的行为，平均每家企业遭受的经济损失达 150 万美元。企业在经营活动中应该对谁遵守伦理道德、遵守哪些伦理道德、如何遵守伦理道德等问题摆在了全球学术界和企业界的面前。

第二，企业社会责任。企业社会责任的概念从 20 世纪 80 年代开始得到广泛认同，其内涵日益丰富。过去那种认为企业只是生产产品和劳务的工具的传统观点受到了普遍的谴责，人们开始意识到企业不仅仅要承担经济责任，还需要承担法律、道德和慈善等方面的社会责任。随后，对企业社会责任的研究逐渐成为了利益相关者理论的一个重要组成部分，其研究的重点已从社会和道德关怀转移到诸如产品安全、广告诚信、雇员权利、环境保护、道德行为规范等问题上来。

第三，企业环境管理。企业环境管理问题日益成为现代企业生存和发展中一个不容回避的问题。人类生存的自然环境正日益恶化已是一个不争的现实，全球环境问题正逐步成为人们关注的焦点。1992 年 11 月 18 日，包括 99 位诺贝尔奖获得者在内的 1 500 位科学家发表了 3 页的《对人类的警告》。这些科学家们肯定地认为："全球环境至少在 8 个领域内面临着严重威胁……全球环境问题不仅仅已经影响着当代人的生活，而且还对人类后代、非人物种的生存也构成了威胁。" 现代工业的发展，使企业生产不仅吞噬着大量的原材料和燃料，而且排放出大量的废气、废水、废渣，并产生噪音、震动、放射性污染等。因此企业被认为是破坏环境的"罪魁祸首"，企业管理也必须对此作出令人满意的回应。然而，从早期的 NIMBY[①] 管理，到 20 世纪六七十年代的末端控制型环境管理和清洁生产型环境管理，再到 80 年代末期盛行的产品生命周期全过程环境管理等多种环境管理模式都无法从根本上解决环境管理问题。因此，已有学者开始认识到基于利益相关者共同参与的战略性环境管理模式可能是企业环境管理的最终出路。

也就是说，在 20 世纪 60 年代中期以后，企业除了要在日益激烈的竞争中获取竞争优势以外，还必须面对越来越多的与其利益相关者有关的问题，需要考虑企业伦理问题，需要承担社会责任，需要进行环境管理。这就使得许多企业陷入了迷惘之中：企业赚取利润，本是天经地义的事，怎么还需要考虑那么多事呢？不仅仅是企业陷入了迷惘，公众也陷入了迷惘。两位社会学家曾经总结道，"20 世纪 60 年代中期以后，西方公众对于企业的有力支持也崩溃了，包括企业在内的许多组织普遍遭受到公众信心下降的问题"（乔治·斯蒂纳、约翰·斯蒂纳，2002）。一些民意调查的数据，从不同的侧面反映了公众对于企业日益消极的态度。

---

① NIMBY 是 not in my back yard 的缩写，用于表示当地居民反对当地的某项发展项目。有反对在区内建高层建筑的，有反对建化工厂、工业园的，有反对建垃圾堆填区和垃圾焚烧厂的，还有反对建监狱、戒毒所、高尔夫球场、青年旅社的。高速公路、机场等道路设施也是屡遭反对的对象。

5.1.2 利益相关者的界定

很多学者对利益相关者进行了界定。

(1) 查克汉姆及克拉克逊的界定方法

查克汉姆按照利益相关者群体与企业是否存在交易性合同关系，将利益相关者分为契约型利益相关者和公众型利益相关者。前者包括股东、雇员、顾客、分销商、供应商、贷款人；后者包括全体消费者、监管者、政府部门、压力集团、媒体、当地社区（Charkham，1992）。

克拉克逊（Clakrson，1994、1995）提出了两种代表性的分类方法：

第一，根据相关群体在企业经营活动中承担的风险种类，可以将利益相关者分为自愿利益相关者（voluntary stakeholders）和非自愿利益相关者（involuntary stakeholders），前者是指在企业中主动进行物质资本或人力资本投资的个人或群体，他们自愿承担企业经营的风险；后者是指由于企业经营活动被动地承担风险的个人或群体。

第二，根据利益相关者群体与企业联系的紧密性，可以将利益相关者分为首要的利益相关者（primary stakeholders）和次要的利益相关者。前者是指这样一些个人或群体：倘若没有他们连续参与，公司就不可能持续生存，包括股东、投资者、雇员、顾客、供应商等；后者是指这样一些个人和群体：他们间接地影响企业的运作或者受到企业运作的间接影响，但他们并不与企业交易，对企业的生存也没有根本性的影响作用，比如媒体和众多的特定利益集团。

(2) 威勒的界定方法

威勒将社会性维度引入对利益相关者的界定中。他认为有些利益相关者具有社会性，即他们与企业的关系直接通过人的参与而形成；有些利益相关者却不具有社会性，即他们并不是通过“实际存在的具体人”和企业发生联系的。比如自然环境、人类后代、非人物种等。结合克拉克逊提出的紧密性维度，威勒将所有的利益相关者分为以下四种：第一，首要的社会性利益相关者，他们与企业有直接的关系，并且有人的参加，如顾客、投资者、雇员、当地社区、供应商、其他商业合伙人等。第二，次要的社会性利益相关者，他们通过社会性活动与企业形成间接联系，如居民团体、相关企业、众多的利益集团等。第三，首要的非社会利益相关者，他们对企业有直接的影响，但不与具体的人发生联系，如自然环境，人类后代等。第四，次要的非社会性利益相关者，他们对企业有间接的影响，也不包括与人的联系，如非人物种等。

威勒利用这两个维度对利益相关者界定的结果如图 5 - 1 所示。

(3) 米切尔的界定方法

美国学者米切尔提出了一种界定利益相关者的评分法。米切尔明确指出有两个问题居于利益相关者理论的核心：一是利益相关者的认定，即谁是企业的利益相关者；二是利益相关者的特征，即管理层依据什么来给予特定群体以关注。由此可以从以下三个属性对利益相关者进行界定。第一，合法性：某一群体是否被赋予法律和道义上的或者特定的对于企业的索取权；第二，权力性：某一群体是否拥有影响企业决策的地位、能力

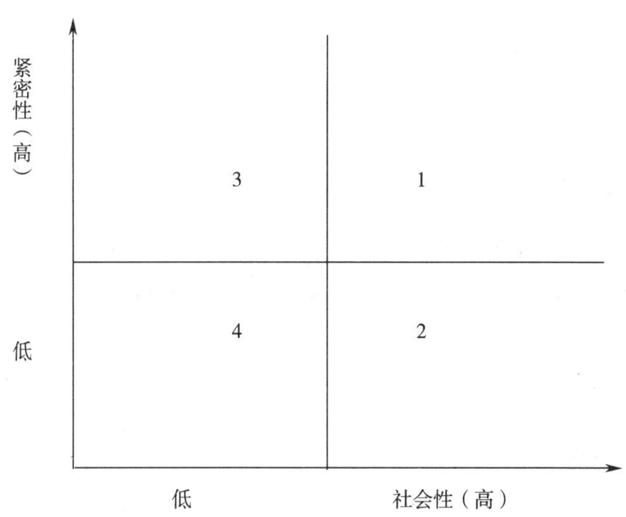

图5－1　威勒对利益相关者的界定

和相应的手段；第三，紧急性：某一群体的要求能否立即引起企业管理层的关注。针对这三种属性，对可能的利益相关者进行评分，然后根据分值的高低确定某一个人或者群体是不是企业的利益相关者以及是哪一类型的利益相关者。

据此将企业的利益相关者分为以下三类：

第一，确定型利益相关者：他们同时拥有对企业问题的合法性、权力性和紧急性。企业管理层必须十分关注这类利益相关者的愿望和要求，并设法加以满足。典型的确定型利益相关者包括股东、雇员和顾客。

第二，预期型利益相关者：他们与企业保持较密切的联系，拥有上述三项属性中的两项。这种利益相关者又分为以下三种情况：①同时拥有合法性和权力性的群体，他们希望受到管理层的关注，也往往能够达到目的，在有些情况下还会正式地参与企业决策过程。这些群体可能包括投资者、雇员和政府部门。②对企业拥有合法性和紧急性的群体，但却没有相应的权力来实施他们的要求。这种群体要想达到目的，需要赢得另外的更强有力的利益相关者的拥护，或者寄希望于管理层的善行。他们通常采取的办法是结盟、参与政治活动、唤醒管理层的良知等。③对企业拥有紧急性和权力性，但没有合法性的群体。这种人对企业而言是非常危险的，他们常常通过暴力来满足他们的要求。

第三，潜在的利益相关者：只拥有合法性、权力性、紧急性三项特性中一项的群体。并且，米切尔关于利益相关者界定的模型是动态的，即任何一个个人或者群体获得或失去某些属性后，就会从一种形态转化为另一种形态。米切尔评分法改进了利益相关者界定的可操作性，极大地推动了利益相关者理论的应用，并逐步成为利益相关者界定和分类的常用方法。

5.2 利益相关者与公司治理

5.2.1 利益相关者参与公司治理分类

对企业利益相关者的界定是确定利益相关者参与公司治理方式的基础。在对利益相关者进行分类之后，便可以根据各方与企业的关系差异确定适合自己的参与公司治理的方式。

(1) 公共契约型治理

这种治理方式是通过公共契约形式对所有的企业实体进行规制，从而避免了与所有企业签约的成本，能够节约交易成本。同时，这种公共契约具有强制性的特征，这种特征决定了制定公共契约的主体地位的特殊性。一般为政府的各权力机构，如法院。虽然，公共契约并不是直接与所有的企业进行签约，但是，一旦企业违背了这些公共契约，便会受到法定的惩罚，并且不具有讨价还价的余地。

(2) 交易契约型治理

这种治理方式主要是通过与企业签订的交易契约来规定各自的权责利关系。但是并不是所有的交易关系都能通过这种治理方式进行。从新制度经济学（交易费用经济学）角度来看，交易属性决定契约类型，继而决定治理结构。威廉姆森认为交易的关键维度包括资产专用性、交易发生的频率、不确定性程度和形式。据此维度将企业的交易活动归结为以下几种形式：①那些交易频繁，没有资产专用性的商品属于标准商品，这样的交易契约属于古典契约，可以用（现货）匿名的市场这种治理结构来实施。②具有一定程度资产专用性，但是交易频率又很低，这样的交易属于新古典契约，可以用第三方机构来实施，比如仲裁，但这时还不需要通过纵向一体化的企业治理机制来实施，仍然是市场交易，但是将是实名的。③资产专用性程度很高，交易频率较高，这样的交易属于关系契约，需要建立专门的机构（企业）来保护交易双方的持续性，此时就应该一体化，当然更是实名了。介于②、③之间的，属于混合治理，也是实名的。假定存在一定程度的不确定性，如果不确定性增强，那么②、③类治理结构将增加，而混合治理将消失，匿名市场交易则难以确定。所以，对于与企业之间存在交易关系的利益相关者，应根据具体的专用性投资情况、交易的频率、不确定程度来确定采用交易契约方式还是一体化、长期契约等治理方式。

(3) 参与企业内部治理

这种治理方式主要是通过企业内部设立的专门机构如股东大会、董事会、监事会等影响企业的决策。主要发生在企业内部，通过职位所赋予的权力来行使治理。但由于委托—代理关系的存在，再加上信息的不对称及相互之间存在利益的矛盾与冲突，所以，这种治理方式的成本一般是比较高的。

5.2.2　各利益相关者参与治理的方式选择

（1）选择治理方式应遵循的原则

根据上面对利益相关者界定及各种治理方式的分析，我们的任务即是为所有的利益相关者找到各自最适宜的治理方式。

所谓的最适宜的治理方式要满足以下几点要求：第一，利益实现原则。能够保证利益相关者各方权利的实现，确保利益相关者各方与企业保持良好的合作关系。第二，利益相关者共同治理不等于利益相关者共享企业剩余权原则。提倡各利益相关者共同参与公司治理并不意味着每一方都必须成为企业的所有者，享有企业的剩余权利。因为这样会使企业面临太多的压力，很难平衡各个所有者的利益，最终造成对谁都不负责的结果。第三，经济性原则。在保障各方利益相关者权利实现的同时，应使各个治理方式的成本保持在较低的水平，即要考虑制度建设的经济性，使治理成本控制在一定的水平。所谓治理成本是指：①控制经营者的成本，即监督成本及经营者机会主义的成本；②集体决策的成本，即决策自身的成本、决策程序的成本、冲突协调机制的成本及经济民主化成本；③分担风险的成本。

（2）各利益相关者最优治理方式的选择

第一，专用性投资利益相关者治理方式。专用性投资利益相关者都对企业进行了专用性投资，且都存在一定的投资退出障碍。对于股东来讲，资本市场为其资本退出提供了途径，且分散化投资能够降低投资风险，但由于这种风险只是在不同投资者之间转移，因此总体投资风险并未减少。专用性人力资本所有者在退出企业时虽然也会损失其专用性投资，但是他可以凭借其通用性人力资本及积累的经验另谋职位，而不像股东那样会面临投资的全部损失。所以，在一定程度上，专用性人力资本所有者的投资损失可以弥补，而股东的物质资本损失却不具有弥补性。因此，股东仍然比人力资本承担着较大的风险，专用性人力资本可以参与企业内部治理，可以对企业的决策实施重大影响，但是股东仍然对企业的决策起最终作用。

债权人也是企业专用性资产的投资者，其提供的是债权资本，不是自有资本，企业必须按时还本付息。企业能够履行约定的前提是具有足够的盈利和现金流，而这取决于企业最终的经营结果，所以，债务的资本投资也存在较大的退出风险。但债权人作为企业外部的利益相关者，并不直接影响企业的决策，只是在企业决策对其投资的安全性造成威胁或违反借款契约时才会介入。只要企业能够正常运营不违反契约条款，能够到期还本付息，债权人就不会干涉企业的决策。所以，在更大程度上，债权人与企业之间存在的是一种契约关系，其参与治理的原因只是监督资本的运用情况，监督企业的行为是否违反了契约的规定。这些行为都是为了保证契约能够顺利履行，和普通的契约关系没什么不同。只不过契约的标的是货币，且在实物化后有了专用性的特征。所以，债权人参与治理的方式呈现出双面性：一方面，通过与企业的契约关系进行治理，在契约中对资本的用途、时间、成本，对企业的资本运用的限制条件等进行规定；另一方面，可能派代表参与企业内部，对企业的资金运用状况进行有效的监督，保证契约关系的顺利履行。一旦发现企业有违约行为，即会采取相应的措施来保障自身的权利。

第二，通用性投资利益相关者治理方式。通用性投资利益相关者主要是指未进行或很少进行专用性投资的人力资本，由于这类人力资本存量丰富，在人力资本市场上总是处于供过于求的局面，且他们很少对企业进行专用性投资，基本不存在投资退出障碍。所以，他们在与企业签约、续约的过程中总是处在劣势地位，倾向于维持与企业的长期雇佣关系。他们总是面临着被解雇的风险，且对于契约的条款基本没有讨价还价的余地。所以，他们在企业谈判中总是处在不利的地位，企业随时会找到他们的替代者。因此，这类利益相关者虽然具有参与公司治理的强烈的主观愿望，但其客观条件并不允许也不赋予其这样的权利。他们只是遵从契约的既定条款，只有在关系其切身利益的事情上具有一定的发言权，且他们的声音总是那么微弱，以至于常被企业忽略。在许多企业中，职工代表大会、工会等机构的建立就是为了维护这些通用性投资利益相关者的利益。但是，由于他们直接参与企业的经营活动，可以获取真实的企业运营的信息，能够有效地对经营者、董事会的行为进行监督，从而弥补股东监督面临的信息不足。而且，为了切实保证通用性人力资本投资者的权利，实现利益相关者共同治理，就必须赋予他们一定的权利，如派代表进入董事会、监事会，从而与企业建立长期的合作关系，在保证实现企业目标的同时，也在一定程度上避免了失业的威胁。

第三，供应商与客户的治理方式。这仍然遵从前面的分析思路。供应商与企业之间存在的是交易关系，且交易的属性影响契约类型，继而影响治理形式。①交易契约型关系的供应商。这类供应商与企业之间存在的仅仅是典型的市场契约关系，最适宜的治理方式即为交易契约型治理，即通过契约来约束各方的权责利关系，通过市场的价格机制进行资源的配置，而不是让供应商参与企业的内部治理。并且可以采用长期契约等形式减少重复缔约的交易成本（这里即可理解为参与治理的成本）。虽然由于人的有限理性、信息的不完全性、交易成本的限制及相关变量第三方的不可证实性使得契约是不完全的，并且契约签订前后也会存在机会主义行为，但我们可以努力建立一种最佳完全合同，即最大限度保证合同的完全程度。当然合同条款规定得越周密，制定合同的成本也就越大，但同时合同能够自我实施的范围越大，从而需要合同事后执行的成本就越小，我们应在这两者之间进行权衡，制定一份最佳的完全合同。而且，据“声誉机制”的观点，企业会努力维持其声誉机制，尤其是这类交易不是一次性的，而是长期性时。这样，企业与供应商及客户之间的关系即可通过单纯的契约关系来规定，与企业的内部治理无关。②进行专用性投资的供应商。这类供应商与企业之间存在的不仅仅是单纯的契约关系，还存在对企业的专用性投资。这时供应商便面临着因企业机会主义行为被剥夺可占用准租金的危险。准租金被定义为一种资产的价值与其次优用途的价值之间的差额；可占用准租金则是因存在着资产专用性，可以在缔约后敲诈的部分。阿尔钦与本杰明·凯伦、罗伯特·克沃福特合作，在其《纵向一体化、可占用准租金和竞争性缔约过程》的论文中将资产专用性较强的情形视为一种特殊的垄断状态，即当资产所有者将资产投资于特定用途以后，这一资产对交易的任一方或双方的意义都区别于同类资产在其他方面的使用，资产的特定使用本身创造了“差异”。他们指出，不同于缔约前的讨价还价的交易费用，缔约后的机会主义行为及其引致的交易费用，是纵向一体化的又一个原因。除了纵向一体化以外，还可以通过长期契约的方式抑制缔约后机会主义行为。这种方式具体可分为两种：一种是由政府或某些外部机构在法律上强制执行的明文契约；另一种是通过“断绝往来”的市场机制强制执行的暗示性契约。前者需要契约制定得相当完善，能预见到所有偶然发生的情况。但达到这样的程度所需交易费用是非常高昂的，法律诉讼本身也会发生成本，且受到相关变量的第三方不可证实性的限制，在实践中应用不多。对于后者，由于交易是长期的并且是多次重复的，断绝来往本身就是取消违约或对敲诈者未来利益的一种惩罚手段，而且交易的长期性和重复性使得声誉机制的维护显得十分重要。这种方式实行起来较为便利，因而成为较普遍的形式。然而从总体看，长期契约的方式和纵向一体化的方式在适用范围上仍有区别。用作者的话说就是：“可占用准租金越少，交易各方将越有可能依赖契约型关系，而不是依赖共同所有权；反之，包含在资产中的可占用准租金越多，由共同的或联合的所有权形成的一体化的可能性就越大。”可以根据资产专用性的程度、交易的频繁程度选择合适的治理方式。

第四，政府、中介机构、社区、各种社会团体等公共契约型利益相关者的治理方式。这部分利益相关者对企业主要起管理、监督的作用。政府与企业并不存在直接的契约关系，主要是通过对所有企业都起约束作用的法律法规等公共契约的形式来参与治理，这样就可避免与所有企业重复签约，从而减少了治理成本。社区、各社会团体由于没有法定的执行权利，他们主要是对企业的行为进行监督，一旦发现违法行为，便可以利用政府制定的法律法规为依据，通过法律诉讼等手段来对企业的行为进行约束。所以，政府与社区、各种社会团体之间是相互补充的关系，政府制定各种法律法规，社区、社会团体对企业违反法律、法规的行为进行监督，并且，促进新的法律、法规的制定。而且，这种治理方式的约束性很强，一旦违犯，必须按规定进行，很少具有讨价还价的余地。而对于参与企业内部治理形式，决策大多是面对面作出的，相互之间讨价还价的现象是普遍存在的，这就使得这一方式的约束性受到一定的限制，但同时却增加了决策的灵活性。所以，企业一定要在保证不违犯公共契约条款的前提下作出最优的决策，否则，会受到公共契约的强制性惩罚而丧失内部决策的灵活性。

利益相关者各方参与治理的最适宜方式归结在表5-1中。

表5-1　　各利益相关者参与治理方式

利益相关者类型	包含对象	对应的适宜治理方式
专用性投资利益相关者	股东、债权人、经营者及高层技术工人、进行专用性投资的供应商	股东及异质性人力资本应参与企业内部治理
		债权人一方面通过交易契约方式治理，另一方面参与企业内部治理
		进行专用性投资的供应商应根据可用准租金的大小选择长期契约和一体化方式参与治理
通用性投资利益相关者	同质性人力资本	通过工会等机构关注与其利益紧密相关的决策，并可以利用信息优势参与内部治理，建立与企业的长期合作关系

续表

利益相关者类型	包含对象	对应的适宜治理方式
交易契约型利益相关者	没有进行专用性投资的供应商、客户	典型的市场契约方式参与治理
公共契约型利益相关者	政府、社区、中介机构等	公共契约方式参与治理

5.2.3 利益相关者利益的协调

(1) 利益相关者的基本权利

企业中各利益相关者所关注的权利是不同的，甚至在某些情况下是相互冲突的。对于各利益相关者应享有的利益，在 OECD《公司治理原则》及《中国公司治理原则》中都有所规定。

第一，股东作为企业自有资本的投资者，将其物质资本投入企业，为企业的生产经营创造了基本的物质条件，并且也是企业进行后续筹资活动的财物根基。股东享有的基本权利包括选举、更换、罢免董事和由股东代表出任的监事；参加股东大会并对企业的重大决策进行投票；有权转让其股份；获取必要的信息及参与企业剩余利润的分配。由于现代企业的股权分散，加上股东自身素质的限制，使得股东直接参与企业决策在主观和客观上都存在着障碍，从而引发了部分中小股东搭便车的行为。随着信息技术的进步和网络通讯技术的发展，股东参与企业决策的积极性及效率会有所提高。对股东来讲，他们最关心的是其投资的安全性和规避风险的可能性。

第二，债权人是企业借入资本即债权的所有者。企业债权主要通过以下三条渠道形成：贷款、发行公司债券、商业信用。债权人与股东一起为企业提供物质资本，但是债权与股权存在本质的差别：在求偿权顺序上的差别，是否参与企业决策的差别，成本是否能在税前扣除的差别等。债权人的求偿权优于股东，因此他承担的风险较小，一般不参与企业的决策，且资本的成本能够起到抵税的作用。债权人最关心的是企业能否按时足额偿还所借的款项，所以，他们的权利表现在：获取企业财务经营状况信息的权利，对企业的某些减少现金流的活动进行限制的权利，要求企业按时足额偿还债务的权利，发现企业违约提前收回贷款或停止发放贷款的权利等。这些权利通常在贷款的契约条款中明确规定。

第三，供应商是公司生产经营所需劳动资料和劳动对象即生产资料的供给者，包括机器设备、厂房、仓库、原材料、燃料、动力等。供应商与企业之间首先存在的是交易关系，且供应商与公司利益相关的程度，取决于以下三个维度：交易规模，包括交易额度和交易频率；合同期限；资产专用性程度。一般说来，交易规模越大，交易合同期限越长，供应商资产专用性程度越高，就越是与企业利益休戚相关。因此，供应商为维护自己的利益，首先应当享有对公司营运的监督权，以保证企业能够遵从契约条款的规定。对于那些进行了专用性投资的供应商还可能会被一体化，使得供应商与企业之间的交易成本内部化。

第四，客户是公司产品或服务的消费者。公司价值和利润能否实现，在很大程度上取决于客户的选择，这在买方市场的情况下尤其如此。另一方面，客户选择公司产品或服务，同时也就获得了一组权利，这些权利包括安全权、知情权；自主选择权；求偿权。这主要是针对客户是消费者的情况，但如果企业所面对的客户不是直接的消费者，而是作为中间商的企业实体，此时，企业与客户之间的关系主要是通过交易契约的形式来约定，客户便拥有了对企业的行为进行监督、保障契约履行的权利。

第五，员工是企业重要的资源和人力资本的所有者。根据报酬是否递增的原则可分为同质性人力资本和异质性人力资本。企业经营成果的产生都是归因于人力资本所有者对物质资本的操作，所以，人力资本常被称为"活的资本"，以表明与物质资本的区别。经营者和高级技术人员等异质性人力资本对企业进行了专用性投资，拥有企业的剩余权利。另外，在利益相关者共同治理模式中，经营者承担着实现和协调各方利益相关者权利要求的责任，所以，便要求具有一定的决策权利和执行权利，并要求对自己的努力进行补偿。而作为通用性人力资本的普通员工，他们直接参与企业的经营活动，能够获得关于企业经营情况的最真实的信息，所以具有对经营者进行监督的信息优势，而且他们最关心的是企业能否正常运营，以保证自己不会面临解雇的风险，以及企业是否对其努力和贡献进行了正确、公平的评价。

第六，企业的经营对其所在社区的居民也会有重大影响：为当地居民提供就业机会，增加居民收入；影响当地的环境，对居民的身心健康产生影响；公司的扩张亦会对社区居民带来影响。所以，社区居民为维护自身利益，应享有监督公司活动的权利。

第七，政府是整个国民经济的管理者，运用经济、法律等政策和手段调控国民经济运行，维护正常的交易秩序，并站在公正的立场上，调解不同实体之间的矛盾和冲突。对整个国民经济起着管理者、监督者、调控者的作用。

（2）利益相关者利益的协调

各利益相关者虽然对企业有着不同的利益要求，且这些利益要求之间可能存在矛盾和冲突，但这些矛盾和冲突并非是不可协调的。

首先，企业是一系列契约的联结。各利益相关者通过契约的形式与企业之间建立联系。这种契约可能是显性的或隐性的，直接的或间接的。利益相关者各方都与企业存在着相互的依存关系。既然他们能够缔结契约共同进入企业，就存在维护契约履行的动机。股东和债权人将资本投入企业之后，企业便成为一个独立的人格化的实体，具有了独立的法人财产权，并且与股东和债权人的财产所有权发生了分离。所以，股东的财富最大化和企业的财富最大化并非是一回事。若单纯强调对股东利益的保护而忽略其他利益相关者的利益显然是不公平的。企业经营目标的实现依赖于利益相关者各方的共同努力，而各利益相关者的权利也只有通过企业这个实体的活动来实现。所以，利益相关者各方必须相互合作，共同促进企业目标的完成，否则，缺少任何一方都会对企业的经营活动产生影响。

其次，利益相关者各方在分享企业经营成果这个目标上存在的冲突是十分明显的。

企业的经营目标是各方共同努力的结果，所以，任何一方权利的实现最终都体现为对经营成果的分享。只不过，有些利益相关者的权利要求是固定的，如债权人对贷款本息的要求，职工对工资的要求权等，有些是不确定的。要保证相互之间分享经营成果的协调，必须根据各方承担风险的大小对参与分配的先后顺序进行安排。显然，具有分享企业剩余权利的利益相关者参与分配的顺序必然在最后。这些在各国的《公司法》等法律法规中都有所体现，这就从制度上保障了利益相关者各方对经营结果分享的协调。

再次，对于参与企业剩余索取权分配的利益相关者之间的矛盾就更加激烈了。因为剩余本身就是一个不确定的概念，而且，能参与剩余索取权分配的都是对企业进行了专用性投资，承担了较大风险的投资者，如股东、异质性人力资本等。而其中人力资本投资在度量上存在较大的难度，这就使得他们分享比例很难确定，从而造成了相互之间讨价还价现象的普遍存在。参与剩余分配的利益相关者总是把重心放在对剩余“蛋糕”分享的比例的争夺上，而不是相互之间建立一种长远的战略性合作关系，把重心放在如何使“蛋糕”做大上。这就需要利益相关者在观念上有一个转变。对于投资者来讲，资本运营虽是企业经营的高级形式，但从整个国民经济乃至全球经济来讲，它只是财富的转移和重新分配，并没有真正创造财富。资本市场是以产品市场为根基的，所以我们应更加关注自身资源的高效使用，否则对资本运营也无益处。我国的资本市场上还有很多投资者的投机性很强，与其盲目的投资还不如选择一个有增长趋势的企业长期投资，建立一种稳定的战略性投资关系。

最后，企业毕竟是一个追求盈利的经济实体。由于产权外部性的存在，确实使得一部分企业以高额的社会成本为代价换取了自身的发展，但这并不能否定企业的盈利性特征。诚然，企业不是一个孤立存在的实体，它与周围的环境之间存在着各种信息、能量的转换和交流，它的发展离不开它所在社会环境的支持。所以，企业承担一定的社会责任是理所当然的，但是这一责任不是无限度的，否则只会把企业推向死亡的边缘。企业应该尽量弥补或避免其产生的社会成本，不要让社会为企业的行为买单。但是过分要求企业承担社会责任也是对企业的利益相关者的不负责任。所以，企业要争取平衡政府、社区、群众团体等代表社会的力量的利益相关者和其他的利益相关者之间的矛盾，在遵守各种公共契约、保证其他利益相关者权益的前提下尽最大努力来为社会贡献自己的力量。

5.2.4 “股东至上”到利益相关者共同治理

(1) 股东至上主义

公司治理是协调利益和防止权力滥用的一种机制，但这种机制的构建是为何人的利益？这个问题的争执伴随着公司产生和发展的历程。传统理论认为，公司治理所要处理的问题是“如何确保公司物质资本所有者就其投资获得回报，即物质资本所有者如何迫使管理者将公司利润的一部分作为回报返还给自己，如何防止管理者监守自盗或者作不当投资，以及如何监控管理者的行为”。可见，传统公司治理是立足物质资本所有者——股东的利益，认为公司的监管权应当属于股东，股东是天生的甚至是唯一的公司最好的监管者。这种理念自公司产生时起，就一直左右着整个公司治理制度的构建。从公司治理问题的发展过程来看，这种逻辑的形成是自然而然的，主流的企业理论强调资本所有权和经营权分离而导致的代理问题是公司治理产生的根源，因而认为公司治理的目的和功能在于保护专用性的投资者免受“套牢”或“敲竹杠”机会主义行为的侵害。在这种“股东本位”理念下，作为代理人的管理层必须并且仅仅为股东服务，以降低股东的剩余风险，并使股东利益最大化。分析“股东至上”观点产生的原因，可以归结为以下几个方面：

第一，物质资本的特殊属性和特殊作用。人类社会长期处于短缺经济阶段，相对于其他要素，物质资本成为构成企业的关键要素。由于物质资本的相对短缺，使整个社会经济对物质资本具有高度的依赖性。“从法律最初的演变上来说，有权组建公司被看做是产权的一种简单延伸和财产所有者之间组合与签订契约的自由。依照这一‘内在性’（inherence）理论，有权组建公司是内含在有权拥有财产的含义中并以契约形式固定下来的。他们作为拥有公司股份的个人来说，应该拥有相同的所有权利和责任，从这个意义上说，公司应该是他们‘所有者’含义的延伸。”当若干资本所有者将其资本联合起来形成公司组织体后，他们对于资本的所有权仍是天经地义而不可动摇的。因而，作为公司物质资本的投入者，股东有理由在公司中居于核心地位。

第二，公司规模的扩大、股权结构的分散以及作为结果的所有权和经营权的分离，使“股东利益至上”的观点逐步得到强化。19世纪后期的第二次工业革命不但大大推动了人类文明的进程，也给公司制度的发展带来了前所未有的良机。通过发行股票、债券等形式，企业创办者和产业家积累了大量资本，投资于铁路、石油、化工、电气、汽车等工业领域。公司规模的扩大、股东人数的增加使得股权结构高度分散化，股东作为企业的所有者日益远离企业的经营管理。伯利（Berie）和米恩斯（Means）在《现代公司与企业产权》一书中验证了当时全美最大的200家企业的股权结构，得出结论：在这些公司中，所有权与控制权出现了分离，现代公司已经由“所有者控制”转向了“经营者控制”。在这样的背景下，强调股东利益、实现股东对经营者的监督制衡就非常必要了。

第三，1919年的“道奇诉福特汽车公司案”事件，在法律上促成了股东利益成为公司关注的焦点。在这个案例中，亨利·福特为了多雇佣工人生产更多、更便宜的汽车而保留公司利润未向股东分配，作为公司股东的道奇兄弟认为，这种为了雇员和消费者利益的行为是以损害股东利益为代价的，侵犯了股东的权利。最终，该案以道奇兄弟获胜而告终，这就为当时美国公司提供了一个典型的判例——股东利益永远是最重要的。在这一时期，美国公共政策的重点也是保护股东利益，1933年的《证券法》、1934年的《证券交易法》以及1932年的《格拉斯—斯蒂格尔法》、1940年的《投资公司法》都是以保护股东利益为最终目的。可以说，在20世纪最初30年内，“股东利益至上”已经成为公司理论、法律制度和公共政策共同认可的标准。

（2）从“股东至上”到利益相关者共同治理

随着社会的进步和公司的发展，对于股东本位逻辑的质疑也更加明显。1929—1933

年的经济危机是世界经济史上的一个转折点，大萧条带来了严重的社会成本，人们也开始重新评价公司存在的价值和股东利益最大化的观点。1932 年伯利和米恩斯指出，因为股东不能胜任担负与其所有者地位相应的全部责任，因而就没有必要得到通常与所有权相对应的全部权利。“财产所有者在投资于一家现代公司之后，实际上就意味着他放弃了对这一财富的控制。他实际上已经改变了他作为独立所有者的身份而变成仅仅是资本固定报酬的接受者……放弃了对财产的主动控制和被动承担责任的财产所有者，也就放弃了要求公司只应为其个人利益服务的权利——他们已经在严谨界定的产权全部含义中放松了组织（公司）保护他们的责任和义务。”随着公司与社会其他主体间的联系与影响的加深，很多学者提出，现代公司的成长并不单纯来自物质资本的投入，与公司有相关利益的各主体——职工、债权人、客户乃至所在社区，对公司都有各种形式的投入，公司的运作就是与各种利益相关者利益交换的过程。应该说，这一时期对利益相关者的关注和保护，一方面很大程度上是出于缓和由大萧条和“二战”激化的社会矛盾，另一方面也是公司经营理念进化的必然结果。

第一，利益相关者参与治理的动因分析。首先，股东是公司治理的源动力。在现代公司制度中，把股东作为公司治理的源动力，是因为股东既是剩余收益的索取者，又是经营风险的承担者。从形式上看，股东的投资纯粹属于股东个体的行为，他完全可以根据其自身的偏好和所掌握的信息，决定购买哪家公司的股票，但股东投资的非偿还性使得股东的回报更大程度上依赖于公司这种经济组织。一方面，公司组织有利于实现其投资回报；另一方面，由于物质资本的可分离性以及公司法人地位的独立，股东承担投资受损的风险也是不可避免的。现代企业制度的所有权与控制权分离、股权分散化的特征，使股东行使权利受到了主观与客观的双重障碍。主观上，多数股东并不直接参与企业经营，他们获取企业信息的渠道有限，使得股东的投票权不能建立在充分的信息基础之上，同时，股东的付出与所得的不对应，导致股东的搭便车行为和“理性的无知”，客观上，企业的控制权掌握在经营者手中，这就存在着股东的资产被经营者滥用的风险。虽然资本市场的发展为物质资本所有者提供了“用脚投票”的便利，并且他们也可以通过证券投资的多元化组合来降低投资风险，这些都冲击了股东作为剩余风险承担者的观点，然而，这只是一种风险分担途径，只是风险在不同投资者之间的转移，而不是风险的消失，最终还是会有投资者被套牢，从而完全失去其物质资本。

第二，债权人有足够的动力和能力参与公司治理。现代公司的物质资产不外乎来自两个途径：一是股东投入，包括会计上属于股东所有的内部积累；二是债务，包括公司对金融机构的借款、对客户与职工的欠款、对公众发行的债券等，二者构成公司的资本结构。因此，债权人的财务资本是企业重要的财务资金来源，它们已成为企业生存与发展的重要资源。①企业资金主要来自其内部自有资金；②银行是企业外部资金的最主要来源；③即使在美国、英国等金融市场高度发达的国家，银行贷款仍是非金融企业外部融资的主要来源。由此可见，债权人资产构成了现代公司资源的重要力量。

第三，人力资本是公司治理的核心。在现实经济活动中，物质资本所有者常常在资本市场扮演“投机者”的角色，他们只关心资本市场上价格所蕴涵的套利机会，一旦公司业绩不佳甚至破产，他们首先想到的是“用脚投票”。其实，真正在公司中倾注心血的是公司的经营者和广大职工，他们向公司投入了大量的专用性人力资产。从这个角度看，人力资本的提供者对公司的经营也是承担风险的，因此他们主观上具有参与公司治理的强烈愿望。随着市场竞争的日趋激烈，公司要获得更多的利润，必须有足够的创新能力，而创新能力只能来自人力资本，即使公司维持现状，若没有富有创新能力的企业家和一批忠诚的员工支持，也是不可能的。现代社会人力资本与物质资本相对地位的变化，使物质资本所有者要想获得更多的投资收益，必须依赖人力资本所有者。

第四，供应商与消费者参与治理是有益的补充。企业与供货商和消费者的关系是密不可分的，一个企业无论缺少供货商还是缺少消费者，都是无法存在的。如果企业的供货商或消费者比较分散，其中一个或若干个供货商或消费者的变动可能对企业的生产经营影响不大。但是，如果企业比较依赖于某一个供货商或客户，那么，这个供货商或客户对于企业的生存就会至关重要。企业为了维持与消费者和供应商的关系，往往通过直接沟通或广告等，使消费者和供应商获得企业发展状况的信息，从而为企业决策提供重要依据，为未来经济利益的获得奠定基础。

供应商与企业之间的关系更多的是一种契约关系和交易关系，双方的权利与义务通过契约的形式确定下来，并且采用长期合同、关系合同等方法来避免重复缔约所发生的交易成本。然而，仅仅通过契约很难避免企业的机会主义行为，供应商有强烈的动机和愿望参与公司治理。随着社会分工的不断细化，供应商对企业进行专用性投资的情况不在少数，此时，供应商与企业的关系不再仅仅是契约关系和交易关系，因为仅仅通过契约关系很难解决资产专用性所引发的“敲竹杠”问题，供应商面临着因企业机会主义行为被剥夺准租金的危险。因此，供应商希望与企业之间共同分享信息，通过合作和协商协调相互的行为，并希望通过参与公司治理增加对销售业务的控制能力。供应商积极参与企业治理，与企业建立一种双赢的战略伙伴关系，也增加了企业的剩余。因而，在现代经济中，供应商参与企业所有权的分配逐渐被企业所认同，并逐渐付诸行动。

第五，政府和社区负有对企业的支持与监督作用。企业总是存在于社会环境之中，它必定要耗费社会公共资源或对社会公共环境产生影响。如果企业的运转得不到环境资源的支持，或者如果社会公众不能接受企业给社会公共环境所带来的负面影响，那么企业就难以生存和发展。对社区而言，一方面，公司的生存与发展取决于所在社区的人力、物力、交通、市场以及自然资源状况等；另一方面，企业生产中大量排放废水、废气、废物，产生各种噪音，会对所在社区产生重大影响。随着生产和交易的社会化，公司越来越成为社会的公司，如果不考虑社区居民的利益，就非常容易引发矛盾，出现各种摩擦，加大企业的交易成本。正因为这样，社区对公司拥有监督和约束的权利，应当进入公司治理的视野。但是，也应当看到，公司对社区的影响是间接的、外在的。社区对于公司的环境支持虽然有助于公司的健康发展，但还构不成一种专用性资本内化于公司之中，这就使得社区所承担的与公司有关的风险不是必然的、固化的，也不存在任何退出障碍，因而没有法定的权利对企业的行为施加直接影响，只是对企业的某些行为进行监督，对企业主要起支持与监督的作用。

政府是整个国民经济的管理者，运用经济、法律等政策和手段调控国民经济运行，维护正常的交易秩序，并站在公正的立场上，调解不同实体之间的矛盾和冲突。严格说来，政府与其他利益相关者的地位不可同日而语，无论企业处于何种状态，政府都是一个积极参与企业事务的角色。政府对企业权利的参与，其逻辑是政府提供的制度服务具有公共物品的性质，需要借助于强权来实施与公司享受制度服务和秩序维持而必需要的支付交换。政府主要通过价格、税收等经济杠杆对资源进行优化配置，同时，政府还承担着对各行各业的监督功能，通过制定各种法律法规等制度来规范企业的行为。因此，政府对企业并不存在专用性投资（不考虑国家作为投资者的行为），也就不存在退出障碍，主要是通过公共契约来约束所有企业的行为，起管理者与监督者的作用。

5.2.5 利益相关者参与公司治理的必要性

在明确了利益相关者的基本含义、论述了公司应该考虑利益相关者利益的原因之后，我们有必要进一步探讨利益相关者参与公司治理的必要性，即利益相关者在公司治理中能够起到的作用。

（1）内部制衡

利益相关者参与公司治理有利于公司内部制衡的实现，有利于对经营者形成有效的监督约束机制，有利于降低代理成本。现代公司所有权与控制权的分离使公司的控制权逐渐落到了职业经理人员手中，在股东与经理人员之间形成了一种委托—代理关系。但是，由于经理人员的目标函数一般是自身收益的最大化，他们追求的目标与公司利润最大化往往产生偏差，而且由于其“内部人”的地位，拥有更多的信息，往往会滥用手中职权，损害股东利益。这样，就必须建立一种机制对经理人员进行有效的监督和制衡，以确保他们能够按照企业利润最大化的方式行事，不过，随之而来的是代理成本问题，如何既有效地监督和制衡经理人员又最小化代理成本，成了公司治理亟待解决的一个问题。

利益相关者参与公司治理则提供了有效的途径。公司治理从本质上说是各利益相关者之间相互制衡关系的有机整合，这就是说，从一开始公司治理的主体就应该是包括股东、职工、债权人、客户、供应商在内的所有利益相关者，也只有通过这些利益相关者的共同参与才能形成有效的公司治理。传统的英美治理模式最重要的缺陷在于过分强调股东的利益和作用，而忽视了其他利益相关者。事实上，利益相关者参与公司治理更有利于形成有效的制衡机制。因为，利益相关者投入了专用性的风险资产，并分担了公司剩余风险，都会产生足够的激励去行使监督的权利；同时，这些利益相关者来自不同的领域，各自拥有不同层次、不同数量的信息，如果能够进行有效沟通，则可以减少监督过程中的信息不对称现象。可见，利益相关者参与公司治理可以改善原来委托—代理关系中监督激励不足、信息不对称等问题，从而降低了代理成本，形成了有效的内部制衡。在这个意义上，利益相关者理论可以认为是传统委托—代理理论的有效补充。

（2）利益相关者权益维护

利益相关者参与公司治理有利于对各利益相关者的利益形成有效保护，激励他们为公司长远绩效的提高而努力。一般而言，利益相关者在公司中处于“外部人”地位，他们的利益往往会受到经理人员和大股东的侵犯，这显然不利于公司的长远发展。从理论上说，如果公司治理制度能够充分保证利益相关者的利益，会减少利益相关者面临的实际风险，从而鼓励其进行专用性的投资，这对公司而言是极为有利的。比如说，如果一个公司在实际中注重供应商的利益，就会形成一种稳定的业务关系，避免机会主义行为，从而降低交易成本，这对双方都是有利的；另外，如果对职工的合法权益进行有效保护，职工就会安心为公司效力，有动力去进行专业化的技能培训，从而提高生产效率，这仍然是一种双赢的选择。总之，利益相关者参与公司治理可以减少市场的不确定性，使交易双方都能够为了共同的目标努力，最终提高企业的长期绩效。

（3）创造良好的外部环境

利益相关者参与公司治理能够创造良好的外部环境，有利于公司社会责任的实现。长期以来，关于公司社会责任的争论关键在于承担社会责任会不会与利润最大化的目标相悖。越来越多的人认识到，承担社会责任可能在短期内减少公司利润，但良好的社区环境、生态环境、社会环境对企业的长期发展至关重要，如果忽视社会责任会给公司带来不可估量的损失。利益相关者参与公司治理可以使公司更多地考虑消费者、客户、社区、社会团体等的利益，为公司的发展营造一个稳定的发展环境。

利益相关者在公司治理中的作用还可以体现在能够推进公司经济民主，推动社会经济、文化、环境的可持续发展等。由此，我们有充分的理由相信，利益相关者应该积极参与公司治理，推动公司治理理论的发展。

5.3　相机治理理论

5.3.1　财产所有权与企业所有权

科斯开创的企业理论被称为“企业的契约理论”，该理论可以用以下三点来简要概括：①企业的契约性；②契约的不完备性（或不完全性）；③由此导致的所有权的重要性。

由以上三个要点，我们先来区分财产所有权与企业所有权。在经济学文献中，“所有权”是指某种财产的所有权，也指对企业的所有权，把财产的所有权与企业所有权区别开来对理解企业制度安排是非常重要的。财产所有权与产权是等价的概念，指的是给定财产的占有权、使用权、受益权和转让权，而企业所有权指的是剩余所有权和剩余控制权。

剩余索取权是相对于合同收益而言的，指的是对企业收入在扣除所有固定的合同支付（如原材料成本、固定工资、利息等）后的余额要求权。从另一个角度来看，企业的剩余索取权也是指企业的风险承担者应得的权利，因为剩余是不确定的、没有保证的，在固定合同索取支付之前，剩余索取者什么也不能得到。剩余控制权指的是在契约中没有特别规定的活动的决策权。

财产所有权与企业所有权的区别可以用现实中的企业制度来说明。同样的私有财产所有权制度可以形成不同的企业所有权安排。企业工人是自己的人力资本的所有者，但不一定是企业的所有者："合伙制"——企业所有成员共同分享剩余受益权和控制权；"公司制"——资本所有者享有剩余索取权和控制权；"个体户制"——劳动者索取剩余和享有控制权。

说企业是"契约"只是揭示了企业与市场的共性，但并没有给出企业的特性。那么企业的特性在哪里？张五常（1983）说"企业是要素交易的契约，市场是产品交易的契约"，因此"企业替代市场其实上是要素市场代替产品市场"。就契约本身而言，企业和市场的区别在就在于契约的完备性程度不同。绝对完备的契约是不存在的，但是相对而言，市场是一种完备的契约，而企业是一种不完备的契约。一个完备的契约是能够准确描述与交易有关的所有未来可能出现的状态，以及在每种状态下契约各方的权利和责任。相反，如果一个契约不能准确描述未来可能出现的状态以及每种状态下契约各方的权利和责任，这个契约就是不完备的契约。不完备契约就是一个有漏洞的契约，并且具有法律上的不可执行性。

企业是一个不完备的契约意味着，当不同类型的财产所有者参与人组成企业时，每个参与人在什么情况下该干什么、得到什么，并没有完全地说明。比如说，劳动合同规定了工人上下班的时间、每月的工资，但并没有说明工人每天在什么地方、干什么具体的工作；劳动法规定工人加班时企业应该支付加班工资，但并没有规定什么时候可以加班，什么时候不能加班；如此等等。为什么劳动合同不能完备，因为企业面对的是一个不确定的世界，企业要在这个世界中生存，就得随机应变，一个完备的合同无异于否定企业的存在。因为进入企业的契约是不完备的，未来世界是不确定的，要使所有企业成员都得到固定的合同收入是不可能的。契约可以规定所有企业成员都是剩余索取者（剩余分享制），但不可规定所有企业成员都是固定收入索取者。因为进入企业的契约是不完备的，未来世界是不确定的。当实际状态出现时，必须有人决定如何填补契约中存在的漏洞（包括解除对某些参与人的合同）。这就是剩余控制权的由来。

应该指出的是，如果契约是完备的，就不存在所谓的剩余索取权和剩余控制权，从而也就不存在所谓的企业所有权问题。这是因为，一个完备的契约意味着所有的收益权和控制权都合同化了，没有"剩余"存在。比如说，假定只有 n 种可能的状态出现，一个完备的合同将规定每种状态下每个参与人选做什么行动、得到什么收入。在这种情况下，没有任何人对企业拥有所有权，因为每个人的行动和收入都是合同规定好的。如果企业在一组完备的契约下运行，那么公司治理就没有任何意义可言。

5.3.2 相机治理的决定因素

相机治理机制就是要通过企业控制权的争夺改变现实利益格局，确保在非正常经营状态下，有一套合适的制度安排确保控制权的顺利让渡，实现对企业决策者的有效约束，保护相关者的合法利益。完整的相机治理机制包含三个要素：相机治理主体、信号及相机治理程序。

（1）相机治理主体

相机治理主体一定是公司的利益相关者，但利益相关者众多，有些是与公司有直接或真实的损益关系的，如股东、债权人、经理、工人等，有些则与公司发生潜在的或间接的损益关系，如申请本公司职位的人、环保组织等。按照斯坦福研究所（SRI）的定义，利益相关者是指那些关系组织生存的团体。这意味着利益相关者必须参与决定与其有损益关系的企业的未来。参与方式的选择取决于利益相关者自身的特征及其与企业关系的密切程度。例如，消费者是企业的一个显而易见的利益相关者，其参与方式一般是在产品市场上行使货币选票，或者当企业产品损害其利益时诉诸法律，然而，如果某消费者是企业产品稳定的大宗买主，他就不仅仅采取上述消极的做法，他还可能直接与企业决策层保持联系，发表自己对企业经营的意见和建议，从而影响企业的决策。可见，利益相关者直接参与企业决策时，大多数是为了保护其专用性投资不受损害。上述消费者一旦与企业缔结了稳定的甚至是专一的契约关系（不论是书面的、还是双方默认的），就相当于在该企业投入了专用性资产，它意味着该消费者重新形成这类关系的机会成本是非常高的。

（2）相机治理的程序

一个完整的相机治理程序应包括以下三个阶段：

第一，事前监督。每个相机治理主体在向企业投入专用性资产以前，应该对投资对象做一个合理的评估，内容涉及企业的生产能力、发展前景、管理和组织能力、盈利率、潜在风险等。目的在于防止信息不对称条件下，拥有信息优势的一方可能产生的逆向选择行为，如高估盈利率、低估风险，以操纵信号。

第二，事中监督。密切关注企业的营运状况和经理人员的行为，以防止道德风险行为的出现，因为经理人员的利益目标与其他利益相关者的利益目标不完全一致，前者可能牺牲后者的权益来满足自身的利益。事中监督一般由监事会来完成。

第三，事后监督。通过公司绩效（一般是财务状况）来判断企业的未来，目的是防止财务危机。根据不同的绩效水平，相机治理主体采取相应的行动。比如，经营状况良好时将不干预经理人员自由处置公司业务，若有财务危机征兆，则对其施以惩罚。要强调的是，这些行动必须是可确信的。如果本该加以惩罚，却从轻处理甚至只作批评或让其反省，就会助长经理人员不负责任、偷懒或贪污等行为。我们认为，最可置信的惩罚是企业重组，即通常讲的调整领导班子，必要时诉诸法律。

表5-2　三个不同的监督阶段

监督阶段	功能	处理对象
事前	项目评估	逆向选择
事中	监督企业营运和经营者行为	道德风险
事后	判定财务状况，针对不同的信号，采取惩罚性或纠正性措施	责任和义务

(3) 相机治理信号系统

相机治理程序的启动取决于必要的信号显示。目前各国采用的经济运行信号系统有两类：一类是显示宏观经济信息的宏观经济预警系统，另一类是专门用于破产监控的破产预警系统。有些国家也建立了企业短期经济观测调查系统，如有名的“日银短观”，以一个季度为着眼点，将客观数据与主观判断相结合，定期公布企业景气动向。我国主要侧重于宏观经济的预警，对企业景气的观测重视不够。工商银行等设计了一整套信用评价体系，这些都对企业监控有一定的帮助，但就整个相机治理程序而言，显然是不够的。信号是相机治理程序启动的阀门，设计得合理与否关系程序是否能顺利运行。但信号系统本身就构成一个大课题，这里提出一个原则性的、笼统的框架，以供参考。

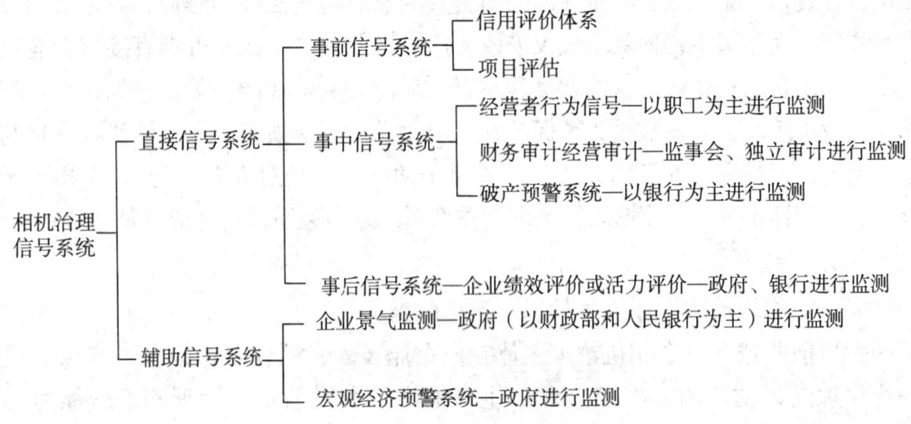

图 5-2　相机治理信号系统

5.3.3　企业相机治理模型简介

企业所有权安排形式的多样化从动态的角度看就是它的状态依存性，也就是说，相对于不同的企业经营状态，对应着不同的企业所有权安排。这也意味着，当企业的现存既得利益状态被打破时，若其中某产权主体的利益受损，就必须有某种机制启动，自动地赋予受损方保护自己权益的机会与权利。这时，谁拥有企业所有权分配的支配权就显得特别重要。因为对受损方来说，只有掌握了这种支配权，才有机会重新配置企业财产，以弥补其损失。另一方面，让受损方掌握控制权恰恰体现了效率原则，因为当一个投资者不能实现资本保全时，他最有动力再造企业。

张维迎（1996）给出了一个简单的例子描述了企业所有权的状态依存性。设 x 代表企业总收入，并假定 x 在零到 X 之间连续分布（其中 X 为最大可能收入），工人的索取权优先于债权人。状态依存的企业所有权模型如下（其中 W 表示支付给工人的工资，r 表示支付给债权人的利息，N 表示支付给股东的投资收益即股息和分红）：

如果企业处于 $W+r<x<W+r+N$ 的状态，股东是企业所有权分配的支配者；

如果企业处于 $W < x < r + W$ 的状态，债权人是支配者；

如果企业处于"$x < W$"的状态，工人是支配者；

如果企业处于 $x > W + r + N$ 的状态，经理人员就是实际的支配者。

由此可见，从事后的利益状态看，企业所有权的分配是动态的、相机的。

然而，企业所有权的状态依存性并不等价于支配权的自动让渡。比如当$x < W + r$时，股东会主动把支配权让渡给其他人吗？答案是不确定的。如果不存在事前的法律规定，企业所有权分配的支配权的让渡就必须依靠产权主体之间的自愿谈判来完成。然而，信息不对称"强权界定产权"现象、集体行动的失败等都可能造成其中一方主动剥夺另一方或多方的支配权，或者其中一方或多方面临交易成本的约束被迫放弃对支配权的要求。要防止这些不良后果的出现，必须有一套制度以确保支配权的顺利让渡，并保证让渡的有序性。这套制度就是相机治理机制（the contingent governance）。

相机治理机制的基础是企业所有权的状态依存特征。不同的经营状态反映了不同的利益分配格局，当其中某一利益相关者的权益遭到严重侵害时，他必然要求改变既定利益格局，进行企业所有权分配的再谈判。相机治理机制的设计目的就在于确保非正常的经营状态下，受损失的利益相关者有合适的制度来帮助其完成再谈判意愿。

相机治理机制主要是通过控制权的争夺来改变既定利益格局。控制权掌握在谁手中取决于对某一随机变量的可确信的认识。利用阿洪和博尔顿（Aghion 和 Bolton，1992）的基本模型可以对此加以说明，如图5－3所示。

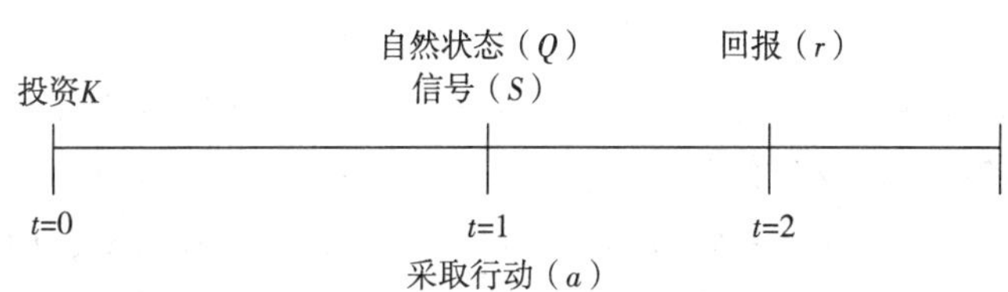

图5－3　相机治理机制的基本模型

假定一个出资者和一个企业家共同兴办一家企业，并且出资者只贷款给企业家。如果出资者通过第一阶段（$t = 1$）的企业营运状况（信号S）与外部环境（Q）判断，预期回报（r）合意，那么企业完全由企业家控制。倘若作为债权人的出资者在第一阶段预期第二阶段（$t = 2$）的回报不合意，比如，企业出现了财务危机信号，面临破产的危险，这时债权人为实现资本保全，必须在第一阶段结束便采取行动（a），要求对企业进行控制。这样，控制权就从企业家手中转移到债权人手中。债权合约与破产法一起构成了一个相机治理机制。

当然，对公司来说，融资方式是多种多样的。除债权融资外，还有普通股融资和优先股融资等。金融工具的创新使公司的治理结构日益复杂化。但一般来说，只要企业处于正常的经营状态，利益相关者的权益不受损害，企业的控制权总保持在公司董事会和经理人员手中。董事会和经理人员构成了公司的决策层，掌握着公司生存和发展的命运。相机治理机制主要是针对企业决策者，是其行为的外在约束机制。

现在我们可以对相机治理机制的基本原理作一简单的描述：一个企业在营运过程中，由于主客观原因，会显露出企业经营陷入危机的信号，如销售收入持续下降，股利持续低水平，负债率过高，经理人员或董事有玩忽职守、贪污行为等。这些征兆暗示某些利益相关者未来的权益将受到侵害，为实现资本保全，这些利益相关者可通过相机治理程序，要求重新分配控制权（如改组董事会、更换经理人员等）。当这一请求得不到满足或效果仍不合意时，相机治理程序转为破产程序或诉讼程序。可见一个完整的相机治理机制包含三个要素：能够利用该机制的人（相机治理的主体）、信号及相机治理程序。

5.3.4 相机治理各参与者程序设计

(1) 职工参与相机治理程序

我国现有法律仅能为职工的相机治理权提供有限的支持。《公司法》中关于监事会的职权有如下规定：当董事会和经理的行为损害公司的利益时，要求董事会和经理给予纠正，提议召开临时股东大会。《企业法》对有关职代会的职权有如下规定：评议、监督企业各级行政领导干部，提出惩罚和任免的建议。为了强化职工在企业治理结构中的作用，并充分利用职工的人力资源和信息优势，应把职工作为重要的相机治理主体。

第一，职工通过监事会进行事前和事中监督。

第二，当企业绩效下降、经营者救助不力时，或者当经营者有损害企业利益的行为时，职工通过职工监事要求经营者（董事或经理）予以纠正，或者要求董事会更换经理人员，或者提议召开临时股东大会更换董事。

第三，对于国有企业和国有独资公司，建议加大事后监督力度，即当上述两项不能得到满足时，职工监事或多数职工提议召开临时职代会，罢免经营者，必要时通过工会起诉违法的经营者。

第四，对于国有控股公司，由于股东会是合法的公司最高权力机关，职工无法通过职代会行使可置信的事后监督，可以考虑引入职工收购策略，即职工的合法要求（上述第二条）无法得到满足时，可召开临时职代会，提出以职工收购为基础的企业重组方案，并允许职工与公司外的投资者或公司债权人联合行动，也允许公司股东参与收购。

(2) 股东的相机治理程序

股东控制权的运作体现在股东大会的职权中。对于国有企业和国有独资公司，政府和其他国有法人股东代表行使国有股权，当董事和经理有不良行为时，提请上级主管部门予以惩处。对于国有控股公司，则由监事会中的股东代表行使事前和事中监督职能。一旦监事会无法制止董事和经理的不良行为，则提议召开临时股东会进行表决。股东也可以采取消极策略，即当股东发现经营者的机会主义行为时，通过股票市场“用脚投票”，或者对并购行动给予支持。

(3) 债权人的相机治理程序

债权合约是最标准的相机治理机制。如果债务人有偿债能力，债权人一般不加以干预，一旦债务人出现财务危机时，债权人就要申请破产。常见的债权人相机治理程序其实是一种破产程序。然而，申请破产对债权人来说并非明智之举，因为债务人的资产经清算后一般是难以弥补债务的，破产对债权债务双方来说都存在不可避免的损失。有鉴于此，各国的破产法进一步丰富了破产程序，显著的特点是加入了自愿的破产程序。如美国破产法第 11 条、英国破产法中的管理程序、法国破产法中的内部警报程序、澳大利亚实行的“自愿管理”制度及德国破产法中的“临时管理人”制度等，这些制度本着和解原则，给予破产企业一段保护期，使债权债务双方能够对企业进行重组，以达到挽救企业危机的目的。我国 2006 年 8 月 27 日通过的最新的《破产法》第八章第七十条规定债务人或者债权人可以依照本法规定，直接向人民法院申请对债务人进行重整。但无论如何，等到企业进入破产程序，债权人的债权事实上已受到了较大的损害。为更好地保护债权人的权益，我们认为有必要拓宽对债务合约相机治理范畴的理解。可将一个更宽泛的债权人相机治理程序构造如下：

第一，事前的项目评估和信用评级。这方面银行已做了大量的工作，包括建立了一整套信用评级指标体系，特别是 1995 年 12 月中国人民银行颁发了《贷款证管理办法》，从各地的贷款证制度运行状况看，尽管存在一些问题，但在增强企业贷款透明度、加大贷前审查力度等方面起到了一定的作用。

第二，事中监督。这是目前比较薄弱的环节。我国从 1996 年下半年开始推行主办银行制度，但从实践看，只起到了重点融资的作用，主办银行制度的一个最主要的功能——监督功能被忽视了。例如，工商银行 1997 年 4 月与仪征化纤工业股份公司等签订了银企合作协议，确立了主办银行的关系，但协议主要涉及该银行对这几个企业近 25 亿元的贷款承诺。我们认为，银行业与证券业的分离并不影响银行对企业的控制。理由在于，债权和股权一样，都分担了企业的不确定性风险，债权人参与企业治理合情合理。特别是我国银行的不良债权大多是历史遗产，已构成银企改革必须面对的难题。为此，我们建议改进主办银行制度，加大主银行对企业的控制。比较可行的办法是允许银行进入监事会，通过表决权代理制度，允许银行进入董事会。银行监事主要起事中监督的作用。

第三，事后监督。我国的破产程序并未明确赋予债权人重组企业的权力。最新《破产法》第七条规定债务人不能清偿到期债务，债权人可以向人民法院提出对债务人进行重整或者破产清算的申请。但这一规定不适用于股份公司。建议针对国有企业和国有银行的特殊关系，在申请破产并经与债务人和解后，若对重组方案不满意，银行经债权人会议同意可单方面要求重组企业，银行也可以联合其他金融机构组成财团，对企业进行接管。

第四，信托及其他金融机构也可借助其债权及表决权托管制度启动上述程序。

(4) 破产程序

破产程序是相机治理程序的最后一道防线。我们在设计治理结构的新模式时，遵循

“拯救为本，预防在先”的指导思想，这是与路径依赖原则相一致的。侧重于拯救不等于为绩效差的企业投保，重组本身是一种比较可行的、可置信的手段，经营者除非自己出资收购，否则将面临解职甚至被起诉的惩罚。然而重组广义地看可视为两部分：一是局部范围的人事调整和经营战略调整；另一部分则是法律意义上的重组、整顿或重整，该部分实际上构成破产程序的一个环节或一个独立的破产程序。

一个有效的破产程序必须设置一套机制，以确保债权人的债权现值最大化，同时给予经营者可置信的惩罚。从现行的破产程序看，行政色彩很浓厚，政府而不是债权人在其中担当主角，企业整顿程序单一，各级债权人之间的补偿顺序并不严格。我们的判断是，现行破产法较好地注意到了破产程序中重组的重要性，却忽视了重组程序的合理设计。

考虑到当前企业破产难、破产程序执行混乱、社会保障制度不健全等现实障碍，我们将阿洪—哈特—穆尔破产程序和有关思路与前四个相机治理子程序相结合，提出如下建议：

第一，债权人或债务人提出破产申请。

第二，在规定期限内债权人或债务人可提出重组或整顿申请，申请人必须与债权人会议达成和解协议。

第三，人民法院批准和解协议后，发布公告，终止破产程序，并转入重组程序，执行和解协议。法院指定债权人会议、政府或股东推举各自的代表组成重组委员会，负责协调重组工作，成员 5 ~7 人，其中 1 人为召集人，由法院在债权人代表中指定。

第四，重组程序包括五个子程序。按《破产法》第一百一十三条、《民事诉讼法》第二百零四条规定，职工是第一级债权人，政府是第二级债权人，银行或其他金融机构为第三级债权人。因此五个子程序的顺序依次是职工、政府、银行或其他金融机构、股东、经营者。

第五，法院指定会计师事务所评价各级债权人的债权现值，设定 X1 为企业所欠职工工资和劳保费用，X2 为所欠税款，X3 为贷款本利。

第六，法院委托重组委员会设立重组权，其价值相当于 $X = X1 + X2 + X3$。重组权归第一级债权人实际持有，但重组期权（购买重组权的权力）分别授予其他债权人及股东、经营者。

第七，重组程序的启动次序为经营者或股东→第三级债权人→第二级债权人→第一级债权人。解释如下：假如经营者或股东愿意重组企业，则行使其重组期权，向重组委员会提交重组方案，经委员会多数表决通过即可实施，条件是支付 X 费用购买重组方案。同理，若经营者和股东放弃重组期权，则转入第三级债权人。如果该债权人愿意行使重组期权，则必须支付（$X1 + X2$）的费用购买重组权，依次第二级债权人可出价 X1 购买重组权。值得强调的是，如果低一级程序提出重组期权的行使要求，高一级程序必须转让；经营者行使重组期权时，允许进行非现金投标，即如果经营者提出的重组方案得到各级债权人的首肯，在缺乏必要的资金时，债权人也可以授予经营者重组权。上述前一条目的在于保证重组程序与清偿次序相一致，以免各级债权人的权益受损，后一条目的在于让有能力但缺少财富的经营者有机会拯救企业。

当然，以上所涉及的职工、债权人等均属集体概念，在具体操作中还要考虑每个参与者的权益及各参与者之间的协调问题。

(5) 相机治理各程序的协调

相机治理程序按主体划分为四类，即职工、债权人、政府和股东、经营者。按内容分则是两类：一类是预防性程序，即上述第一至第三程序（重组部分除外）；另一类是破产程序（包括第一至第三程序中的重组项以及第四程序）。我们在上述前四个部分中分别讨论了不同主体的适用程序，在第五部分又集中讨论了破产程序。本节则集中讨论预防性程序间的协调问题。预防性程序以主体自身的事前监督、监事会事中监督为依据，通过判断经营者行为及企业绩效水平，采取相应的事后监督措施。事后监督的核心是监事会的警告和主体的可确信惩罚行动。每个主体都可以提出警告，这是《公司法》明确规定的，起诉作为一种可确信惩罚也有法律依据。需要协调的是决策层重组或通常所称的领导班子调整。

困难在于，假若某主体提出的方案得不到其他主体的赞同，就有可能产生混乱状态，导致重组失败。因此，有必要规定重组顺序。我们的建议如下：

第一，鉴于职工拥有信息优势，且是破产清偿的第一债权人，可以授予其第一级人事调整权。职代会提出人事调整方案，报政府主管部门或股东大会。只要后者没有足够的证据证明该方案会损害自身的权益，换句话说，只要判定该方案是从企业整体利益出发的，政府主管部门或股东大会应予以批准。

第二，政府主管部门或股东会如果否决第一级方案，必须提出第二级人事调整方案，但该方案须经债权人同意，对于国有企业和国有独资公司，该方案还必须向职代会报告，并听取意见。

第三，若债权人否决第二级方案，必须提出第三级方案，但该方案应听取职代会、政府主管部门和股东会的意见。第三级方案具有强制性，目的在于防止内部人控制或政府对经营者的庇护。

第四，上述程序实施条件：监事会提出警告，但董事会、政府主管部门或股东会拒不执行时；监事会的合理请求不能得到满足时；有明确的信号显示主体权益受到侵害时。

第五，三级方案可以由第一级开始，也可以由第二级或第三级开始，这要取决于各主体对信号的敏感度。

5.3.5　企业相机治理的意义

相机治理机制是企业所有权（剩余控制权和剩余索取权）随着企业利益格局变动的最优对应安排，以确保企业在正常和非正常状态下，有一套合理的制度保证企业所有权的顺利让渡，这种治理机制对于规范企业运行秩序，保护利益相关者权益，实现企业价值最大化（剩余控制权和剩余索取权的最优安排）都有着重要的作用。

5.4 小结

本章首先主要从利益相关者理论背景、利益相关者的界定以及利益相关者如何参与公司治理对利益相关者治理理论进行了分析，再从股东至上主义和利益相关者治理的区别出发，说明了利益相关者治理的重要性；其次分析了企业的相机治理问题，从企业所有权的界定，到相机治理的决定因素分析，再到相机治理中各利益相关者参与治理的程序设计，系统地分析了相机治理模式。

第6章

有效市场假说

有效市场假说（EMH）作为金融经济学的基础理论之一，自提出之日起就受到了大家广泛的关注和极大的兴趣，包括经济理论界的学者和实务界的精英都对此进行了深入研究，许多著名的经济学家也从不同的角度对有效市场假说进行了大量的理论探讨和实证分析。

由于有效市场假说奠定了研究资本市场中证券价格形成机制与预期收益变动的基础，所以该理论也就成为了现代证券市场理论体系的重要支柱，特别是它成为了金融工程学的核心理论之一。尽管如此，有效市场假说的实际应用效果并不理想，即使像欧美等成熟的证券市场也远远没有达到有效市场的标准，所以该假说在实际应用中会有诸多局限性也就不足为奇了。

6.1 有效市场假说的概念及意义

6.1.1 有效市场假说的理论渊源

第一篇讨论市场有效问题的著述可追溯到1900年法国数学家巴切列尔发表的博士论文《投机理论》，他在其中写道："过去的，现在的，甚至将来可能预期到的事情都反映在市场价格中，但是与未来的价格变化没有明显的联系。"他认为股票期货价格是不能预测的，买卖双方的盈亏机会均等，在任何一个时刻价格升降的可能性同时存在，因此投机者的预期收益是零，但是却没有什么经验证明来支持他的假设。可惜巴切列尔的观点在当时并没有引起人们的重视，直到20世纪50年代，保罗·萨缪尔森才第一个认识到他的贡献。

1933年，经济学家考尔斯发表了论文《股市预测者能预测吗》，他通过大量的数据统计表明无法准确预测大市走势。考尔斯发现找不出任何证据来猜出市场的价格变化。1944年，考尔斯在《计量经济学报》上发表了论文《股市预测》，他通过分析1929年至1944年15年内专家们所做的6 904次预测，统计出看好与看淡的比率为4:1，结果股市跌掉一半。虽然这篇文章只是从投资专家的角度分析了他们预测的准确度，但也间接说明了市场的不可预测性。

1934 年，斯坦福大学教授沃金·尔布鲁德在《美国统计学会学报》发表了《供时间序列分析用的随机差系列》论文，他用大量的统计数字，证明了股票和期货价格预测不准确。沃金以每次成交的价位为基准，把股票及商品期货的价格变动绘成走势图。通过这样的图表，他发现价位变化在很大程度上是随机走动的，这证明价格趋势是不可测的，他还通过以随机过程求出随机数目的方法，证明根据每手成交价位绘制的图表所显示的价格变化与随机数目生成的图表没有任何不同。也就是说，每个价位都是独立的个体，与过去并没有任何关联。

20 世纪 50 年代，人们开始运用计算机来研究长时间的价格数据系列。经济学家的假设是，人们能够“理性地追求自身利益最大化”。1953 年，伦敦经济学院教授肯杜尔在《皇家统计学会学报》发表了题为《时间序列分析》的论文。他研究了英国的 22 种股票和商品的价格，然而研究结果却让他感到吃惊，他得出的结论为“在相隔较短的时间内不断观察价格的变化，随机性的变化非常大，相比之下能观测到的系数效应是非常小的，价格数据非常像随机漫步序列”。1959 年，美国学者哈里·罗伯茨和奥斯伯恩在研究中也得出了类似的结论。罗伯茨指出“从一组随机数字产生的时间序列与美国一种股票价格的记录是不能区分开来的”。他写到“这篇文章的主要目的是想引起金融学家们对实证数据的重视，这些实证数据过去一直被忽视了，同时还指出了这些结果对证券研究的方法上的启示”。奥斯伯恩发现股市日常的波动就像物理实验中出现的布朗运动一样，遵循着一种随机漫步的规律。

1965 年 1 月，Fama 发表了论文《股票市场价格的行为》，他仔细验证了过去有关股市以及个别股价的预测，并通过自己的实验，再次证实股市和个别股市价都不可测。1965 年 9—10 月他在 *Financial Analysts Journal* 杂志上发表了文章《随机漫步的股价》，他第一次提出了有效市场的概念，有效市场是这样一个市场，在这个市场上，存在着大量理性的、追求利益最大化的投资者，他们积极参与竞争，每一个人都试图预测单只股票未来的市场价格，每一个人都能轻易获得当前的重要信息，在一个有效市场上，众多精明投资者之间的竞争导致这样一种状况：在任何时候，单只股票的市场价格都已经反映了已经发生的和尚未发生但市场预期会发生的事情。也就是说，在一个有效市场上，股票的内在价值都通过其市场价格表现出来了。该理论认为，在一个有效的资本市场上，与某种资产相关的全部信息都能够迅速、完全和准确地被投资者获得，资产的价格反映了所有的信息。根据这个理论，在有效的资本市场上，某种资产在某一时刻的价格都充分反映了资产的所有信息，从而使资产的真实价值都通过价格表现出来，社会的资本就在这种追逐价值的过程中得到了有效配置。

为判断市场的行为类型和具体的运行特征，1967 年，哈里·罗伯茨进一步提出了市场有效性的三种形式：弱式有效市场，在符合这种假设条件下的市场里，现行价格已凝聚了所有历史记录的信息；半强式有效市场，在该市场条件下，价格不仅反映了过去的信息，而且反映了所有公布于众的目前信息，如公司收益、红利分配、股息增长率、公司间的兼并等；强式有效市场，在这种假设市场条件下，价格确定不仅包含了弱式有效市场和半强式有效市场的内容，而且还包含了内幕信息。在这种市场里，任何人都无法拥有对信息的垄断权，投资者不能支配和影响价格的形成，他们只能根据给定的价格作出自己的行为选择。

1970 年，Fama 采用公平博弈模型来描述有效市场假设。公平博弈模型的假设前提是：在任一时点，有关某种证券的所有信息都已经充分反映在股票价格中。模型对信息的处理是非常详尽的，目的是达到“充分反映”的要求。我们用数学公式可将此描述为

$$E(\bar{P}_{j,t+1} \mid \phi_t) = (1 + E(\bar{r}_{j,t+1}) \mid \phi_t)P_{j,t} \tag{6-1}$$

其中，E 表示预期价值；$P_{j,t}$ 表示证券 j 在 t 时刻的价格；$P_{j,t+1}$ 表示证券 j 在 $t+1$ 时刻的价格；$r_{j,t+1}$ 表示证券 j 从 t 时刻到 $t+1$ 时刻在这一时间内的收益率；ϕ_t 表示在 t 时刻充分反映在股价中的信息集。

这个方程表示的意思是：给定 t 时刻的所有可获得的信息集，证券 j 的预期价格等于证券 j 的当前价格与 1 加证券 j 的预期收益率和的乘积。预期的未来收益率应该充分反映 t 时刻所有可获得的信息，包括当前和过去的所有有关变量，如通货膨胀、利率、*GDP* 等。另外，模型还假设这些变量之间的相互关系以及它们与股票价格的关系也都包含在信息集里。

如果市场均衡价格是由充分反映现有信息的预期收益来决定，那么试图利用现有信息来赚取超额收益是不可能的。

因此，如果用 $x_{j,t+1}$ 表示 $t+1$ 时刻的实际价格与 t 时刻所预期的 $t+1$ 时刻的价格之间的差，那么

$$x_{j,t+1} = P_{j,t+1} - E(P_{j,t+1} \mid \phi_t) \tag{6-2}$$

式（6－2）可以看成对超额收益的表述，它等于实际价格与预期价格之间的差。在有效市场上

$$E(\bar{x}_{j,t+1} \mid \phi_t) = 0 \tag{6-3}$$

式（6－3）反映了基于信息基础上的“公平博弈”，它意味着股票价格充分反映了所有信息并与其所包含的风险保持一致。

6.1.2　有效市场假说的含义

举例说明：假设有一个 ABC 公司，这是一个生产电视机的上市公司。ABC 公司的股票价格是由什么决定的呢？假设 ABC 公司可能生产出一种最新的最受市场欢迎的电视机，我们知道，在一个有效的资本市场里，如果 ABC 公司生产这种电视机的可能性增加，那么 ABC 公司的股票将上升。假设 ABC 公司聘用了一个知名的科学家来研究这种电视机，当该信息传递到资本市场上时，它对 ABC 公司的股票价格会有什么影响呢？如果科学家对 ABC 公司的贡献等于 ABC 公司支付给他的报酬，那么公司并未因聘用他而改善经营状况，因此股票价格有可能不会变化。但是，如果科学家作出的贡献大于他所获得的报酬，那么 ABC 公司的股票价格将会上升。现在我们想讨论的问题是：ABC 公司的股票价格将在什么时候上升？假设这个聘任消息是发布在周一上午。在一个有效资本市场上，ABC 公司的股票价格将迅速根据这一信息作出调整。如果一个投资者想在周

一下午买入 ABC 公司的股票，然后以较高的价格在周二卖出，并从中获得超额利润，这种想法显然是不能实现的。因为市场很快就消化了这一消息，其周一下午的股票价格里已经包含这一消息。这就是有效市场假说的含义。

图 6－1 表示了股票价格几种可能的调整方向。实线表示在有效市场下的股票价格调整方向。在这种情况下，股票价格会根据信息及时作出调整，因而其价格可以迅速调整。点线表示了反应推迟的情况。在这种情况下，市场花了很长时间才消化信息，也就是价格的调整花了很长时间。虚线表示市场对信息有过度反应，随后经过调整回归真实水平。点线和虚线表示的是无效市场。

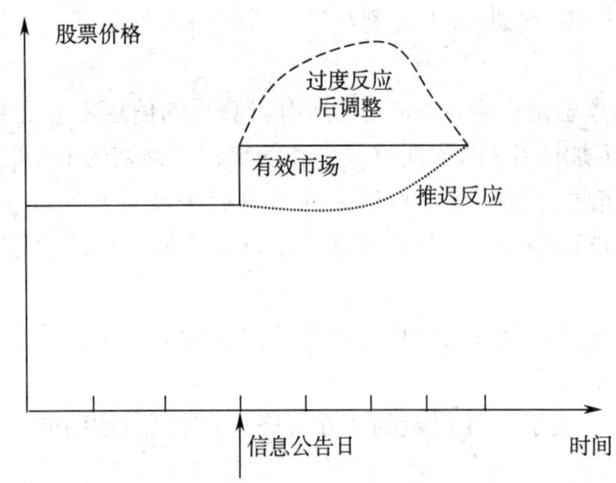

图 6－1　在有效市场和无效市场上价格对新信息的反应

在有效市场里，在信息产生和公布以前，下一时刻股票价格的变化是随机的、不可预测的。股票价格的随机性，绝不是表明市场的有效，而恰恰说明了市场的高效率运行。在市场上，高明的投资者会力图在其他投资者注意到信息以前发现信息，并且在此基础上进行相应的购买或卖出股票行为，以赚取超额收益。同时，投资者之间的相互竞争提高了市场的效率，导致了股价变化的不可预见性。举例来说，在上述聘任信息公布后，市场上所有的投资者都获得了这一信息，买者愿意在原有价格上买入股票，但卖者不愿意卖出，股票价格迅速上升到新的均衡水平。而在招聘信息产生和公布之前，谁也无法预测股价的变化趋势。

那么什么是有效市场？关于有效的资本市场的定义有两种：内部有效市场和外部有效市场。

内部有效市场又称交易有效市场，它主要衡量投资者买卖证券时所支付的交易费用的多少，如证券商索取的手续费、佣金与证券买卖的价差；外部有效市场又称价格有效市场，它探讨证券的价格是否迅速地反映出所有与价格有关的信息，这些“信息”包括有关公司、行业、国内及世界经济的所有公开可用的信息，也包括个人、群体所能得到的所有的私人的、内部非公开的信息。

6.1.3 有效市场理论假说的前提

有效市场理论必须满足以下几个前提条件：①信息公开的有效性。也就是所有与某种资产相关的信息都能够及时、完全、准确地在市场上公开，不存在任何尚未公开的内幕信息。②信息从公开到接收是有效的。这就是说，上面说到的跟某种资产相关的信息公开以后，每个投资者都能够及时获得，所有投资者掌握的信息都是同样充分的。③投资者对信息作出的判断是有效的。这就是说，每个投资者都能根据所获得的信息对资产的价格作出正确的、及时的判断，每个投资者对某种资产的价格判断都是一样的。④投资者都能有效地根据自身的判断进行投资，每个投资者都能作出及时准确的投资行为。

如果证券市场满足了上述条件，那么所有投资者对一种资产的价格判断都是一样的，结果将是市场实现了买卖双方都认可的价格，只要证券市场是有效的，那么任何人都不可能获得超额收益，而且无论投资者投资哪种证券，他们只能获得与该证券的风险相适应的均衡收益。

6.2 有效市场假说的意义

6.2.1 理论意义

提高证券市场的有效性，根本问题就是要解决证券价格形成过程中在信息披露、信息传输、信息解读以及信息反馈各个环节所出现的问题，其中最关键的一个问题就是建立上市公司强制性信息披露制度。从这个角度来看，公开信息披露制度是建立有效资本市场的基础，也是资本市场有效性得以不断提高的起点。

6.2.2 实践意义

（1）有效市场和技术分析

如果市场未达到弱式下的有效，则当前的价格未完全反映历史价格信息，那么未来的价格变化将进一步对过去的价格信息作出反应。在这种情况下，人们可以利用技术分析和图表从过去的价格信息中分析出未来价格的某种变化倾向，从而在交易中获利。如果市场是弱式有效的，则过去的历史价格信息已完全反映在当前的价格中，未来的价格变化将与当前及历史价格无关，这时使用技术分析和图表分析当前及历史价格对未来作出预测将是徒劳的。如果不运用进一步的价格序列以外的信息，明天价格最好的预测值将是今天的价格。因此在弱式有效市场中，技术分析将失效。

（2）有效市场和基本分析

如果市场未达到半强式有效，公开信息未被当前价格完全反映，分析公开资料寻找误定价格将能增加收益。但如果市场半强式有效，那么仅仅以公开资料为基础的分析将不能提供任何帮助，因为针对当前已公开的资料信息，目前的价格是合适的，未来的价格变化与当前已知的公开信息毫无关系，其变化纯粹依赖于明天新的公开信息。对于那些只依赖于已公开信息的人来说，明天才公开的信息，他今天是一无所知的，所以不用未公开的资料，对于明天的价格，他的最好的预测值也就是今天的价格。所以在这样的一个市场中，已公布的基本面信息无助于分析家挑选价格被高估或低估的证券，基于公开资料的基础分析毫无用处。

(3) 有效市场和证券组合管理

如果市场是强式有效的，人们获取内部资料并按照它行动，这时任何新信息（包括公开的和内部的）将迅速在市场中得到反映。所以在这种市场中，任何企图寻找内部资料信息来打击市场的做法都是不明智的。在这种强式有效市场假设下，任何专业投资者的边际市场价值为零，因为没有任何资料来源和加工方式能够稳定地增加收益。对于证券组合理论来说，其组合构建的条件之一即是假设证券市场是充分有效的，所有市场参与者都能同等地得到充分的投资信息，如各种证券收益和风险的变动及其影响因素，同时不考虑交易费用。但对于证券组合的管理来说，如果市场是强式有效的，组合管理者会选择消极保守型的态度，只求获得市场平均的收益率水平，因为区别将来某段时期的有利和无利的投资不可能以现阶段已知的这些投资的任何特征为依据，进而进行组合调整。因此在这样一个市场中，管理者一般模拟某一种主要的市场指数进行投资。而在市场仅达到弱式有效状态时，组织管理者则是积极进取的，会在选择资产和买卖时机上下工夫，努力寻找价格偏离价值的资产。

6.3 有效市场分类

1967 年，哈里·罗伯茨进一步提出了市场有效性的三种形式，即强式有效市场、半强式有效市场和弱式有效市场。

6.3.1 强式有效市场

强式有效市场是信息反映能力最强的证券市场。在这种证券市场上，证券价格总能及时充分地反映所有相关信息，包括所有公开的信息和内幕信息。任何人都不可能利用公开或内幕信息来获取超额收益。在这种市场上，有关某种证券的信息一经产生，就能得到及时公开，一经公开就能得到及时处理，一经处理就能在证券价格上得到反映。信息的产生、公开、处理和反馈几乎是同时的。同时，有关信息的公开是真实的、信息的处理是正确的、反馈也是准确的。其结果为在强式有效市场上，每一位投资者都掌握了有关证券产品的所有信息，而且每一位交易者所占有的信息都是一样的，每一位投资者对该证券产品的价值判断都是一致的，并且都能将自己的投资方案毫无阻碍地付诸实施。因此，对于强式有效证券市场来说，不存在因证券发行者和投资者的非理性所产生的供求失衡，也不存在因某种供求失衡而导致的证券产品价格波动，其证券的价格反映了所有信息。这是一种理想的经济状态，其市场非常完善，市场中证券价值和价格总是相等，并随着新信息的出现而随机波动。

6.3.2　半强式有效市场

在这种市场上，与证券相关的信息在其公开的过程中受到了某种程度的限制。也就是说，信息公开的有效性遭到破坏，存在某种尚未公开的“内幕信息”。但是，所有投资者占有的公开信息是一样的。也就是说，除了“内幕信息”以外，只要是被公开的信息，就可以被所有投资者获得。同时，所有投资者对公开信息会作出一致的、准确的判断，并通过投资行为引起市场价格的变化。其结果是在半强式有效市场上存在着两类信息，即公开信息和内幕信息。极少数人掌握着内幕信息，而大部分人只能获得公开信息。如果掌握内幕信息的人不能参加交易，那么所有参与交易的人都能通过公开信息进行投资，而证券的市场价格就反映了全部投资者对所有公开信息的理性价值判断。如果少数既掌握“内幕信息”又拥有公开信息的人也参与交易，那么掌握“内幕信息”的人就可以从中赚取超额收益。

强式有效市场和半强式有效市场的区别在于信息公开的有效性是否遭到破坏。也就是说，是否存在未公开的“内幕信息”。在强式有效市场上，信息产生后就立即公开，任何处于信息源头的人都不可能获得额外利润。而在半强式有效市场上，关于有效市场的第一个条件被破坏。强式有效市场和半强式有效市场的共同点是：这两个市场都满足有效市场的②、③、④条假设条件。也就是说，在半强式有效市场上，投资者能够迅速获得公开信息，并根据公开信息作出及时准确的判断，然后按照自身的价值判断进行证券买卖。

6.3.3　弱式有效市场

弱式有效市场的信息处理能力仅次于半强式有效市场。在弱式有效市场上，市场行为的历史资料已经充分发挥了作用，不能再继续影响证券市场的价格走势。也就是说，证券价格充分反映了历史上一系列交易价格和交易量中所隐含的信息；或者说，有关证券的历史交易信息已经被充分披露和完全使用，任何投资者都不可能通过分析这些历史交易信息来获取超额收益。

在该市场上，不仅仅是信息从产生到公开的效率受到损害，即存在“内幕信息”，而且投资者对信息进行价值判断的效率也受到损害，并不是每一位投资者对所披露的信息都能作出全面、正确、及时和理性的解读和判断。只有那些掌握了专门分析工具的专业人员才能对披露的信息作出全面、正确、及时和理性的解读和判断，并在此基础上作出有效的投资决策，再通过他们的买卖行为把自己对全部公开信息的解读和判断贯彻到市场中去。一般的投资公众很难把握全部公开信息所包含的真正价值，他们对分析工具的应用水平也不如专业投资者，因此他们解读和判断信息价值的能力以及作出有效投资决策的可能性都不如专业投资者。这样一来，一般公众投资者对公开信息的解读和判断都打了折扣，他们由此作出的投资决策并不能体现出市场所提供的全部公开信息的内涵，而根据这种投资决策采取的投资行为以及由此导致的市场价格的变化也就不可能反映全部的公开信息。但一般公众投资者对于历史信息的分析和判断是完全准确的，因此弱式有效市场可以反映历史信息。

6.3.4 三种形式的有效市场的关系

若某个市场上的证券价格反映了所有信息（如图6－2大圆所示），即包括公开信息和内幕信息，那么这种市场就是强式有效市场；若证券价格反映了所有的公开信息（如图6－2中圆所示），即包括公司新公布的财务报表等信息和历史信息，那么这种市场就是半强式有效市场；若证券价格反映了所有历史信息（如图6－2小圆所示），那么这种市场就是弱式有效市场。从图6－2所示信息之间的关系可以看出，强式有效市场包含着半强式有效市场，即一个强式有效市场也是一个半强式有效市场；半强式有效市场包含着弱式有效市场，即一个半强式有效的市场必定是一个弱式有效市场；反之，不成立。

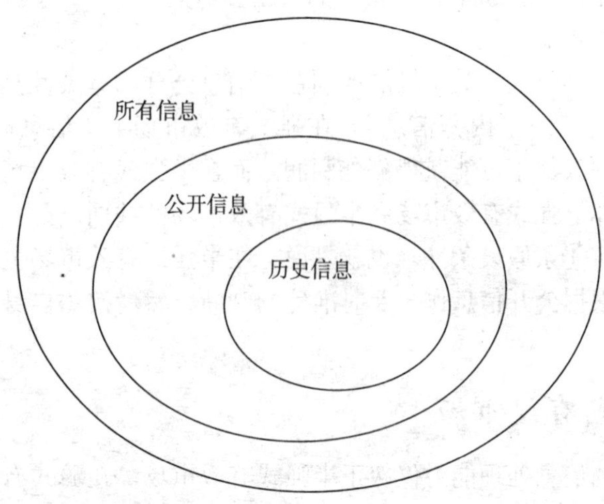

图6－2 有效市场三种形式所反映的信息之间的关系

6.4 中国资本市场的有效性

近年来，我国资本市场发生了转折性的变化，但部分体制性、机制性、结构性的问题仍制约着中国资本市场功能的发挥。从整体角度来看，我国资本市场基础性制度建设仍尚待完善，服务于国民经济的功能并未发挥应有的效用，这与我国经济发展速度不相适应。

6.4.1 多层次资本市场结构开始形成并逐渐发挥效用

经过多年不懈的努力，我国资本市场的层次结构纵深发展并取得了很大的成就，形成了目前资本市场的四级结构：①主板市场，即设立于1990年的深圳与上海证券交易所市场，股权分置改革的顺利完成，使得主板市场功能进一步发挥，上市公司结构也发生了较大变化，主要体现在境外上市的优质大型企业开始加快A股上市的步伐，截至2009年6月8日，主板市场上市公司合计1 603家，上市证券2 260只，总市值高达187 707.7亿元。②中小企业板市场于2004年在深圳证券交易所设立，现已成为我国多层次资本市场的重要组成部分。截至2009年6月8日，中小企业板公司有273家，总市值达到9 790.88亿元，而在2008年初这一数据几近11 560亿元。随着我国中小企业经营能力的不断提升，这一市场的功能将愈加明显。③为非上市股份公司和退市公司服务的代办股份转让系统，即我们所谓的三板市场。为妥善解决原STAQ、NET系统挂牌公司流通股的转让问题，2001年6月12日经中国证监会批准，代办股份转让工作正式启动，7月16日第一家股份转让公司挂牌。为解决退市公司股份转让问题，2002年8月29日起退市公司纳入代办股份转让试点范围。截至2009年5月底，在该系统挂牌的企业共计55家。与此同时，代办股份转让系统股份报价转让试点范围正在酝酿进一步扩大。④创业板市场，是指专门协助高成长的新兴创新公司特别是高科技公司筹资并进行资本运作的市场，是多层次资本市场的重要组成部分，也称为二板市场、另类股票市场、增长型股票市场等。它与大型成熟上市公司的主板市场不同，是一个前瞻性市场，注重公司的发展前景与增长潜力。其上市标准要低于成熟的主板市场。创业板市场是一个高风险的市场，因此更加注重公司的信息披露。2009年10月30日首批28家公司在深圳证券交易所创业板上市交易，标志着中国创业板正式启动。

6.4.2 中国资本市场运行的整体性特征

有效运行的资本市场中交易进行的畅通程度高，市场信息相对完整，市场价格能够有效、完全、准确地反映市场信息以及交易标的内在价值；市场竞争水平高，约束机制强；市场运行有序性好，运行机制灵活度高，可控程度强。但从中国资本市场目前的运行特点来看，在诸多方面与有效运行的资本市场相比存在较大的差距，呈现出比较明显的弱有效性。首先，市场运行信息质量差，与资本市场运行相关的宏观经济信息、管理决策信息常常处于不透明、缺乏连续性的状态，市场参与者难以以此作为预期函数的因子进行理性预期。其次，资本市场运行的稳定性和接受控制信号的反应灵敏度共同反映市场运行的可控程度，然而中国资本市场接受外部信息的灵敏度不高，中央银行货币政策的变动所引起的证券市场货币供求关系变化的反应时滞相对较大，反应能力有所欠缺。由于缺乏良性发展应有的自身调节与平抑价格波动的能力，中国资本市场运行的可控程度不高，价格波动剧烈。再次，目前中国证券市场运行机制上存在着许多缺陷，市场环境缺乏必需的规范化、条理化、完善化，市场主体对宏观调控和市场准则的接受程度和反应程度欠缺，运行秩序缺乏有序性。最后，资本市场的竞争从根本上说是以企业的经营成果和成长性为依据的，但在中国证券市场上，证券价格的变动往往与公司经营业绩、管理水平、信誉等指标相背离。市场竞争在这种情况下演变成了非效率操纵，可以炒作的信息在定价中起了关键的作用，投资人因此只关注企业消息面的变化，而忽视了企业本身的发展，放弃行使监督管理的权利，造成资本市场约束机制薄弱。

从制度发展与变迁角度来说，中国资本市场的发展过程在某种意义上带有强制性过浓的色彩，在资本市场形成、发展和运行的过程中掺入了大量的政府意志，在一定程度上阻碍了资本市场的市场化进程。这造成了看似制度供给过剩，实则有效制度供给不足的现象。从产权制度角度讲，一方面，在一个完善的市场经济中，宪法赋予各类型的产权以平等的地位，使其能在一个公平的环境中进行竞争。而中国不同类型的产权的根本地位长期处于不平等状态，再加上产权界定不清，使得私有产权在资本市场的竞争中长期处于弱势地位，使中小企业发展在一定程度上受到了限制。另一方面，产权的缺失成为资本市场功能发挥的深层障碍。现代企业的产权结构特点表现为高度分散化和所有权与经营权的分离，而我国企业产权结构则与之相反，这种不合理的产权结构体现了产权缺失的多样性。最重要的是中国非市场选择的产权制度安排，这可以说是中国资本市场自身完善的根源性障碍，政府对产权的盲目干预降低了资本市场产权融通的效率，同时，社会产权分布牢牢掌控在政府手中，致使市场资源配置的功能根本不能有效发挥。

6.5 研究市场有效性的事件研究法

事件研究法已有很长历史，1933 年，J. 多莱首次运用此法研究分股对公司股价的影响。他分析了 1921—1931 年 95 个公司分股的数据，发现分股后公司股价上升的有 57 个，下降的有 26 个。20 世纪 60 年代后期，事件研究法趋于成熟，多用于经济或管理事件对企业产生的影响，如企业的并购行为，盈利信息的发布，新债券的发行或宏观经济事件（如利率调整等）对企业的股价和绩效的影响。

事件研究法无严格的研究规范，但可概括一般适用的研究步骤如下。

（1）界定事件及事件期间

应用事件研究法首先要判别研究工作关注的是何种事件。这显然又要依据研究假设。例如，如果研究者设想“企业分股行为将导致股价上升”或“企业盈利增长和并购行为相关”，则分股或并购成为研究者关注的事件。在界定了所关注的事件之后，还需要辨别、确定与之相关的事件期间或称时间窗，即事件可能对因变量（如股价、盈利）产生影响的时间段。

事件发生的日期（时刻）自然应该包括在时间窗之内，如分股、并购的信息披露之日。通常事件期间要比发生日期要宽广一些，包括事件发生前后的一段时间，因为事件发生后一段时间的信息能显示因变量（如股价、盈利）变化的情况。同时，考察事件发生前一段时间的股价，有利于捕捉事件前期预兆和事前泄露信息造成的影响。

（2）界定估计期间和后事件期间

划出估计期间或称估计窗的目的，是利用该期间的数据去估算在事件未出现情况下因变量之值，即期望收益值。将期望收益值与事件期间因变量变异后之值（实际收益值）相比较，便得出事件所带来的异常收益值。

估计期间选取要比事件期间长，如波默尔等采用的估计期间为 $\tau = (-249)$—(-11)，共239天，相应的事件期间为 $\tau = (-10)$ —10，共21天；柯温等采用的估计期间为 $\tau = (-255)$ — (-1)，共255天，事件期间为 $\tau = 0$，仅为1天。

在有些情况下，须进一步界定后事件期间或称后事件窗，该期间数据和估计期间数据共同用来估计无事件情况下的期望收益，以便在有趋势性变异情况下提高期望收益值估算的可靠性。

三种期间的关系如图6－3所示。

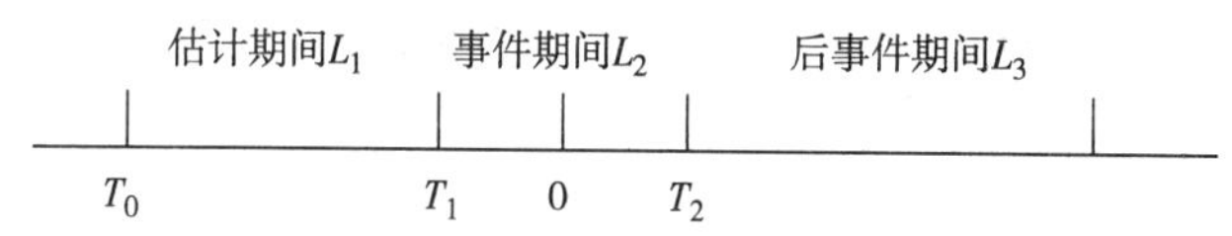

图6－3 事件研究的时间窗

（3）确定分析单位

事件和各类期间界定清楚之后，随之要确定观测和收集数据的对象（数据源）。如研究某一事件引起的国内上市公司估价变动情况。可选定上海或深圳证券交易所的上市公司，或两者的公司都包括在内。当然，有时分析单位也可能就是某一个特定的公司。研究者要根据假设论证要求来选择这些分析单位。

（4）预期正常收益计算

事件研究法关心的是事件期间的异常收益。异常收益为事件期间的实际收益和事件未出现情况下预期的正常收益之差：

$$AR_{i\tau} = R_{i\tau} - E(R_{i\tau} \mid X_\tau) \tag{6-4}$$

其中，$AR_{i\tau}$ 为第 i 只股票在事件期间的异常收益；$R_{i\tau}$ 为第 i 只股票在事件期间的实际收益，可从股市信息取得数据；X_τ 为事件期间的条件信息；$E(R_{i\tau} \mid X_\tau)$ 为正常收益期望值，或称期望收益。

异常收益值计算的主要内容是对期望收益 $E(R_{i\tau} \mid X_\tau)$ 的估计。

正常收益期望值的估计通常采用两种模型，一种是定常均值收益模型，条件信息 X_τ 为假定某只股票的平均收益在整个研究时段内不变。另一种是市场模型，此模型的条件信息 X_τ 为假定某只股票的收益率与市场收益率有稳定新型关系。

①定常均值收益模型

设 μ_i 为第 i 只股票的均值收益，则有

$$R_{it} = \mu_i + \varepsilon_{it}$$

$$E(\varepsilon_{it}) = 0, Var(\varepsilon_{it}) = \sigma^2_{\varepsilon_i} \tag{6-5}$$

其中，R_{it} 为 t 期间第 i 只股票的收益，ε_{it} 为 t 期间的扰动项，其期望值为零，方差为 $\sigma^2_{\varepsilon_i}$。

虽然定常均值收益模型也许是一种最简单的期望收益估计模型，但是它往往可以得出与那些更复杂的模型相近的估计结果。

②市场模型

市场模型在事件研究法中的应用最为广泛，该模型设定市场上个股股价波动符合联

合正态分布，且具有叠加性质。

$$R_{it} = \alpha_i + \beta_i R_{mt} + \varepsilon_{it}$$

$$E(\varepsilon_{it}) = 0, Var(\varepsilon_{it}) = \sigma^2_{\varepsilon_i} \tag{6-6}$$

其中，R_{it} 为 t 期间第 i 只股票的收益，R_{mt} 为 t 期间市场收益。

扰动项 ε_{it} 期望值为零，α_i、β_i 和 $\sigma^2_{\varepsilon_i}$ 为市场模型的参数。在英文文献中，多选择 S&P 500 index，CRSP Value Weighted Index，CRSP Equal Weighted Index 等市场指数来反映市场收益。

市场模型中的各参数可以利用估计期间的观测值按最小二乘法估计得出：

$$\hat{\beta} = \frac{\sum_{\tau=T_0+1}^{T_1}(R_{i\tau} - \hat{\mu})(R_{m\tau} - \hat{\mu}_m)}{\sum_{\tau=T_0+1}^{T_1}(R_{m\tau} - \hat{\mu}_m)^2} \tag{6-7}$$

$$\hat{\alpha}_i = \hat{\beta}_i - \hat{\mu}_m \tag{6-8}$$

$$\hat{\sigma}^2_{\varepsilon_i} = \frac{1}{L_1 - 2}\sum_{\tau=T_0+1}^{T_1}(R_{i\tau} - \hat{\alpha}_i - \hat{\beta}_i R_{m\tau})^2 \tag{6-9}$$

其中，$\hat{\mu}_i = \frac{1}{L_1}\sum_{\tau=T_0+1}^{T_1} R_{i\tau}$，$\hat{\mu}_m = \frac{1}{L_1}\sum_{\tau=T_0+1}^{T_1} R_{m\tau}$，$R_{i\tau}$ 和 $R_{m\tau}$ 分别为 i 只股票的收益值和市场指数的收益值，L_1 为估计期间长度。

(5) 异常收益计算

以市场模型为例，第 i 只股票在事件期间 $L_2(\tau = T_1 + 1$ 至 $\tau = T_2$ 的时间段) 内的异常收益为

$$AR_{i\tau} = R_{i\tau} - \hat{\alpha}_i - \beta_i R_{mt} \tag{6-10}$$

可见，异常收益即是市场模型中的扰动项，在异常收益的扰动均值为零、服从正态分布和具有可叠加性的假定下：

$$\sigma^2(AR_{i\tau}) = \sigma^2_{\varepsilon_i} + \frac{1}{L_1}\left[1 + \frac{(R_{m\tau} - \hat{\mu}_m)^2}{\hat{\sigma}^2_m}\right] \tag{6-11}$$

其中，L_1 为估计期间天数；$R_{m\tau}$ 为大盘指数在事件期间的平均收益值；$\hat{\beta}_m = \frac{1}{L_1}\sum_{\tau=-T_1}^{-1} R_{m\tau}$ 为大盘指数在事件期间的平均收益值；$\sigma^2_m = \sum_{j=-T_1}^{-1}(R_{m\tau} - \mu_m)^2$。

在式（6-11）中，当 L_1 值足够大时，$\sigma^2(AR_{i\tau})$ 可接近似地等于 $\sigma^2_{\varepsilon_i}$，这也是 L_1 值选择比 L_2 的值大得多的原因。

(6) 异常收益累计

定常均值收益模型和市场模型算出的第 i 只股票的异常收益只是对某个事件日期而言的。为了更好地刻划出事件对股票收益产生的影响，在研究事件期间股票的异常收益时，需要按时间累积计算出该只股票的累计异常收益 $CAR_i(\tau_1, \tau_2)$，$T_1 < \tau_1 \leqslant \tau_2 \leqslant T_2$。

$$CAR_i(\tau_1,\tau_2) = \sum_{\tau=\tau_1}^{\tau_2} AR_{i\tau} \tag{6-12}$$

当 L_1 足够大时，CAR_i 方差为

$$\sigma_i^2(\tau_1,\tau_2) = (\tau_2 - \tau_1 + 1)\sigma_{\varepsilon_i}^2 \tag{6-13}$$

当分析单位为多只股票时，例如研究证券监管条例变更事件的影响，需要集结各只股票的异常收益。N 只股票在 τ 期间的平均异常收益为

$$\overline{AR_\tau} = \frac{1}{N}\sum_{i=1}^{N} AR_{i\tau} \tag{6-14}$$

当 L_1 足够大时，

$$Var(\overline{AR_\tau}) = \frac{1}{N^2}\sum_{i=1}^{N}\sigma_{\varepsilon_i}^2 \tag{6-15}$$

因此，N 只股票在 τ 期间的平均累计异常收益为

$$\overline{CAR}(\tau_1,\tau_2) = \sum_{\tau=\tau_1}^{\tau_2}\overline{AR_\tau} \tag{6-16}$$

$$Var(\overline{CAR}(\tau_1,\tau_2)) = \sum_{\tau=\tau_1}^{\tau_2} Var(\overline{AR_\tau}) = \frac{\tau_2 - \tau_1 + 1}{N^2}\sum_{i=1}^{N}\sigma_{\varepsilon_i}^2 \tag{6-17}$$

还可以从另一种方式进行累积，先求出每只股票在 τ 期间的累积异常收益 $CAR_i(\tau_1,\tau_2)$，然后再求 N 只股票平均异常收益。两种累积方式的计算结果是等效的。

$$\overline{CAR}(\tau_1,\tau_2) = \frac{1}{N}\sum_{i=1}^{N} CAR_i(\tau,\tau_2) \tag{6-18}$$

$$Var(\overline{CAR}(\tau_1,\tau_2)) = \frac{1}{N}\sum_{i=1}^{N}\sigma_i^2(\tau_1,\tau_2) \tag{6-19}$$

(7) 统计检验

在计算出异常收益后，接下来就需要进行统计检验，以判断在某一显著性水平上事件是否对股票收益产生了影响。统计检验是事件研究法的重要组成部分，确保事件研究法科学可靠。

一般而言，通过检验某一只股票在事件期间某一天的异常收益，对于推断事件在事件期间产生的整体影响并无很大帮助。通常需要对事件期间的累积异常收益进行统计检验，以确定事件对股票整体收益的影响。

统计检验的步骤如下：

第一步，提出零假设 H_0：事件对股票的收益无影响。

第二步，构造统计量 $CAR_i(\tau_1,\tau_2)$ 或 $\overline{CAR}(\tau_1,\tau_2)$。当分析单位是某一特定股票时，选用 $CAR_i(\tau_1,\tau_2)$；当分析单位是一组股票时，选用 $\overline{CAR}(\tau_1,\tau_2)$。从前面的讨论中可知：

$$CAR_i(\tau_1,\tau_2) \sim N(0,\sigma_i^2(\tau_1,\tau_2)) \tag{6-20}$$

$$\overline{CAR}(\tau_1,\tau_2) \sim N(0,Var(\overline{CAR}(\tau_1,\tau_2))) \tag{6-21}$$

将上述服从正态分布的统计量标准化可得

$$\theta_i = \frac{CAR_i(\tau_1, \tau_2)}{\sigma_i(\tau_1, \tau_2)} \sim N(0,1) \tag{6-22}$$

$$\theta = \frac{\overline{CAR}(\tau_1, \tau_2)}{[Var(\overline{CAR}(\tau_1, \tau_2))]} \sim N(0,1) \tag{6-23}$$

显然，θ_i 和 θ 的值愈大对 H_0 愈不利。

第三步，根据事先给定的显著性水平 α，确定 H_0 的拒绝域：

$$\{\theta \mid |\theta| > Z_{\frac{\alpha}{2}}\} \tag{6-24}$$

第四步，计算 θ_i、θ。注意到 $\sigma_i^2(\tau_1, \tau_2) = (\tau_2 - \tau_1 + 1)\sigma_{\varepsilon_i}^2$，则有

$$Var(\overline{CAR}(\tau_1, \tau_2)) = \frac{(\tau_2 - \tau_1 + 1)}{N^2}\sum_{i=1}^{N}\sigma_{\varepsilon_i}^2 \tag{6-25}$$

计算 θ_i、θ 时，由于 $\sigma_{\varepsilon_i}^2$ 是未知参数，在实际应用中可用样本的方差近似计算 $\sigma_{\varepsilon_i}^2$。在估计窗口长度 L_1 较大时，此时仍可以认为 θ_i、θ 服从标准正态分布，上述拒绝域有效。

最后，当 θ_i 或 θ 落入拒绝域时，拒绝 H_0，即可认为事件对股票收益有影响；否则接受 H_0。

（8）机理解释

异常收益估计出来并进行统计检验以后，就可以验证观测值对研究假设的支持程度，实证工作告一段落。但往往还须延伸到机理解释，研讨此事件和异常收益间的因果链。或者由此实证结果，对于现有的各种理论解释作出判断。

6.6 事件研究法应用

以麦肯莱研究公司季度盈利报告对其股价的影响分析事件研究法在资本市场有效性中的应用。

事件界定为“季度盈利报告披露”，分析对象为道·琼斯工业指数中的 30 家公司，时间跨度自 1989 年 1 月至 1993 年 12 月，相应的季报时间为 1988 年第四季度至 1993 年第三季度。这 5 年时间内共提供 600 个季报，研究中围绕研究假设收集三种信息：季报日期、实际盈利额和期望盈利额。日期数据以及实际盈利额可以从公司发布的信息中得到，主要问题是期望盈利的计算。

季报披露信息对该公司的股票市场价格的影响，取决于该季报所披露的信息与投资者预期信息的差异程度，即季报所发布的实际盈利和市场事先预料的盈利差异程度。美国 IBES（institutional brokers estimate system）根据各公司的月统计数据分析得出公司季度盈利预测报告。IBES 发布的公司季度盈利的预测值通常被用来作为期望盈利额。

当公司季度发布的实际盈利额高于或低于预测值即期望盈利时，“季度盈利报告披露”这个事件便会对公司股价带来异常的变化。实际盈利高于预测值，将导致股价升

高；反之，将导致股价降低。

（1）事件期间设计

以“日”为单位，事件期间选择41日，包括季度发布日，发布日之前的20日和发布后的20日，每一事件期间之前的250个交易日作为估计期间。未设定后事件期间。

（2）观测及计算数据

根据上述样本和算式得出样本的异常收益*AR*，并进而计算平均累计异常收益$\overline{CAR}$，此观测及计算数据如表6－1所示。该表由道·琼斯工业指数中30个企业在5年之内的600个样本汇总而成。所发布的信息内容归为三类：好消息、坏消息和无作用消息。表6－1中*AR*表示作为样本的30个企业在该日的平均异常收益，$\overline{CAR}$为30个企业从－20日起至该日累计的平均异常收益。

从表6－1可以看出，季报发布日（日期为0），好消息样本的平均异常收益为－0.956%，坏消息样本的平均异常收益为－0.679%，而无作用的消息样本的平均异常收益为－0.091%。

表6－1　　异常收益数据

事件日期	好消息		无作用消息		坏消息	
	AR	$\overline{CAR}$	*AR*	$\overline{CAR}$	*AR*	$\overline{CAR}$
－20	0.093	0.093	0.080	0.080	－0.107	－0.107
－19	－0.177	－0.084	0.018	0.098	－0.180	－0.286
－18	0.088	0.004	0.012	0.110	0.029	－0.258
－17	0.24	0.029	－0.151	－0.041	－0.079	－0.337
－16	－0.018	0.011	－0.019	－0.060	－0.010	－0.346
－15	－0.040	－0.029	0.013	－0.047	－0.054	－0.401
－14	0.038	0.008	0.040	－0.007	－0.021	－0.421
－13	0.056	0.064	－0.057	－0.065	0.007	－0.414
－12	0.065	0.129	0.146	0.081	－0.090	－0.504
－11	0.069	0.199	－0.020	0.061	－0.088	－0.592
－10	0.028	0.227	0.025	0.087	－0.092	－0.683
－9	0.155	0.382	0.115	0.202	－0.040	－0.724
－8	0.057	0.438	0.070	0.272	0.072	－0.652
－7	－0.010	0.428	－0.106	0.166	－0.026	－0.677
－6	0.104	0.532	0.026	0.192	－0.013	－0.690
－5	0.085	0.616	－0.085	0.107	0.164	－0.527
－4	0.099	0.715	0.040	0.147	－0.139	－0.666
－3	0.117	0.832	0.036	0.183	0.098	－0.568
－2	0.006	0.838	0.226	0.409	－0.112	－0.680
－1	0.164	1.001	－0.168	0.241	－0.180	－0.860

续表

事件日期	好消息		无作用消息		坏消息	
	AR	$\overline{CAR}$	AR	$\overline{CAR}$	AR	$\overline{CAR}$
0	0.965	1.966	-0.091	0.150	-0.679	-1.539
1	0.251	2.217	-0.008	0.142	-0.204	-1.743
2	-0.014	2.203	0.007	0.148	0.072	-1.672
3	-0.164	2.039	0.042	0.190	0.083	-1.589
4	-0.014	2.024	0.000	0.190	0.106	-1.483
5	0.135	2.160	0.038	0.152	0.194	-1.289
6	-0.052	2.107	-0.302	-0.150	0.076	-1.213
7	0.060	2.167	-0.199	-0.349	0.120	-1.093
8	0.155	2.323	-0.105	-0.457	0.041	-1.134
9	-0.008	2.315	-0.146	-0.603	-0.069	-1.203
10	0.164	2.479	0.082	-0.521	0.130	-1.073
11	-0.081	2.398	0.040	-0.481	-0.009	-1.082
12	-0.058	2.341	0.146	-0.235	-0.038	-1.119
13	-0.165	2.176	0.014	-0.222	0.071	-1.048
14	-0.081	2.095	-0.091	-0.312	0.019	-1.029
15	-0.007	2.088	-0.001	-0.314	-0.043	-1.072
16	-0.065	2.153	-0.020	-0.334	-0.086	-1.159
17	0.081	2.234	0.017	-0.317	-0.050	-1.208
18	0.172	2.406	0.054	-0.263	0.066	-1.142
19	-0.043	2.363	0.119	-0.144	-0.088	-1.230
20	0.013	2.377	0.094	-0.050	-0.028	-1.258

$\overline{CAR}$ 数列表示市场对于即将来到的季报事件的掌握程度。从根据表 6-1 的 $\overline{CAR}$ 数据画出的折线图 6-4 可以看出，好消息公司在发布日之前的 20 天（-20 到 -1）内，平均的累计异常收益值已开始逐渐升高，而坏消息公司在发布日之前一段时间内，平均 $\overline{CAR}$ 已逐渐下降，而发布时间后 2~8 日内，$\overline{CAR}$ 曲线逐渐趋于稳定，尽管有稍许升高（好消息）或下降（坏消息），但在统计上无显著性。

事件发生日最值得注意。各只股票在当日的异常收益值及累计异常收益的走势，表 6-1 及图 6-4 已表示得很明显。事件发生日，好消息公司 AR 出现大幅增长，从前 1 日的 0.164 到 0.965，而 $\overline{CAR}$ 从 1.001 升到 1.966，从数列可以直观看出，这种升幅和事件前期的日升幅明显大得多。然而，这种变异是否就是此季报事件披露所带来而非扰动所引起的随机误差，要通过统计检验作出判断。

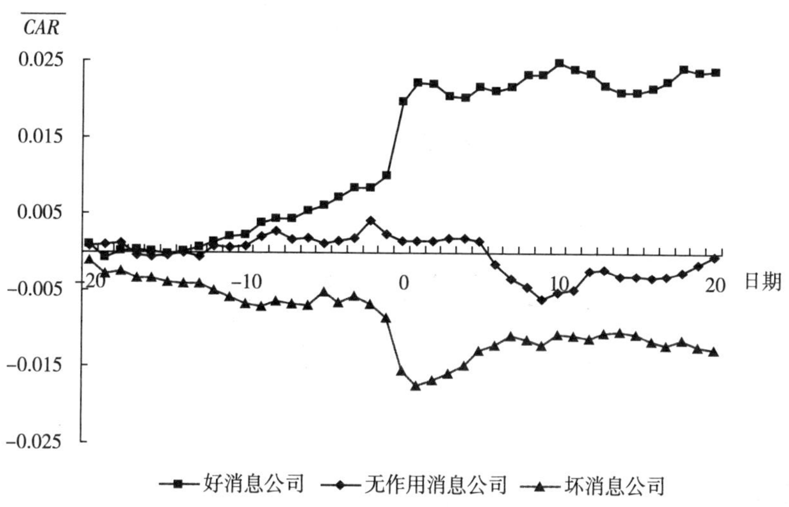

图6-4　股票异常收益累计值

(3) 统计检验

设对立假设为“季报披露对股价无影响”，则在此假设下有在事件发生日 $AR \sim N(0,\sigma^2(AR))$ 。

对于好消息的股票 $AR = 0.965\%$ ，$\sigma(AR) = 0.104\%$ ，相应得出

$$\theta_1 = 9.28$$

此时 θ_1 落入拒绝区，H_0 被以较高的显著性水平拒绝。

对于坏消息 $AR = -0.679\%$ ，$\sigma(AR) = 0.098\%$ ，相应得出

$$\theta_1 = -6.93$$

H_0 同样被以较高的显著性水平拒绝。

对于无作用消息的股票：$AR = -0.679\%$ ，$\sigma(AR) = 0.098\%$ ，可见，异常收益 -0.091% 小于 1σ 。$|\theta_1|$ 之值甚小，未入拒绝区。H_0 被以较高的显著性水平接受。

另一方面，从事件发生日来看，好消息股票和坏消息股票的平均累计异常收益分别为 0.251 和 -0.204，其值均大于 2σ ，这也说明 H_0 被以较高的显著性水平拒绝。

第 7 章

资产组合理论

7.1 资本市场的发展与变革

资本市场的发展过程既是渐进的，又是在特定历史情境中所有相关行为主体互动的结果，是一系列特定而又复杂的制度安排和持续的制度演化的结果，并且因时因地而异。不同的制度安排和制度演化路径与不同的社会政治与法律结构、经济结构、社会文化、历史条件、社会组织的能力存量或能力禀赋联系在一起，与不同的市场行为模式、不同的市场绩效联系在一起，与不同的政府角色定位联系在一起。这些制度选择和制度演化，是特定历史环境和特定激励与约束集合下由参与人的策略互动内生的，也是政治、文化、意识形态、经济、法律等具有不同功能的各个社会领域互动的结果，是各种复杂因素综合作用的结果。资本市场的长久生命力，在于不断满足社会财富增长的需求，在于不断促进社会经济进步，推动社会经济的长期发展。资本市场自身的不断发展，又不断创造出对制度变革和制度创新的更多需求与供给，从而为资本市场的发展不断提供新的驱动力和制度空间。

7.1.1 早期的资本市场

资本市场乃至整个市场经济最初萌芽、生成并发展于近代西欧社会，是以封建庄园制的自然经济为初始起点，自发演进而来的制度变迁和演进过程。商业和市场的发展为传统封建庄园制的变革提供了外部环境，贸易的发展、庄园制的瓦解产生了资本市场的萌芽，此时的资本市场是建立在商业资本的基础上的，此时的金融关系完全建立在商业贸易基础上，意味着金融组织自身的分工尚未完全成型。

因而我们看到，一方面，资本市场伴随着贸易及其商品市场的发展而发展起来，其中对包括国王、贵族甚至教皇的长期借贷占了资本市场业务的重要部分，因为国王、贵族要求助于金融家来应付公共或私人的开销，大商人、银行家则需仰仗国王、贵族来保障商品与货币的流通，同时还依靠统治者取得各种特权如包税权、造币权等，赚取高额利润。但另一方面，封建统治者财政利益的需要又严重阻碍着资本市场有效产权结构的形成，尤其在面临战争和其他紧迫性财政压力时，往往采取了孤注一掷的权宜之计，这种贷款虽然利率高却风险大且无法拒绝。比如欧洲最早和最大的银行和货币经营资本——意大利的巴尔迪、佩鲁奇、里恰尔迪等因为封建王室贵族赖债不还而在 14 世纪相继破产，显示了资本市场的脆弱性。

从 1500 年中世纪结束后到 17、18 世纪英法大革命期间，欧洲经历了商业革命、文艺复兴、地理大发现和新殖民、国际贸易发展、宗教改革、民族国家形成等。新兴民族国家借助市场经济发展成型，并通过在资本市场上的借贷获取财政支持，市场经济和资本市场靠国家力量实现交易范围的扩大并得到渗透深化。新兴民族国家基于获取财政利益和缓解财政压力的目的而采取了重商主义政策，这段时期被称为重商主义时期或资本主义原始积累时期，而初期的资本市场制度和组织则在国债发行融资的基础上得到发展。

在这种背景下，金融工具的应用范围是空前广泛的，贷款、证券、债券、信贷转让证等，所有这些信贷工具的使用规模都在不断扩大，几乎在每一个欧洲国家都能看到信贷的广泛使用，也促使金融组织得到发展和创新。为了满足政府和商业阶层的资金需要，私人银行大量出现，尤其是产生了以阿姆斯特丹银行为首的新式银行。在组织创新方面，在公司金融组织中出现了有限责任公司、股份公司，进而在个别地区出现了证券交易所，从而扩大了企业资本筹集范围，降低了风险成本。随着资本市场的发展和资本市场范围的扩大使得利率下降，近代初期欧洲一些主要商业中心借贷利率较以前低很多，资本交易的广泛性、可获性增强了，表明资本市场已发展到一个新阶段。

1694 年成立的英格兰银行是商业银行史和资本市场史上一项重大制度创新。它是继荷兰阿姆斯特丹银行之后最具代表性的新式银行，同时还是历史上第一家股份制商业银行。更具意义的是，英格兰银行首次把吸收存款作为可支配资本追求经营获利而非单纯提供金融服务，由此确立了现代商业银行发展的基础。

英格兰银行以长期国债信用为基础实现了前所未有的制度创新之后，带来的是整个金融资本市场的扩张和深化。在其后，保险公司、土地银行、地方银行和乡村银行、股份公司和股票交易都如雨后春笋般地涌现，信用扩张、产权分解和组织创新为同期海外贸易以及随后的工业革命提供了宽松的信贷环境，工商业资本特别是工业革命之后的固定资本又一次次地把金融资本转化为真实资本，这反过来又一次次地促进金融资本的进一步深化。同样，在财政方面，资本市场的深化和拓展同样促进和扩大了公债发行市场的发展。通过公债发行和英格兰银行等组织，政府具有了能广泛动员和筹集全国储蓄的能力，加之资本市场深化，这进一步增强了公债券的流动性使之更具吸引力。更为重要的是，建立在资本市场制度创新基础上，金融信用对经济发展的主动性和先导性增强促进了市场扩大和资本增值，由此带来的财富涌现提高了国民负税能力，反过来增强了公债还本付息能力和国家信用，从而将国家财政置于更为坚实的基础上。由此，国家财政与资本市场、国家信用和市场信用、金融资本和实物资本都进入了双向互利、良性互动的双赢局面。国家财政利益与资本市场发展得以协调一致，公共财政与市场经济得以内在统一，使得英国出现了与同期法国、西班牙等大陆国家完全不同的格局。在以英格兰银行为发端的资本市场制度创新下，英国经受了战时财政和投机风潮的冲击，与同期仍处于国王单方面掌握财政控制权从而深陷包税制、强制贷款而无法自拔的法国等国家的情况形成了鲜明对比。

7.1.2 现代资本市场的发展和创新

现代资本市场的发展进入了一个全新的时代，最为突出的就是现代资本市场理论已发展成熟，具备了一个比较完备的理论框架。传统金融理论以定性研究为主，现代资本市场理论则侧重于运用数学模型等分析方法进行定量与实证分析，被认为是相对于传统金融理论的一次革命。一般认为现代资本市场理论开始于 1952 年 Markowitz 提出的资产组合理论。

现代资本市场理论源于对资本市场的分析。较成体系的资本市场分析开始于 20 世纪 20 年代。自 20 年代至 40 年代，资本市场分析基本上由两大流派所主宰，即以 Graham 和 Dodd 为代表的基本分析派与以 Magee 为主的技术分析派。到了 50 年代后，开始出现了第三个群体，即数量分析者。其实，对资本市场的数量分析可追溯至 1900 年，Louis Bachelier 在其《投机理论》*The Theory of Speculation* 一文中，最早使用统计方法分析收益率。50 年代，数量分析开始占据主导地位。1952 年，Markowitz 在其《投资组合选择》（Portfolio Selection）一文中提出了均值—方差投资组合理论，在研究方法上创立了衡量效用与风险程度的指标，确定了资产组合的基本原则，即投资者总是追求风险水平一定条件下的收益最大化或收益一定条件下的风险最小化。Markowitz 的资产组合理论被认为是现代资本市场理论诞生的标志。

有效市场理论奠定了现代资本市场理论的基石并构成了其核心内容。资产组合理论产生后，在现代资本市场理论中占据核心地位的有效市场理论逐步形成。Kendall（1953）与 Roberts（1959）发现股票价格序列类似于随机漫步，他们对这种现象的解释是：在给足所有已知信息后，这些信息一定已经被反映于股价中了，所以股价只对新信息作出上涨或下跌的反应。由于新信息是不可预测的，那么随新信息变动的股价必然是随机且不可预测的。Fama（1970）最终把这些理论形式化为有效市场假说（EMH），并把有效市场分为三种不同类型：一是弱式有效市场，认为股价已反映了全部能从市场交易数据中得到的信息；二是半强有效市场，认为股价已反映了所有公开的信息；三是强有效市场，指股价已反映了全部与公司有关的信息，包括所有公开信息及内部信息。

资本资产定价模型、套利定价模型与 Black - Scholes 期权定价模型是对现代资本市场理论的进一步拓展与完善。Sharpe（1964）、Litner（1965）和 Mossin（1966）在有效市场假说与 Markowitz 资产组合理论的基础上，建立了资本资产定价模型（CAPM），该模型给出了资产的收益、风险以及二者关系的精确描述。CAPM 在一系列假设条件下就投资者行为得出如下结论：对于所有投资者，最优的资产组合都是市场资产组合和无风险资产的组合。这种组合的所有可能情况形成一条直线，被称为资本市场线（CML），即资本市场为投资者在该线上提供了最优的资源配置。1977 年 Roll 对该模型提出疑问，认为该模型的预测结果不可能真正从现实中得到证明。与此同时，Ross（1976）突破性地发展了

CAPM，提出套利定价理论（APT）。该理论认为风险资产的收益与多个共同因素之间存在线性关系，从而将单因素 CAMP 发展为多因素模型。在这些理论的基础上，Black 与 Scholes 于 1973 年发表了一篇关于期权定价的开创性论文，运用随机微分方程理论推导出期权定价模型。此后，Merton、Cox 和 Rubinstein 等相继对这一理论进行了重要的推广并使之得到广泛应用。

现代资本市场理论的产生使关于金融问题的分析实现了从定性到定量的转变，其所涵盖的大量科学分析方法与著名的金融理论，如资产组合理论、资本资产定价模型、套利定价理论、期权定价理论以及作为它们理论基础的有效市场假说等，皆在理论界得到普遍的认同和接受。未来的发展趋势将是各理论逐步走向成熟与完善，各理论之间会相互联系与借鉴并逐步走向融合，最终融会贯通成为一个完整的理论体系。

7.1.3　资本市场的发展趋势

（1）经济全球化

经济全球化加深了国际金融市场的一体化，由美国次贷危机引发的全球金融海啸迫使各国不得不考虑金融市场的改革与创新。国际金融市场一体化趋势主要包括四方面内容。第一是投资机构国际化。各国投资机构纷纷在境外设立分支机构，开展投资业务，形成信息灵通、规模适当、结构合理的投资机构网络。同时，在对等原则下，允许境外投资机构在本国设立分支机构，开放本国金融市场。第二是金融市场国际化。国内金融市场和国际金融市场合为一体，使国内金融市场成为国际金融市场的重要组成部分，使国内资金在更广阔的市场上优化配置，同时吸收利用国外资金，参与国际资金大循环。第三是投资业务国际化。国内投资业务向国外进一步延伸和发展，从传统的地区性业务（如存贷款和投资）向全球性业务转化，在规模、性质和对象上同以前均有明显差异。第四是投资和收益国际化。一国投资海外资产及其获得的收益占整个资产和收益的比重达到一定规模，成为本国投资业的重要组成部分，并有了国际投资业的某些特征。

国际金融市场一体化的直接后果是资本市场运行环境的变化。第一是资本流动全球化。投资者和融资者都可以在全球范围内选择最符合自己要求的投资机构、投资工具、投资产品，资本流动性也全球化了。第二是资本市场全球化。资本市场是投资活动的载体，资本市场全球化就是资本市场超越时空和地域的限制趋于一体。目前全球主要国家的资本市场已连成一片，全球各地以及不同类型的资本市场的依赖性和相关性日益密切。

（2）金融科技革命

金融科技革命是在全球科技革命这一大背景下发生的。科技革命不断催生出新的产业集群，后者在投融资方式和规模上都有别于传统的资本产业集群，对资本市场提出了更高的要求。这些新的产业集群一般出现在大学和研究机构相对集中的地区，远离传统资本市场。传统资本市场高度集中在少数城市的现象已经无法满足这些新产业集群的融资要求。科技创新企业需要的是全新的融资方式，这种变化直接导致了国际资本市场上风险投资工具和期权交易市场的发展和整合。科技革命使资本市场的国别界限更加模糊。传统资本市场上那种主要依靠本地资金的融资模式已经不能满足科技创新企业的发展需要，它们需要的是在全球范围进行资本配置。科技革命还促进了资本市场产品的创新。第一，现代通信技术和国际互联网的发展大大降低了资本市场跨地区、跨时空交易的成本，形成了真正24小时不间断交易的全天候市场。成本的降低和通信技术革命促使各国资本市场在时间和空间上成为一个相互衔接的整体。第二，信息技术的广泛应用降低了资本市场传统服务部门的盈利水平，加剧了同行业的竞争，从而导致了金融产品和服务的创新，如金融期货和期权交易。由于当前金融产品的复杂性，必须借助先进的科学技术手段才能够确定价格，现代科学技术的发展使各国资本市场在时间和空间上的距离进一步缩短，为市场的一体化创造了条件。第三，信息通信技术的高度发达和广泛应用使全球资本市场开始走向网络化，即全球金融信息系统、交易系统、支付系统和清算系统的网络化，世界上任何一个角落有关汇率的信息都可以同步显示在世界任何一个角落的银行外汇交易室电脑网络终端的显示器上，地球两端以亿美元为单位的外汇交易在数秒钟之内就可以完成。

（3）资本市场的规模化

资本市场发展的一个显著特点就是银行等金融机构的资产不断规模化。从本质上说，大多数银行最缺乏的是资本金，因此资本市场的资产规模化就成为大势所趋和当务之急。在国际金融市场上掀起的合并浪潮表明了一种引人瞩目的趋势，这就是银行等资本市场规模化大势所趋，金融超市、全能银行将成为未来国际银行的流行模式，商业银行、投资银行和保险等各类金融业务将逐渐融入一体化的架构之中。

（4）资本市场业务全球化

世界经济一体化迫使资本市场业务日益呈现出全球化的发展趋势。当今这个世界，越来越多的国家间壁垒，尤其是贸易壁垒逐渐崩溃。资本市场变得更加国际化，跨国界的资金流动，特别是通过证券市场的流动，显得日益重要。随着全球业务不断向新市场扩张，相应的融资需求也日益增大。以全球金融中介机构进行广泛交易为主要内容的金融全球化带来的结果是证券市场国际化，市场和证券交易商之间的国际联系日益频繁，金融中心之间资金快速转移。在美国市场，非居民的证券交易、外汇期货与期权交易以及外汇交易的增长超过10%。国际金融交易的这种快速增长反映了跨国资本流动的快速增长。对此，各国金融机构应不断作出积极和及时的反应。

资本市场的国际化与西方国家放松金融管制密不可分。对于金融服务业来说，全球化意味着金融法规将趋于一致并且对资本自由流动和所有公司在所有市场上竞争的限制被逐渐解除。关于资本控制与国内银行业及证券市场准入的规定成为一些国际条约和协定的主题，从欧盟法规到北美自由贸易协定以及关贸总协定都不例外。各国管制的减弱及法规上的协调允许越来越多的企业在世界各地更大的资本市场范围内竞争。欧盟法规要求成员国的金融市场统一操作规范，这一要求对资本市场国际化具有深刻、广泛的影响。

世界经济一体化带来了世界各国跨国公司的跨国业务竞争日趋白热化，作为服务于经济的金融服务业必然站在跨国业务白热化的前列。全球化刺激了与国际业务相关的金融产品的创新及快速发展，如欧洲美元期货与期权、外汇期货与期权，以及像美国国债这样在全球交易的国内债券的期货与期权等。当套利者们动用先进的通讯手段和避险技巧迅速地从一个资本市场冲杀到另一个资本市场时，全球市场已经是密不可分的了。无论是美国的、日本的，还是欧洲各国的第一流金融机构都在这方面作出了巨大的努力。新兴国家对资金的渴求正好使资本市场业务全球化得以实现。汽车和石油领域的产业经验及美国公司在世界各地拓展业务的经验告诉我们，金融服务企业将不断趋向联合，少数几个国家的公司将占据大部分的市场份额。跨国合资企业将会变得普遍并成为直接收购的先锋。

7.2　资本市场的系统风险与非系统风险

7.2.1　资本市场的风险与收益

投资经常是在有风险的情况下进行，承担风险就要求得到额外的收益，否则就不值得冒险，投资者由于冒险进行投资而获得超过资金时间价值的额外收益，称为投资的风险价值或风险收益、风险报酬。

（1）风险的概念

风险是一个比较难以掌握与衡量的概念，其定义与计量也有很多争议。一般说来风险是指在一定条件下和一定时期内可能发生的各种结果的变动程度。例如我们在预计一个投资项目的报酬时，不可能十分精确也没有百分之百的把握，有些事情的未来发展我们事先也不能确知，例如价格、销量、成本等都可能发生我们预想不到并且无法控制的变化。

风险是事件本身的不确定性，具有客观性。无论企业还是个人，如果投资于国债，其收益的不确定性较小；如果投资于股票，则收益的不确定性就大得多。这种风险是“一定条件下的”风险，你在什么时间买、买哪一种或哪几种股票、买多少，风险是不一样的。这些问题一旦决定下来，风险大小就无法改变了。这就是说，特定投资的风险大小是客观的，你是否去冒险以及冒多大风险，是可以选择的，是主观决定的。

风险的大小随时间延续而变化，是“一定时期内的风险”，我们对一个投资项目的成本事先的预计可能并不很准确，越接近完工则越准确。随着时间的延续，时间的不确定性在减少，事件完成其结果也就完全肯定了。因此风险总是“一定时间内的风险”。

风险可能给投资人带来超出预期的收益，也可能带来超出预期的损失。一般说来人们对意外损失的关切比预期收益强烈得多。因此人们研究风险主要从不利的方面进行考虑，经常把风险看成是不利事件发生的可能性。

（2）风险和报酬的关系

风险和报酬的基本关系是风险越大要求的报酬率也越高。如前所述，各投资项目的风险大小是不相同的，在投资报酬率相同时，人们会选择投资风险小的投资，结果竞争使其风险增加，报酬率下降；最终高风险的项目必须要有高报酬，否则就没有人投资；

低报酬的项目风险必须很低，否则也没有人投资。风险和报酬的这种联系是市场竞争的结果。

风险和期望报酬率的关系可以用式（7－1）进行表示：

$$期望投资报酬率 = 无风险报酬率 + 风险报酬率 \quad (7-1)$$

投资者期望报酬率包括两部分，如图7－1所示。

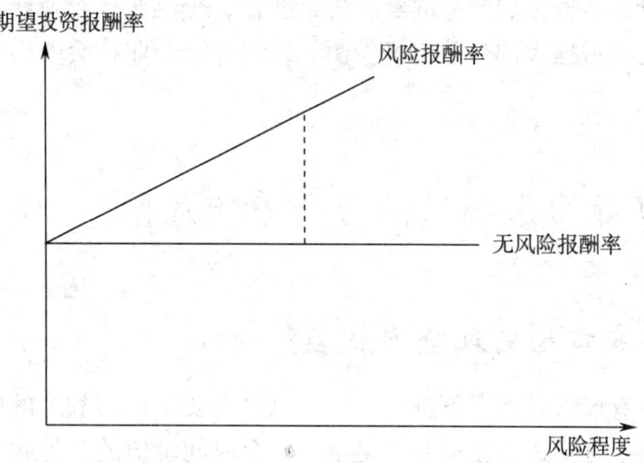

图7－1 风险和报酬的关系

一部分是无风险报酬率，如购买国家债券，到期连本带利肯定可以收回，这个无风险报酬率可以吸引公众存款，是最低的社会平均报酬率。另一部分是风险报酬率，它与风险大小有关，风险越大则要求的报酬率越高，是风险的函数。

$$风险报酬率 = f(风险程度)$$

假设风险和风险报酬率成正比，则

$$风险报酬率 = 风险报酬斜率 \times 风险程度$$

风险程度用标准差或变异系数等计量。风险报酬率取决于全体投资者的风险回避态度，可以通过统计方法来测定。如果大家都愿意冒险，风险报酬斜率就小，风险溢价不大，如果大家都不愿意冒险，风险的报酬斜率就大，风险的溢价率就比较大。

企业通过筹资，把它投资的风险（也包括报酬）不同程度地分散给它的股东、债权人甚至供应商、工人和政府。就整个社会而言，风险肯定是存在的，问题只是谁来承担以及承担多少。如果大家都要风险小，都不肯承担风险，高风险的项目就没人做，则社会的发展就会减缓。金融市场之所以存在，是因为它可以吸收社会资金投放给需要资金的企业，进而分散风险、分配利润。

7.2.2 资本市场的系统风险与非系统风险

（1）系统风险和非系统风险的含义

自Markowitz建立证券组合理论，用方差来衡量资产的风险后，William Sharp于1963年和1964年分别提出了单因素模型和资本资产定价模型，从而第一次提出了系统风险的概念。系统风险和非系统风险是按照对证券市场的影响范围来划分风险因素的。

所谓的非系统风险指只影响某种证券的价格，而不会影响市场整体的风险因素，这类风险因素主要来自上市公司本身，具体包括公司财务风险因素、违约风险因素、流通风险因素和偶然事件风险因素等。非系统风险具体分为信用风险、经营风险、财务风险等。由于各个上市公司的情况千差万别，非系统风险具有相互抵消的可能，所以这类风险可以通过证券组合来加以规避。

系统风险则是指总收益变动中由影响所有股票价格的因素造成的那一部分风险。经济的、政治的和社会的变动是系统风险的根源，它们的影响使得已上市的股票几乎全部以同样的方式一起运动。例如，如果经济进入衰退，公司利润下降之势已很明显，那么股票价格就可能普遍下跌，几乎所有上市的股票在一个较长时期内都与指数同方向运动。

对于单个上市公司面临的系统风险，指的是单个证券的价格波动相对于市场波动的关系。通过总结单个证券的收益率与整个市场的收益率之间的关系，即可发现证券的系统风险。也就是说，系统风险是指由某种全局性的因素引起的投资收益的可能变动，这种因素以同样的方式对所有证券的收益产生影响。由于非系统风险经过适当的投资组合可以降低或消除，因此股票市场中最根本的风险是系统风险。

引起系统风险的风险因素有很多，概括起来主要包括通货膨胀风险、利率风险、汇率风险、宏观经济风险以及社会、政治风险。这些因素中的任何一个因素发生变动，都可能引起其他因素产生相应的波动，同时这些因素又构成了企业面临的一般环境的一部分，这种波动加大了企业所面临环境的不确定性，进而影响企业的经营业绩，从而不可避免地对证券市场中的绝大多数上市公司产生消极影响，导致证券市场的系统风险加大。

（2）系统风险的数学描述

以上是对系统风险进行了文字上的描述，但是系统风险究竟是怎么一回事，还应该用更加数量化的工具进行表述，因此，我们在本部分对系统风险进行数学描述，分为市场模型和CAPM模型两大类。

①市场模型对系统风险的描述。在市场模型中，当市场达到均衡时，某项投资品的收益率由式（7－2）决定：

$$R_i = \alpha_i + \beta_i R_m + \xi_i \tag{7-2}$$

其中，R_i 是第 i 种投资品的收益率，R_m 为市场收益率，α_i 和 ξ_i 分别为截距项和误差项，且 ξ_i 与 R_m 无关。那么该种投资品的风险或方差则可表示为

$$\sigma_i^2 = \beta_i^2 \sigma_m^2 + \sigma_\xi^2 \tag{7-3}$$

其中，$\beta_i^2 \sigma_m^2$ 就是该项投资品的系统风险，σ_ξ^2 就是与市场风险无关的、仅由该投资品决定的非系统风险。

因此，系统风险在该投资品的总风险中所占比例 θ_i 为

$$\theta_i = \frac{\beta_i^2 \sigma_m^2}{\sigma_i^2} = \left[\frac{\rho_{im}\sigma_i\sigma_m}{\sigma_m^2}\right]^2 \times \frac{\sigma_m^2}{\sigma_i^2} = \rho_{im}^2 \tag{7-4}$$

而非系统风险所占比例为

$$1 - \theta_i = 1 - \rho_{im}^2 \tag{7-5}$$

②CAPM对系统性风险的描述。CAPM中的证券市场线（SML）代表协方差与预期

回报率之间的关系。证券市场线论证了风险与回报率之间均衡关系的公式为

$$\overline{r_i} = r_f + \left[\frac{\overline{r_m} - r_f}{\sigma_m^2}\right]\sigma_{im} \tag{7-6}$$

其中，$\overline{r_i}$ 为证券 i 的预期回报率，r_f 为无风险利率，$\overline{r_m}$ 为市场组合的预期回报率。

证券市场线的另一种表达方式为

$$\overline{r_i} = r_f + (\overline{r_m} - r_f)\beta_{im} \tag{7-7}$$

其中，$\beta_{im} = \dfrac{\sigma_{im}}{\sigma_m^2}$，即为 i 资产的 β 系数，相应地，$\beta_{im}^2\sigma_m^2$ 即为系统风险的大小。

7.2.3 风险偏好类型

（1）风险偏好概念

风险偏好（risk appetite）是指为了实现目标，企业或个体投资者在承担风险的种类、大小等方面的基本态度。风险就是一种不确定性，投资实体面对这种不确定性所表现出的态度、倾向便是其风险偏好的具体体现。

风险偏好的概念是建立在风险容忍度概念基础上的。针对企业目标实现过程中所面临的风险，风险管理框架对企业风险管理提出了风险偏好和风险容忍度两个概念。

从广义上看，风险偏好是指企业在实现其目标的过程中愿意接受的风险的数量。风险偏好的概念是建立在风险容忍度概念基础上的。

风险容忍度是指在企业目标实现过程中对差异的可接受程度，是企业在风险偏好的基础上设定的对相关目标实现过程中所出现差异的可容忍限度。

（2）风险偏好分类

不同的行为者对风险的态度是存在差异的，一部分人可能喜欢大得大失的刺激，另一部分人则可能更愿意求稳。根据投资主体对风险的偏好将其分为风险回避者、风险追求者和风险中立者。

①风险回避者。风险回避者选择资产的态度是：当预期收益率相同时，偏好于具有低风险的资产；而对于具有同样风险的资产，则钟情于具有高预期收益率的资产。

②风险追求者。与风险回避者恰恰相反，风险追求者通常主动追求风险，喜欢收益的动荡胜于喜欢收益的稳定。他们选择资产的原则是：当预期收益相同时，选择风险大的，因为这会给他们带来更大的效用。

③风险中立者。风险中立者通常既不回避风险，也不主动追求风险。他们选择资产的唯一标准是预期收益的大小，而不管风险状况如何。

7.3 马科维茨的资产组合理论

现代资产组合理论的起源可以追溯到20世纪30年代希克斯（Hicks）对证券投资分散理论的阐述。在《关于简化货币理论的建议》一文中，希克斯指出："从事多个风险

性投资所遭受的全部风险，并不是简单地等于各独立投资分别承担的风险之和。在多数情况下，大数定理将发挥作用。所以从事若干个独立的风险投资所承担的风险将小于把全部资金都投资于一个方向所遭受的风险。当投资足够分散时，全部风险将降到最小。”这一论述虽然表明投资组合可以降低风险，但并没有深入分析为什么要进行投资组合以及投资组合是怎样降低风险的，因此它并不能算是一个完整的理论体系。直到 1952 年马科维茨发表《资产选择》时，才开始对充满风险的证券市场的最优投资问题进行了开创性研究，并第一次从规范的角度揭示了如何通过对风险资产进行组合从而确立有效边界，如何从自身的效用偏好角度出发在有效边界上选择最佳投资决策，以及如何通过分散投资来降低风险，从而确立了现代投资组合理论的产生。

7.3.1　马科维茨资产组合理论的基本假设

马科维茨的资产组合理论有很多假设，但是这些假设基本上可以归为两大类：一类是关于投资者的假设；另一类是关于资本市场的假设。

（1）关于投资者的假设

①投资者在投资决策中关注投资收益这个随机变量的两个数字特征：投资的期望收益和方差。期望收益率反映了投资者对未来收益水平的衡量，而收益的方差则反映了投资者对风险的估计。

②投资者是理性的，也是风险厌恶的。即在任一给定的风险程度下，投资者愿意选择期望收益高的有价证券；或者在期望收益一定时，投资者愿意选择风险程度较低的有价证券。

③投资者的目标是使其期望效用 $E(U)=f(E(r),\sigma^2)$ 最大化，其中 $E(r)$ 和 σ^2 分别为投资的期望收益和方差。对于一个风险厌恶的投资者来说，其期望效用函数 $E(U)$ 是单调凸函数。

（2）关于资本市场的假设

①资本市场是有效的。证券的价格反映了其内在价值，证券的任何信息都能够迅速地被市场上每个投资者所了解，不存在税收和交易成本。

②资本市场上的证券是有风险的，也就是说收益具有不确定性，证券的收益都服从正态分布，不同证券的收益之间有一定的相关关系。

③资本市场上的每种证券都是无限可分的，这就意味着只要投资者愿意，他可以购买少于一股的股票。

④资本市场的供给具有无限弹性，也就是说资产组合中任何证券的购买和销售都不会影响市场的价格。

⑤市场允许卖空（市场不允许卖空的情况在此不作讨论）。

在所有的这些假设中，最值得我们注意的是马科维茨独创性地用期望效用最大化准则代替了期望收益最大化准则。在现代资产组合理论诞生之前，人们在研究不确定条件下的投资时，关于投资者的目标是假定他追求期望收益的最大化，但是这种假设却存在这样的问题：如果资本市场上仅存在一种具有最高收益的资产，投资者只需要将全部资金投资于该种资产即可实现期望收益最大化；如果同时有几种资产具有相同的最大收益，那么对投资者而言，在这些资产中进行组合投资与只投资于一种资产将毫无区别。因此，在资本市场上存在大量的资产时，期望收益最大化准则就无法解释为什么要进行多元化的投资，也无法解释组合投资的效应。

针对这一问题，马科维茨假定投资者是追求期望效用最大化的。也就是说，理性的投资者不光追求高的期望收益，同时还要考虑风险问题，要在风险和收益之间作出权衡，选择能带来最大效用的风险和收益组合。因此，用期望效用最大化原则代替期望收益最大化原则是更符合实际的。

7.3.2 资产的收益和风险特征

(1) 单个资产的收益和风险特征

①期望收益。对于风险资产而言，其未来的收益是一个随机变量。在不同的经济条件下，这个随机变量将取不同的值，而每一种经济条件的出现都有其概率。把资产收益的不同取值乘以不同经济条件出现的概率，就能够对该资产未来的收益作出估计，这实际就是期望收益的含义。用公式表示为

$$E(r) = \sum_{i=1}^{n} p_i r_i \tag{7-8}$$

其中，r_i 为该资产收益的第 i 状态的取值；p_i 为资产收益取值 r_i 的概率；$E(r)$ 为该资产的期望收益。

②收益的方差。在数学上，方差反映的是一个随机变量对于其数学期望的偏离程度。同时，由于我们把投资的风险定义为投资收益偏离预期收益的潜在可能性，因此我们可以用预期收益的方差来作为衡量风险的标准。用公式表示为

$$\sigma^2 = \sum_{i=1}^{n} p_i \left[r_i - E(r) \right]^2 \tag{7-9}$$

方差的平方根就是标准差，即

$$\sigma = \sqrt{\sum_{i=1}^{n} p_i \left[r_i - E(r) \right]^2} \tag{7-10}$$

方差或者标准差的数值越大就表示投资收益偏离预期收益的幅度越大，也就意味着投资的风险越大。

(2) 市场资产组合的收益和风险特征

设有 n 种证券，其收益为 $x_i (i = 1,2,\cdots,n)$，x_i 为随机变量，以向量的形式可表示为

$$x = (x_1, x_2, \cdots, x_n)' = \begin{pmatrix} x_1 \\ x_2 \\ \vdots \\ x_n \end{pmatrix} \tag{7-11}$$

其数学期望和方差（协方差矩阵）分别为

$$E(x) = \begin{pmatrix} E(x_1) \\ E(x_2) \\ \vdots \\ E(x_n) \end{pmatrix} = \mu = \begin{pmatrix} \mu_1 \\ \mu_2 \\ \vdots \\ \mu_n \end{pmatrix} \tag{7-12}$$

$$\operatorname{var}(x) = E(x-\mu)(x-\mu)' = \sum = \sigma_{ij} \tag{7-13}$$

设投资组合投资于第 i 种证券的比率为 $\omega_i(i = 1,2,\cdots,n)$ ，用向量表示为

$$\omega = (\omega_1, \omega_2, \cdots, \omega_n)' = \begin{pmatrix} \omega_1 \\ \omega_2 \\ \vdots \\ \omega_n \end{pmatrix} \tag{7-14}$$

根据前面的假设，由于约束条件为 $\sum_{i=1}^{n} \omega_i = 1$ ，因此式（7－14）也可以写成下述向量的形式：

$$1'\omega = 1 \tag{7-15}$$

某一投资组合的期望收益就是该组合中所有证券期望收益的加权平均。其数学表达式为

$$E(\omega' x) = \omega' E(x) = \omega' \mu \tag{7-16}$$

投资组合的方差为

$$\begin{aligned} \sigma^2(\omega' x) &= E[\omega' x - E(\omega' x)][\omega' x - E(\omega' x)]' \\ &= E\{\omega'[x - E(x)][(x - E(x)]'\omega\} \\ &= \omega' E[x - E(x)][x - E(x)]'\omega = \omega' \sum \omega \end{aligned} \tag{7-17}$$

7.3.3　分散投资、资产相关性和风险的规避

由式（7－17）我们知道投资组合的方差为 $\sigma^2(\omega' x) = \omega' \sum \omega$ ，如果不写成向量的形式，则投资组合的方差 $\sigma^2(p)$ 可以表示为

$$\sigma^2(p) = \sum_{i=1}^{n} \sum_{j=1}^{n} \omega_i \omega_j \sigma_{ij} \tag{7-18}$$

当投资者对每种资产进行等额投资时，也就是 $\omega_i = \frac{1}{n}$ ，将其代入式(7－18)得

$$\sigma^2(p) = \sum_{i=1}^{n} \sum_{j=1}^{n} \frac{1}{n^2} \sigma_{ij} = \frac{1}{n^2} \sum_{i=1}^{n} \sigma_{ij} + \frac{1}{n^2} \sum_{i=1}^{n} \sum_{\substack{j=1 \\ j \neq 1}}^{n} \sigma_{ij} \tag{7-19}$$

如果将协方差的平均值记为

$$\overline{\sigma} = \frac{1}{n^2 - n} \sum_{i=1}^{n} \sum_{\substack{j=1 \\ j \neq 1}}^{n} \sigma_{ij} \tag{7-20}$$

那么式（7－19）可以进一步简化为

$$\sigma^2(p) = \frac{1}{n^2}\sum_{i=1}^{n}\sigma_{ij} + \frac{n^2 - n}{n^2}\bar{\sigma} = \frac{1}{n^2}\sum_{i=1}^{n}\sigma_{ij} + \frac{n-1}{n}\bar{\sigma} \qquad (7-21)$$

当资产组合为充分多元化时，也就是 $n \to +\infty$ 时，对式（7－21）求极限可得（当然假设各证券收益的方差有界）

$$\lim_{n\to+\infty}\sigma^2(p) = \lim_{n\to+\infty}\left(\frac{1}{n^2}\sum_{i=1}^{n}\sigma_{ij} + \frac{n-1}{n}\bar{\sigma}\right) = \bar{\sigma} \qquad (7-22)$$

当资本市场上的资产不是处于完全不相关状态时①，$\sigma_{ij} = 0$ 不全成立，因而 $\bar{\sigma}_{ij} = 0$ 不一定成立。由此，我们可以得到重要结论：当组合中包含很多风险资产时，对于整个组合的风险而言，个别资产的风险（σ_i^2）将不再起作用，而各资产之间的协方差虽然存在着正负相抵的可能，但不能完全消除。

进一步，如果资产组合中的资产两两不相关，此时 $\bar{\sigma}_{ij} = 0$，资产组合的风险通过分散化投资可以完全消除。但是这种情况在现实生活中不可能出现，因为资本市场上的资产价格不可避免地会受到某个共同因素的影响，不可能表现为完全不相关的情况。

现在我们来考虑资本市场上的一般情况，即资产不是处于完全不相关时的情况。由式（7－19），我们知道充分的分散化能够消除资产组合的部分风险，但不能消除组合的全部风险。可以消除的那部分风险称为非系统风险，也就是式（7－21）中的第一项 $\frac{1}{n^2}\sum_{i=1}^{n}\sigma_{ij}$；不能够完全消除的那部分风险称为系统风险，也就是式（7－21）中的第二项 $\frac{n-1}{n}\bar{\sigma}$。

非系统风险是某一资产所特有的风险，它是影响特定资产收益的风险因素。例如，对于某一发行证券的企业而言，该企业新产品开发的失败或者应收账款产生呆账等都是只对该企业所发行证券有影响的非系统风险。而系统风险则对市场上所有的资产都产生影响，如银行利率的下降或者通货膨胀率的上升都不可避免地会影响整个市场。

试想一下，若有一名投资者构建了一个包括市场上所有资产的资产组合，而且存在一个包括所有资产的市场指数，那么投资者所要做的仅仅是让每种资产的投资比例等于计算市场指数时该资产的权重，就可以完全消除个别资产的非系统风险。这名投资者所要承担的风险仅仅是指数的波动，也就是系统风险。

7.4 Sharpe 的单指数模型

马科维茨的组合理论对于各资产收益—方差（风险）之间的相互关系没有做任何的假设，但是在建立有效边界的过程中，我们需要逐一计算协方差矩阵中的每一个数值。对于包含 n 个资产的组合而言，我们要计算 n 个方差和 $\frac{n(n-1)}{2}$ 个协方差。威廉·夏普

① 这也是资本市场上的一般情况。

在马科维茨组合理论基础上，采用回归分析的方法，提出了单指数模型，从而简化了计算过程。

7.4.1　单指数模型的基本假设

单指数模型的基本假设是，影响资产价格波动的共同因素是市场总体价格水平，这个因素通常以某一市场指数为代表。也就是说，每种资产收益的变动与整个市场变动有关，每种资产的收益与其他资产收益的关系，可以由它们与指数间的共有关系推导出来。

假设某项资产的收益和市场收益率之间具有近似的线性关系。对其作回归分析，就可以得到反映该资产收益率和市场收益率关系的回归方程：

$$\hat{r}_c = \hat{a} + \hat{b} r_m \tag{7-23}$$

其中，$\hat{r}_c$ 是对 c 资产收益率的估计值；$\hat{a}$ 和 $\hat{b}$ 是估计值；r_m 是市场收益率。

由于 $\hat{r}_c$ 只是估计值，因此它与 c 资产的实际收益率 r_c 之间必然有偏差。为了确切反映资产收益率的实际变动，同时不改变单指数模型的基本思想，我们用随机误差项 ε_c 代表未被式（7－23）考虑的影响 r_c 的所有因素。此时，理论线性回归模型为

$$r_c = a + b r_m + \varepsilon_c \tag{7-24}$$

进一步，任意一种证券组合收益的线性回归模型为

$$r_{it} = a_i + b_i r_{mt} + \varepsilon_{it} \tag{7-25}$$

其中，r_{it} 为资产 i 在 t 时刻的收益率；a_i 和 b_i 是资产 i 的回归系数；r_{mt} 为 t 时刻的市场收益率；ε_{it} 为资产 i 在 t 时刻的随机误差项。

通过式（7－25）可以清楚地看到，影响资产收益率的因素有两类：宏观因素和微观因素。宏观因素 r_{mt} 影响全局，是系统风险；微观因素 ε_{it} 只影响个别资产，属于非系统风险。

7.4.2　关于随机误差项 ε_{it} 的假设

（1）随机误差项的期望为零

从线性回归模型可知，随机误差项实际上是随机变量 r_i 的实际值与期望值之间的差。一个好的、具有代表性的回归方程，其最基本的要求就是实际值均匀地分布在回归方程两边，所有的偏差能正负相抵，即 $E(\varepsilon_i) = 0$ ，这就是随机误差项所要满足的条件。

（2）随机误差项和市场收益率无关

这个条件相当于 $\mathrm{cov}(\varepsilon_i, r_m) = 0$ 。这是由于市场收益率属于宏观变量，而随机误差项是某一个资产价格确定因素的随机干扰项，因此我们有理由把这两者假设为不相关。

（3）不同资产的随机误差项之间互相独立

由前面单指数模型的分析思路可知，单指数模型最基本的假设是：影响各自资产收益率的共同因素是市场因素，ε_{it} 只是影响某一资产的个别因素，对其他资产不产生任何影响。因此，我们需要第三个假设，ε_i 与 $\varepsilon_j (i \neq j)$ 相互独立，当然也就不相关。若进一

步假设 $\varepsilon_{it}(i=1,2,\cdots,n)$ 服从正态分布，则只要假设它们不相关即可，也就是 $\text{cov}(\varepsilon_i,\varepsilon_j)=0(i\neq j)$。

7.4.3 单个资产以及资产组合的收益和风险特征

(1) 单个资产的收益和风险特征

对于单个资产 r_i 而言，其期望收益为

$$E(r_i)=E(a_i+b_ir_m+\varepsilon_i)=a_i+b_iE(r_m) \tag{7-26}$$

注意到 r_m 与 ε_i 不相关，因而其方差为

$$\begin{aligned}\sigma_i^2&=E[r_i-E(r_i)]^2\\&=E[a_i+b_ir_m+\varepsilon_i-a_i-b_iE(r_m)]^2\\&=E\{b_i[r_m-E(r_m)]+\varepsilon_i\}^2\\&=b_iE[r_m-E(r_m)]^2+E(\varepsilon_i)^2\\&=b_i^2E[r_m-E(r_m)]^2+E(\varepsilon_i)^2\\&=b_i^2\sigma_m^2+\sigma_{\varepsilon_i}^2\end{aligned} \tag{7-27}$$

(2) 资产组合的收益和风险特征

对资产组合的期望和方差的计算类似于马科维茨模型。资产组合 p 的期望收益率为

$$\begin{aligned}E(r_p)&=\sum_{i=1}^{n}\omega_iE(r_i)=\sum_{i=1}^{n}\omega_i[a_i+b_iE(r_m)]\\&=\sum_{i=1}^{n}\omega_ia_i+(\sum_{i=1}^{n}\omega_ib_i)E(r_m)\end{aligned} \tag{7-28}$$

定义 $\sum_{i=1}^{n}\omega_ia_i=a_p$，$\sum_{i=1}^{n}\omega_ib_i=b_p$，则式（7-28）可以化简为

$$E(r_p)=a_p+b_pE(r_m) \tag{7-29}$$

资产组合的方差可以写成类似于单个资产方差的形式：

$$\sigma_p^2=b_p^2\sigma_m^2+\sigma_{\varepsilon_p}^2$$

对于资产组合随机误差项方差 $\sigma_{\varepsilon_p}^2$ 的计算类似于式（7-19）：

$$\begin{aligned}\sigma_{\varepsilon_p}^2&=\sum_{i=1}^{n}\sum_{j=1}^{n}\omega_i\omega_j\sigma_{\varepsilon_i},_{\varepsilon_j}\\&=\sum_{i=1}^{n}\omega_i{}^2\sigma_{\varepsilon_i}^2+\sum_{i=1}^{n}\sum_{\substack{j=1\\j\neq1}}^{n}\omega_i\omega_j\text{cov}(\varepsilon_i,\varepsilon_j)\end{aligned} \tag{7-30}$$

由于 $\text{cov}(\varepsilon_i,\varepsilon_j)=0$，所以

$$\sigma_{\varepsilon_p}^2=\sum_{i=1}^{n}\omega_i^2\sigma_{\varepsilon_i}^2 \tag{7-31}$$

7.4.4 最优投资组合的确定

与马科维茨模型一样，单指数模型假设投资者的组合选择必须满足以下两个条件之

一：①在预期收益水平确定的情况下，方差最小；②在方差确定的情况下，预期收益最大。同样地，我们不妨对条件①进行分析，这样我们就可以得到约束条件：

$$\min(\sigma_p^2 = b_p^2\sigma_m^2 + \sigma_{\varepsilon_p}^2) \tag{7-32}$$

它满足约束条件：

$$\sum_{i=1}^{n} \omega_i = 1$$

$$E(r_p) = \sum_{i=1}^{n} \omega_i E(r_i) = a \tag{7-33}$$

运用lagrange乘数法对式（7－32）进行求解，我们可以得到所有的最小方差组合，该最小方差组合在（σ,μ）平面上的图形有效边界与投资者期望效用的无差异曲线的切点就是最优投资组合。

由此可见，单指数模型的分析思路实际上和马科维茨模型是一样的。只不过单指数模型简化了证券组合方差的计算过程。在马科维茨模型中，一共要计算 n 次方差和 $\frac{n(n-1)}{2}$ 次协方差，而在指数模型中只需要计算 n 个 b_i 、1个 σ_m^2 以及 n 个 $\sigma_{\varepsilon_i}^2$ 的值。如果资产组合中包括40个资产的话，马科维茨模型要计算780个数值，而指数模型只需要计算81个值，由此可以看出计算过程确实是大大简化了。

7.5　资本资产定价模型

与资产组合理论一样，资本资产定价模型是对现实世界的抽象化研究，因而它也是建立在一系列严格的假设条件之上的。由于CAPM模型是以资产组合理论为基础，因而它除接受了马科维茨的全部假设条件以外，还另外附加了一些自己的假设条件，主要有：

①投资者具有同质预期，即市场上的所有投资者对资产的评价和对经济形势的看法都是一致的，他们对资产收益和收益概率分布的看法也是一致的。

②存在无风险资产①，投资者可以以无风险利率无限制地借入或者贷出资金。

7.5.1　存在无风险资产时，金融市场的证券组合选择

设金融市场上有一种无风险证券，其收益率为 R_0 ；n 种有风险资产（有 n 种股票可以投资），投资的收益仍然用 $x_1,x_2,\cdots,x_n$ 表示：

$$x = (x_1,x_2,\cdots,x_n)'$$

$$E(x) = \mu = (\mu_1,\mu_2,\cdots,\mu_n)'$$

$$\mathrm{var}(x) = E(x-E(x))(x-E(x))' = \sum[x_i - E(x)]^2 W_i$$

① 在通货膨胀率和市场利率水平不变的情况下，国债可以被近似地视做一种无风险资产。

$$\mu_i \geqslant R_0(i = 1,2,\cdots,n)$$

其中，“′”表示矩阵的转置。

设投资组合为 $(\omega_0,\omega_1,\cdots,\omega_n) = (\omega_0,\omega')$。$\omega_0$ 是在无风险证券上的投资份额,[①] 显然,

$$\omega_0 = 1 - \omega'1 \tag{7-34}$$

这是一个包含无风险证券的投资组合，其期望收益为

$$\begin{aligned}(\omega_0,\omega')\begin{pmatrix}R_0\\ \mu\end{pmatrix} &= \omega_0 R_0 + \omega'\mu \\ &= R_0(1-\omega'1) + \omega'\mu \\ &= R_0 + \omega'(\mu - R_0 1)\end{aligned} \tag{7-35}$$

若给定收益为 a，则式（7－35）变为

$$\omega'(\mu - R_0 1) = a - R_0 \tag{7-36}$$

风险资产组合的方差为

$$\text{var}(\omega) = \omega' \sum \omega \tag{7-37}$$

投资者所需要的最优资产组合仍然必须满足下面两个条件之一：

（1）在预期收益水平确定的情况下，即 $\omega'(\mu - R_0 1) = a - R_0$，求可以使风险达到最小的 ω，即 $\text{var}(\omega) = \omega' \sum \omega$ 最小；

（2）在风险水平确定的情况下，即 $\text{var}(\omega) = \omega' \sum \omega = \sigma_0^2$，求可以使收益达到最大的 ω，即 $R_0 + \omega'(\mu - R_0 1)$ 达到最大。

这两个线性规划问题是等价的，下面我们对条件（1）进行求解。将条件（1）用数学语言表达出来就是

$$\min \frac{1}{2}\omega' \sum \omega$$

它满足的约束条件：

$$(\mu - R_0 1)'\omega = a - R_0 \tag{7-38}$$

Lagrange 函数为

$$L = \frac{1}{2}\omega' \sum \omega - \gamma[(\mu - R_0 1)'\omega - (a - R_0)]$$

对 ω 求偏导数：

$$\frac{\partial L}{\partial \omega} = \sum \omega - \gamma(\mu - R_0 1) = 0$$

移项：

$$\omega = \gamma \sum{}^{-1}(\mu - R_0 1) \tag{7-39}$$

① 在存在无风险资产和允许卖空的假设条件下，不存在预算限制 $\omega'1 \leqslant 1$，投资者可以通过卖空无风险资产来购买有风险的证券。

$$(\mu - R_0 1)'\omega = \gamma (\mu - R_0 1)' \sum^{-1} (\mu - R_0 1)$$

因为

$$(\mu - R_0 1)'\omega = a - R_0$$

所以

$$\gamma (\mu - R_0 1)' \sum^{-1} (\mu - R_0 1) = a - R_0$$

$$\gamma = \frac{a - R_0}{(\mu - R_0 1)' \sum^{-1} (\mu - R_0 1)}$$

将 γ 代入式（7－39），有

$$\omega_a = \frac{(a - R_0) \sum^{-1} (\mu - R_0 1)}{(\mu - R_0 1)' \sum^{-1} (\mu - R_0 1)} \tag{7-40}$$

为了表明所求的证券组合与 a 有关，故在式（7－40）中用 ω_a 表示。

此时，资产组合的方差为

$$\mathrm{var}(\omega_a) = \omega_a{}' \sum \omega_a$$

$$\begin{aligned} \sigma^2(\omega_a) &= \omega_a{}' \sum \omega_a \\ &= \gamma^2 (\mu - R_0 1)' \sum^{-1} \sum \sum^{-1} (\mu - R_0 1) \\ &= \gamma^2 (\mu - R_0 1)' \sum^{-1} (\mu - R_0 1) \\ &= \frac{(a - R_0)^2 (\mu - R_0 1)' \sum^{-1} (\mu - R_0 1)}{[(\mu - R_0 1)' \sum^{-1} (\mu - R_0 1)]^2} \\ &= \frac{(a - R_0)^2}{(\mu - R_0 1)' \sum^{-1} (\mu - R_0 1)} \end{aligned}$$

其中，

$$\begin{aligned} (\mu - R_0 1)' \sum^{-1} (\mu - R_0 1) &= (\mu' \sum^{-1} - 1' R_0 \sum^{-1})(\mu - R_0 1) \\ &= \mu' \sum^{-1} \mu - R_0 1' \sum^{-1} \mu - \mu' R_0 \sum^{-1} 1 + R_0^2 1' \sum^{-1} 1 \end{aligned}$$

令

$$A = 1' \sum^{-1} 1$$

$$B = 1' \sum^{-1} \mu$$

$$C = \mu' \sum^{-1} \mu$$

则

$$\sigma^2(\omega_a) = \frac{(a - R_0)^2}{C - 2R_0 B + R_0^2 A} \tag{7-41}$$

在 (σ, a) 平面上，式（7-41）可以表示为两条直线。但是，显然向下倾斜的那条直线是无效的，因为理性的投资者不可能选择在同等风险条件下收益较小的组合。

式（7-41）可以写成直线：

$$a = R_0 + \sigma\sqrt{C - 2R_0B + R_0^2A} \tag{7-42}$$

式（7-42）表示，如果金融市场存在无风险资产，那么在证券组合投资收益为 a 的条件下，若发现最小的投资组合的风险为 σ，则 (a, σ) 满足式（7-42），其直线如图 7-2 所示。由于在这个条件下存在最小方差的证券组合，因而如果 (a, σ) 满足式（7-42），则它对应的证券组合就是最小方差证券组合。

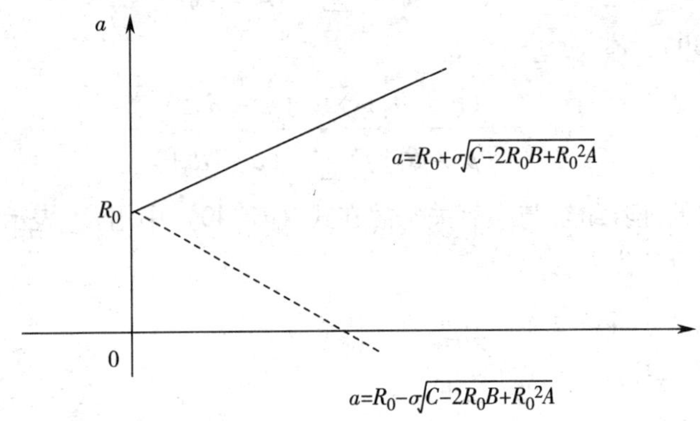

图 7-2　两条直线

7.5.2　资本市场线

在给定投资目标、证券组合收益的情况下，我们讨论了如何寻找最小方差证券组合，结论是其方差及证券组合的收益必须满足直线方程。无风险资产和风险资产之间的组合有很多种。现在，我们继续讨论当金融市场存在无风险资产时如何进行投资组合的选择。为了说明这个问题，我们先引入下面的定义：$\frac{a - R_0}{\sigma(\omega_a)}$ 称为夏普比（sharpe ratio），记为 S. R.（见图 7-3、图 7-4）。

S. R. 表示承担每一单位的风险所得到的超回报，它是点 $(0, R_0)$ 与双曲线 $\sigma^2 = \frac{A}{\Delta}\left(a - \frac{B}{A}\right)^2 + \frac{1}{A}$ 上的点 (σ, a) 连线的斜率（见图 7-4）。

随着该点在双曲线上不断上升，这个数值也越来越大，这表明投资者承担单位风险时获得的收益也越来越大。容易看出，当直线过点 $(0, R_0)$ 并与有效边界相切时，夏普比 $\frac{a - R_0}{\sigma(\omega_a)}$ 达到最大值。理性的投资者必然会选择单位风险回报最大的投资组合。因而理性人在投资时，一部分资金会投放在过点 $(0, R_0)$ 并与有效边界曲线相切的直线所代表的资产组合上。也就是说，在市场线上选择的投资组合是最佳的（在这条直线上每一点

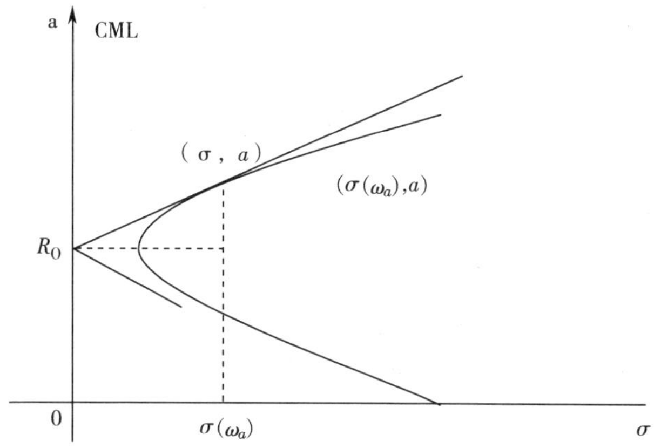

图7－3　$(0,R_0)$ 与有效边界连接交于切点

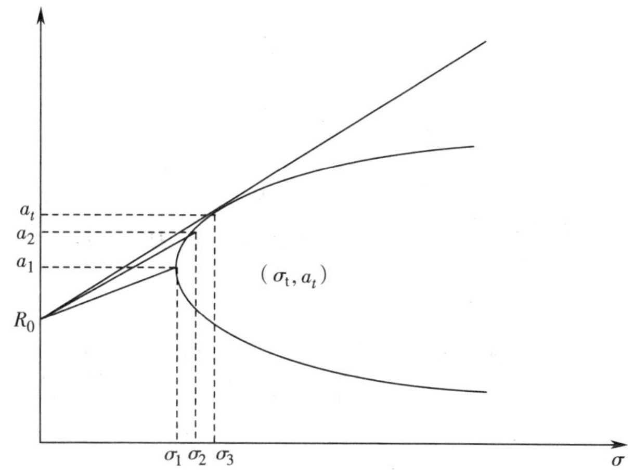

图7－4　点 $(0,R_0)$ 与双曲线上点的连接情况

的斜率都一样，与连接点 $(0,R_0)$ 和有效边界曲线上其他点的连接相比，它的斜率最大，即夏普比最大）。

下面，我们将说明直线

$$a = R_0 + \sigma\sqrt{C - 2R_0B + R_0^2A} \tag{7-43}$$

就是与有效边界相切并过点 $(0,R_0)$ 的直线。

在给定证券组合收益 a 并满足条件 $(\mu - R_0 1)'\omega = a - R_0$ 的情况下，若投资者将全部资产都投资在风险证券中，求此时的最优投资证券组合。

考虑 $\omega_0 = 0$ 的情况，此时有 $\omega' 1 = 1$，这是风险资产组合的收益 $\mu'\omega = a$，两边同时减去 $R_0 1'\omega$，得

$$\mu'\omega - R_0 1'\omega = a - R_0 1'\omega = a - R_0 \tag{7-44}$$

因此，所求问题为

$$\min \frac{1}{2}\omega' \sum \omega$$

它满足条件：

$$(\mu - R_0 1)'\omega = a - R_0 \tag{7-45}$$

并与 $\omega_0 \neq 0$ 时的限制条件式（7-44）是一样的。

故由式（7-45）可知

$$\omega_t = \gamma \sum^{-1}(\mu - R_0 1) \tag{7-46}$$

两边同乘以 $1'$，得

$$1'\omega_t = \gamma 1' \sum^{-1}(\mu - R_0 1) \tag{7-47}$$

又因为 $1'\omega_t = 1$，故

$$\gamma = \frac{1}{1'\sum^{-1}(\mu - R_0 1)} = \frac{1}{B - R_0 A} \tag{7-48}$$

所以

$$\omega_t = \frac{\sum^{-1}(\mu - R_0 1)}{B - R_0 A} \tag{7-49}$$

此时，有

$$a_t = \mu'\omega_t = \frac{\mu'\sum^{-1}(\mu - R_0 1)}{B - R_0 A} = \frac{C - R_0 B}{B - AR_0} \tag{7-50}$$

$$\begin{aligned}\sigma_t^2 &= \sigma^2(\omega_t) \\ &= \frac{(\mu' - R_0 1')\sum^{-1}\sum\sum^{-1}(\mu - R_0 1)}{(B - AR_0)^2} \\ &= \frac{(\mu' - R_0 1')\sum^{-1}(\mu - R_0 1)}{(B - AR_0)^2} \\ &= \frac{C - 2R_0 B + R_0^2 A}{(B - AR_0)^2}\end{aligned} \tag{7-51}$$

命题1　(σ_t, a_t) 在直线 $a = R_0 + \sigma\sqrt{C - 2R_0 B + R_0^2 A}$ 上。

命题2　(σ_t, a_t) 满足式（7-51）：

$$\sigma^2 = \frac{A}{\Delta}\left(a - \frac{B}{A}\right)^2 + \frac{1}{A}$$

即证券组合 ω_t 是在给定收益为 a_t 的情况下，满足 $\mu'\omega = a$ 的最小方差投资证券组合（说明该证券组合在有效边界上）。

命题3　式（7-43）所表示的直线与有效边界相切于点 (σ_t, a_t)。

我们称式（7-43）所表示的直线为资本市场线。在任意给定证券收益 a 的情况下，其最优（方差最小）证券组合是无风险证券与 (σ_t, a_t) 的线性组合。

由于资本市场线同时过点 $(0, R_0)$ 和点 (σ_t, a_t)，因此其方程又可表示为

$$a = R_0 + \frac{a_t - R_0}{\sigma_t} \times \sigma \qquad (7-52)$$

点 $(0,R_0)$ 表示投资者将全部资金投资于无风险资产；点 (σ_t,a_t) 表示投资者将全部资金投资于风险资产组合；点 $(0,R_0)$ 和点 (σ_t,a_t) 之间的线段表示投资者在无风险资产和风险资产之间进行了适当的资金配置；点 (σ_t,a_t) 之后的射线部分表示投资者卖空无风险资产之后全部投资于风险资产①。从理论上讲，投资者可以投资于资本市场线上的任意一个组合，不过在实际中如何具体选择则取决于投资者的风险偏好：风险厌恶的投资者可以选择接近点 $(0,R_0)$ 的组合；风险偏好的投资者可以在直线上选择点 (σ_t,a_t) 右上方的组合。

由于我们在前面已经假设所有的投资者都具有相同的预期，因此当市场上的所有投资者都采用马科维茨的组合理论构建风险资产的组合时，他们必定会选择同一个风险资产组合，也就是图7-4中的点 (σ_t,a_t)，从而保证其风险资产组合和无风险资产的组合最优（方差最小）。此时，投资者对风险资产组合的选择和他们对待风险的态度是无关的。

当资本市场处于均衡的时候，市场上总供给和总需求是相等的，而且每种资产都会有一个均衡价格，也就是市场出清价格。由于我们已经知道同质预期下的投资者都将选择市场组合 (σ_t,a_t)，因此市场处于均衡的必要条件就是 (σ_t,a_t) 必须包括市场上所有的风险资产。如果市场上存在没有需求的风险资产，那么该市场就不是处于均衡状态。

我们称包含市场上所有风险资产的组合为市场组合，点 (σ_t,a_t) 就是这样的市场组合，我们一般用M来表示。相应地，市场组合的期望收益和方差分别为 a_M 和 σ_M，因而式（7-52）可以改写为

$$a = R_0 + \frac{a_M - R_0}{\sigma_M} \times \sigma \qquad (7-53)$$

式（7-53）是市场均衡情况下资本市场线的表达式，它反映了无风险资产和市场组合进行再组合后所产生的最优组合的收益和风险之间的关系。

7.5.3 证券市场线

资本资产定价模型所要回答的问题是在市场均衡状态下，某风险资产的收益和风险之间的关系，也就是如何给风险资产进行定价。我们前面做的工作只是一个铺垫，在本节我们将导出证券市场线，并由证券市场线来解释如何给风险资产定价。

对于市场上风险资产组合 x 而言，它与 (σ_t,a_t) 点所对应的证券组合 ω_t 有什么样的关系呢?

我们首先可以计算出两者的协方差：

$$\begin{aligned}\mathrm{cov}(x,\omega'_t x) &= E[x - E(x)][\omega'_t x - E(\omega'_t x)]' \\ &= E[x - E(x)][x - E(x)]'\omega_t = \sum \omega_t\end{aligned}$$

① 由于卖空是没有限制的，因此射线无限延长。

由式（7－49）可知

$$\omega_t = \frac{\sum^{-1}(\mu - R_0 1)}{B - R_0 A}$$

所以

$$\mathrm{cov}(x, \omega'_t x) = \sum \sum^{-1} \frac{\mu - R_0 1}{B - AR_0} = \frac{\mu - R_0 1}{B - AR_0} \tag{7-54}$$

另外，

$$\mathrm{var}(\omega'_t x) = \omega'_t \sum \omega_t = \omega'_t \frac{\mu - R_0 1}{B - AR_0} \tag{7-55}$$

且

$$\mu' \omega_t = a_t$$

所以

$$\mathrm{var}(\omega'_t x) \frac{a_t - R_0}{B - AR_0} \tag{7-56}$$

将式（7－54）和式（7－56）相除得

$$\frac{\dfrac{\mu - R_0 1}{B - AR_0}}{\dfrac{a_t - R_0}{B - AR_0}} = \frac{\mathrm{cov}(x, \omega'_t x)}{\mathrm{var}(\omega'_t x)}$$

即

$$\mu - R_0 1 = \frac{\mathrm{cov}(x, \omega'_t x)}{\mathrm{var}(\omega'_t x)}(a_t - R_0) \tag{7-57}$$

在统计学上$\frac{\mathrm{cov}(x, \omega'_t x)}{\mathrm{var}(\omega'_t x)}$称为回归系数，令

$$\beta = \frac{\mathrm{cov}(x, \omega'_t x)}{\mathrm{var}(\omega'_t x)}$$

则式（7－57）可改写成

$$\mu - R_0 1 = \beta(a_t - R_0) \tag{7-58}$$

进一步，我们引进上述市场组合的概念，并用a_M代替a_t①、β_M代替β，以表示风险资产x与市场组合M之间的关系，则式（7－58）可写为

$$\mu = R_0 1 + \beta_M(a_M - R_0) \tag{7-59}$$

式（7－59）就是著名的证券市场线（security market line，SML），也就是传统CAPM模型的公式表示。由证券市场线我们可以看出，风险资产的收益由两部分组成：一部分是无风险资产的收益；另一部分是市场风险补偿额。运用证券市场线，我们就可以确定风险资产自身的风险和收益关系。也就是说，我们可以对其进行定价。

---

① 在市场均衡的条件下，$a_M = a_t$。

第 8 章

其他融资方式

8.1 项目融资

项目融资这种特殊的融资方式，从 20 世纪 60 年代产生到现在已经发展成为一种独立的融资方式，它是大型工程项目筹措资金的一种新形式。我国在 20 世纪 80 年代的大型投资项目中也引进了项目融资这种融资方式。因此，研究这种融资方式的特点、内容及各种风险的担保等问题对搞好我国基础设施建设和利用外资有很大的现实意义。本章将主要介绍项目融资的定义及基本特征、项目融资的主要当事人及其权责、项目融资特定的领域及在中国开展项目融资的实证分析等内容。

8.1.1 项目融资的概念及分类

到现在为止，项目融资没有一个通用的被普遍接受的定义。比较典型的定义是：项目融资（project finance）是以项目的资产、预期收益或权益作抵押取得的一种无追索权或有限追索权的融资或贷款。

在实践中，项目融资被分成两个类型。

(1) 无追索权的项目融资

无追索权的项目融资也称为纯粹的项目融资，在这种融资方式下，贷款的还本付息完全依靠项目的经营效益。同时，贷款银行为保障自身的利益必须从该项目拥有的资产中取得物权担保。如果该项目由于种种原因未能建成或经营失败，其资产或收益不足以清偿全部的贷款时，贷款银行无权向该项目的主办人追索。

(2) 有追索权的项目融资

除了以贷款项目的经营收益作为还款来源和取得物权担保外，贷款银行还要求有项目实体以外的第三方提供担保。贷款行有权向第三方担保人追索。但担保人承担债务的责任，以他们各自提供的担保金额为限，所以称为有限追索权的项目融资。

8.1.2 项目融资的领域

项目融资这种特殊的融资方式，从20世纪60年代产生到现在已经经过了近50年代历程。从历史上看，采用这种方式都比较谨慎，都要根据实际情况的要求作出周密安排。由于这种融资方式对贷款人风险较大，对借款人成本较高，所以，不在迫不得已时，一般较少采用。

(1) 能源开发项目

项目融资经常在能源开发项目中使用。以美国为代表的工业发达国家和以东欧为代表的经济转型国家都广泛使用这种融资方式发展本国的能源工业。尤其在经济转型国家，其电力工业一直是由政府部门或公共部门垄断经营和开发，资金由政府财政补贴。由于政府举债的限制，这些国家先后实现了私有化政策，即将电力资源的开发由公共部门转移到了私有部门。私有部门资金有限，项目融资便应运而生，项目融资贷款人仅依赖于项目资产的预期收益和项目资产本身决定是否对项目提供贷款。

(2) 石油管道、炼油厂项目

铺设新的石油管道也成功地使用过项目融资这种融资技术。

(3) 矿藏资源开采项目

如在智利和澳大利亚等国家的铜、铁、铝等矿藏资源开采项目中都使用过项目融资方式。

(4) 收费公路项目

在收费公路项目中，以公路的收费收入为基础安排成为有限追索的项目融资方式。

(5) 污水处理项目

对于居民生活产生的污水及工业生产产生的污水的处理，都可以以项目融资的方式融通资金。因为，在污水处理过程中，通过向排放污水单位收取一定的污水处理费可以构成项目稳定的现金流量。

(6) 通讯设施项目

在信息时代，无论发达国家还是发展中国家，都会对通讯设施有大量的需求。项目融资这种新的融资工具也不会放弃对这一巨大市场的吸引力。

(7) 其他项目

项目融资一般适用于竞争不强的行业，具体讲，凡是能取得可靠性现金流量并且对贷款人有吸引力的项目，都可以通过项目融资方式筹集资金。

8.1.3 项目融资与公司融资的比较

项目融资具有不同于传统的公司融资的特点。公司融资是指一个公司利用本身的资信能力对外进行的融资，包括发行公司股票、公司债券和取得银行贷款等。二者的主要区别有以下几个方面。

(1) 贷款对象不同

在项目融资中，贷款人融资的对象是项目公司（项目发起人为营建某一工程项目而组成的承办单位)，它是根据项目公司的资产状况及该项目完工投产后所创造出来的经济收益作为发放贷款的考虑原则的。因此，如果项目本身有潜力，即使项目发起人现在的资产少，收益情况不理想，项目融资也完全可以成功；相反，如果项目本身发展前景不好，即使项目发起人现在的规模再大，资产再多，项目融资也不一定成功。在传统的公司融资中，贷款人融资的对象是项目发起人，贷款人在决定是否对该公司投资或者为该公司提供贷款时主要依据的是该公司现在的信誉和资产状况及有关单位提供的担保，因此，从这个角度讲，项目融资比较看重借款人的“未来”，而公司融资比较看重借款人的“过去”。

(2) 筹资渠道不同

在项目融资中，工程项目所需要的建设资金具有规模大、期限长的特点，因而需要多元化的资金筹资渠道，如有限追索性的项目贷款、发行项目债券、外国政府贷款、国际金融机构的贷款等。在传统意义上的公司融资中，工程项目一般规模小、期限短，所以一般是较为单一的筹资渠道，如商业银行贷款等。

(3) 追索性质不同

项目融资的突出特点就是融资的有限追索权或无追索权。工程项目建成后如没有收益，例如矿产资源开采不出来、工程竣工后无法使用等，项目公司无法得到预期收入，就不能偿还贷款。贷款人不能追索到除项目资产及相关担保资产以外的项目发起人的资产。从这个角度讲，项目融资又可称为无担保贷款或有限担保贷款。在传统意义上的公司融资中，银行提供的是有完全追索权的资金。一旦借款人无法偿还银行贷款，银行将行使其对借款人的资产处置权以弥补其贷款本息的损失。

(4) 还款来源不同

正如上面的分析所述，项目融资的资金偿还以项目投产后的收益及项目本身的资产作为还款来源，即项目融资是将归还贷款的资金来源限定在与所融资项目的收益和资产范围之内的一种融资方式。在传统的公司融资中，作为资金偿还来源的是项目发起人的所有资产及其收益，即如果被融资项目失败，不能产生足够的现金流量，则贷款银行将会要求借款人用其他项目的收益来偿还银行贷款。

(5) 担保结构不同

项目融资一般需要有结构严谨而复杂的担保体系，它要求与工程项目有利害关系的众多单位对债务资金可能发生的风险进行担保，以保证该工程按计划完工、营运，并产生足够的资金用于偿还贷款。在传统的公司融资中，一般只需要单一的担保结构，如抵押、质押或保证贷款等。

8.1.4　项目融资的主要参与者

项目融资的参与者较传统的公司融资复杂得多，而且没有任何两个项目融资的当事人是一样的。但一般来说，在项目融资实务中，基本的当事人有项目的发起人，项目公司，项目的贷款银行，项目产品的购买者或项目设施的使用者，项目建设的工程公司或承包公司，项目设备、能源或原材料的供应者，项目融资顾问，法律或税务顾问，有关政府机构等。

(1) 项目发起人

项目发起人（project sponsor）是这样一些公司、实体或个人，他们提出项目，取得经营项目所必要的许可和协议，并将各当事人联系在一起。即他们是项目的实际投资者和主办者，是项目公司的股本投资者和特殊债务（如无担保贷款）的提供者和担保者，通过项目的投资活动和经营活动，实现投资项目的综合目标要求。项目发起人从组织上负有督导该项目计划落实的责任，所以，项目贷款人在发放贷款时十分关注项目发起人的资信。

项目发起人可以是一家公司，也可以是由多个投资者组成的联合体，如项目承包商、设备供应商、原材料供应商、产品的买主或最终用户和间接利益接受者（如即将兴建的新交通设施附近的土地所有者，该项目可以使他们的土地升值）组成的企业集团。同时，发起人既可以是东道国境内的企业，也可以是境外的企业或投资者。一般来说，发起人中包括至少一家境内企业会有利于项目的获准与实施，降低项目的政治风险。对于大型工程项目，除东道国政府或私营企业外，一般都吸收一家外国公司，尤其是实力雄厚的有影响力的大型跨国公司参加，对项目融资来说至关重要。贷款人和东道国政府都非常重视这一点，这对于项目的许可和贷款的取得非常具有说服力。因为，这样一方面可以利用大型跨国公司的投资经验和专门技能，便于项目的建设和管理；另一方面又可以利用外国公司良好的信用等级，吸引国际银行的贷款。

由于项目融资所涉及的项目以大型投资项目为主，因此，在大多数情况下，发起人由众多机构组成投资财团构成。那么，如何成功地组建一个项目投资呢？在组成投资财团投资一个项目之前，一般要处理好以下几个问题：

①各个发起人承担的不同职责。在一般的项目融资实务中，不同的发起人应承担各自不同的职责。如由不同的发起人分别充当项目建设者、经营者、关键原材料供应商及项目产品的购买者等角色。

②确定项目顾问。在进行项目开发之前，发起人应就选定项目顾问达成共识。其中关键的项目顾问是金融顾问和法律顾问。

③确定股本投入的比例和方式。发起人对项目公司如何进行股本投资及投资多大比例，成为发起人之间必须确定的重要问题之一。多数情况下，项目公司的债务与股本之比在 90/10 到 75/25 的范围之间，具体比例由项目的经济强度和贷款人承担风险的态度所决定。大多数贷款人会要求发起人在项目开始时就注入股本金，只有当发起人提供了足够的信贷支持或出示了银行保函或信用证保证发起人会按投资协议注入股本时，银行才会放松这一条件。

④确定红利分配政策。这是贷款人和发起人之间最敏感的问题。通常，发起人希望尽早取得投资回报，而贷款人不希望在项目公司偿还银行贷款之前分配红利。

在项目公司的股本投资者中，还有一些特殊的投资者，我们称之为“第三方股本投资者”，这些投资者仅仅依据投资的回报而对项目进行投资，如购买投资基金和项目公司股票的社会投资者。

（2）项目公司

项目公司（project company）是具体负责项目开发、建设和融资的单位。项目公司的组织形式可以采取合伙制企业、有限合伙制企业、有限责任公司、股份有限公司、合资企业或以上实体的综合形式。在某种程度上说，项目公司的结构受东道国的法律框架影响和决定。如有些国家法律规定，政府特许权的持有者只能是一家公司，则项目公司就必须是一个确定的法律实体，是为了项目的建设和满足市场需求而建立的自主经营、自负盈亏的经营实体。同时，有些法律还规定，在一些具有战略意义的工业领域不允许外国资本控股或拥有资产，这时就不能设立一个独立法人实体进行项目融资。

（3）借款单位

在大多数情况下，项目融资的借款单位（borrowing entity）就是项目公司，项目公司的重要职能就是为项目筹集资金，即充当项目的直接借款人角色。但在有些情况下，借款者可能是其他一些单位或个人，如在非契约性合资结构中，通常是由每个参与者独立借款以便参与项目，项目的承建公司、经营公司、原材料供应商及产品买主都可能成为独立的借款方，而合资企业本身没有任何负债。这就使融资安排变得复杂化。因此，在很多情况下，通常设立一个特殊目的项目公司——SPV（special purpose vehicle）来进行项目融资。这样做的好处是：其一，将项目融资的债务风险和经营风险大部分限制在项目公司中，项目公司根据其资产负债表承担有限责任，是实现有限追索的一种重要手段；其二，对于有多国投资者参加的项目来说，成立项目公司便于把项目资产所有权集中在项目公司一家身上，而不是分散在世界各地的各个投资者手中，便于进行管理；其三，从实际操作角度看，采用项目公司具有较强的管理灵活性。

当然，一般地，贷款人要对SPV的行为进行严格的限制，以保证项目贷款风险的确定性。其限制内容主要有：

①不准发生除项目融资之外的任何其他金融债务；

②不准签订与项目无关的任何其他的协议或安排；

③不准向其他任何人或项目进行任何金额的投资或借款；

④不准更改报告期或财务年限；

⑤不准进行任何形式的分红或派息；

⑥不准更改其公司章程；

⑦不准建立任何形式的子公司。

同时，国际上一些银行和金融机构不向国有部门贷款和提供担保。为避开这一融资障碍，通常设立专门的机构，如受托借款公司（trustee borrowing vehicle）来进行项目融资。项目公司与受托借款公司签订委托借款协议，银行向该受托借款公司提供贷款，由后者对国有项目公司提供资金。其主要职责是直接保管从工程产品购买人处（或设施用户）收取的款项，用以偿还对贷款人的欠款，并保证在贷款债务未清偿前，项目公司不得提取或动用该笔款项。这种形式可以帮助一些项目公司摆脱在借款方面受到的限制。其简单运作过程如图8-1所示。

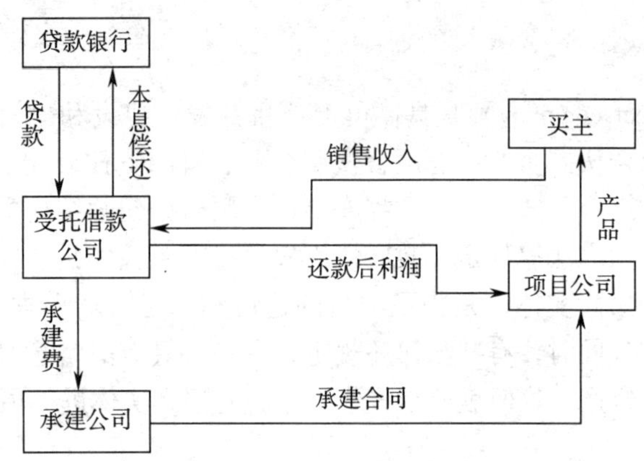

图 8-1 受托借款公司运作结构

在这里，首先由银行把贷款发放到受托借款公司，然后受托借款公司直接将贷款支付给为项目公司承建项目的承建公司。承建公司完成项目，并投产生产出产品。项目公司把产品出售给买主，并同产品买主签订购买协议，要求买主把所有的货款都交给受托借款公司。受托借款公司将销售收入的一部分用于偿还银行贷款的本息，剩余的部分返还给项目公司，返还的部分便是项目公司的利润。假如因为某种原因上述付款方式有所改变，那么，项目公司应向受托借款公司支付该公司偿还银行债务的全部费用。

(4) 商业贷款人

商业贷款人（commercial lenders）主要是指为项目提供资金的商业银行。由于工程项目的规模庞大，在进行融资时一般由十几家银行甚至几十家银行组成的国际银团对项目贷款，称为辛迪加贷款。一般来说，银团的成员应来自尽可能多的国家，以防止东道国政府采取行动没收其贷款或干扰项目的进程，而且银团最好能包括东道国的一些银行，特别是当外国银行受到限制、无法接受项目资产担保的时候。在项目融资实务中，银团组织由发挥不同作用的银行构成，其中包括：

①安排行（arranged banks）：安排行是最初与项目公司签订贷款协议并承购全部或部分贷款的银行。他们先与项目公司签订贷款协议，然后再在银团成员之间销售贷款协议。因此，安排行承担后期无法全部售出其贷款协议的风险。一般安排行由少数几个大银行组成一个小银团来承担，因为从事项目融资需要熟练的专业技巧、丰富的实际操作经验，并能恰当评估和管理项目风险。这些特点只有大银行才具备。但这并不是说不具备以上技巧的银行就不能从事项目融资，只是他们的风险要比从事一般银行贷款业务大一些。

②代理行（facility agent）：与贷款人签订协议，接受占辛迪加成员三分之二的贷款银行的指示，负责项目贷款的日常管理事务，并收取一定的管理费。

③管理行（managing bank）：管理行只是为了便于项目贷款的管理而安排的，它本身不承担任何风险，也不增加任何的债务责任。

④技术银行（technical bank）：与贷款人签订协议，负责处理与项目贷款有关的技

术问题的银行。在大型项目融资中，贷款人都会聘请自己的技术和工程专家顾问（独立于项目发起人或项目公司聘请的专家顾问）。技术银行应从贷款人的角度监督项目的一般进程，并代表贷款人与独立的工程师或技术顾问联系和洽谈。

⑤保险银行（insurance bank）：在大型项目融资中，往往由一家银行专门充当保险银行的角色，即从贷款人的角度，负责与项目保险有关的谈判等事宜。通过不断地与贷款人聘请的保险顾问联系，与保险公司谈判，保证最终取得的项目保险文件符合贷款人的利益。

（5）多边金融机构和出口信贷机构

多边金融机构如国际金融公司（IFC）及地区性开发银行如欧洲复兴与开发银行（EBRD）、非洲开发银行（ADB），在项目融资中起着重要的信用担保作用，尤其是对政治风险的担保，如东道国改变外汇政策而使项目公司无法偿还外国贷款人的利息使贷款人利益受损时，由国际金融公司进行赔偿。

出口信贷机构如各国的进出口银行，主要作用是通过发放优惠利率的出口信贷促进本国出口的稳定增长。在项目融资中，设备供应商经常与出口信贷捆绑在一起操作。

（6）项目建设的工程公司或承包公司

项目建设的工程公司或承包公司（construction company）是工程技术成败的关键因素，他们的技术水平和声誉是能否取得贷款的重要因素。至少在项目的建设期，工程公司构成项目融资的重要当事人之一。另外，在很大程度上影响项目贷款银行对项目建设期风险的判断。同时，由于工程公司或承包公司在同贷款银行、项目发起方和各级政府机构打交道方面十分有经验，因此，他们可以在如何进行项目融资方面向其业主提供十分宝贵的建议，从而成为项目融资中的重要参与者之一。

（7）项目设备、能源、原材料供应者

项目设备、能源及原材料的供应者（suppliers）在保证项目按时竣工中起着十分重要的作用。较为典型的是将设备供应与出口信贷捆绑在一起，这样做，一方面贷款方可以为本国企业开辟国外市场，另一方面借款方可以获得出口信贷等优惠贷款，双方都可以获得好处。

（8）项目产品的购买者或项目设施的使用者

由于项目产品的购买者或项目设施的使用者（purchasers）是项目未来收入与收益的提供者，故成为项目融资的重要参与者之一。他们可以直接参与融资谈判，确定项目产品的最小承购数量和价格确定方法，同时，他们的资信状况也是能否取得银行贷款的重要因素之一。

（9）项目管理公司

在大多数工程项目中，项目公司并不负责项目的经营和管理，因而是指定由一家独立的公司负责项目完工后的经营管理工作，这一公司通常被称为项目管理公司（operator）。它代表项目公司负责项目的日常经营管理事务。和项目工程公司一样，贷款人也十分关心项目经营公司的背景，一般要求该公司具有足够的资金实力，并具有类似项目成功管理的历史记录。

(10) 东道国政府

在具体的项目融资中，东道国政府（host government）的作用是各种各样的。它可能承担的作用有：在许多发展中国家会提供政府支持协议；提供项目经营的许可协议；充当项目产品的最大买主；通过政府部门或受政府控制的部门对项目注入间接的股本资金等。而且，发展中国家或欠发达国家的政府往往比发达国家政府希望承担更大的作用。

东道国政府在项目融资中愿意承担相应的职能，是因为项目融资对东道国政府而言具有很大的吸引力，表现在：

①吸引外国投资；

②引进外国先进技术和知识；

③减少政府外国债务；

④将公共部门的风险转移给私人部门；

⑤对国内劳动力提供职业培训的机会。

(11) 保险机构

项目融资的巨大资金规模以及未来许多难以预料的不利因素，要求项目各参与方准确地认定自己面临的主要风险，并及时为它们投保。适当的保险是项目融资的一个重要内容，也是项目融资赖以存在的基础。这是由项目融资的有限追索性质所决定的。因此，保险机构（insurers）也是项目融资的主要参与者，尤其是一国官方的保险机构。如美国的海外私人投资公司，英国的出口信贷担保局，法国的对外贸易保险公司，德国的赫尔默斯信贷保险公司等。

(12) 其他项目参与者

在项目融资实务中，还有其他项目参与者（other parties），发挥其独特的作用，如金融顾问、信用评估机构、当地管理者、财务部门、律师和其他专业人士等。所以，具体的项目融资操作过程是非常复杂的。

项目融资中众多的当事人出于各自的目的以合同协议方式联系在一个项目中，他们必须要有效地、成功地合作才能实现其目标，所以，在一个项目中，其总体目标应该是一致的，即促使项目成功。但即使这样也会存在矛盾与冲突，尤其在国际项目融资中，各个来自不同法律管辖权国家和地区的当事人，利益的冲突是不可避免的。不过，在许多项目融资案例中，正是这些不同的当事人各自发挥其独特的作用，才使项目成功概率增大。如承建商以固定承包合同保证项目的正常完工；经营公司保证项目的正常经营和维护，使其在项目有效生命期内能生产足够的现金流量；供应商以固定价格或商定价格提供关键原材料，以保证项目的成本不超支等。

8.1.5 设计项目融资模式的原则

严格地讲，国际上很少有任何两个项目融资的模式是完全一样的，这是由项目中工业性质、投资结构等方面的差异，以及投资者对项目的信用支持、融资战略等方面的不同考虑所造成的。然而，无论一个项目的融资模式如何复杂，实际上融资模式中总是包括一些具有共性的东西。这就是人们所说的在设计项目融资模式时所必须遵循的一些基本原则。

(1) 争取适当条件下的有限追索融资

如前所述，追索是指在借款人未按期偿还债务时，贷款人要求借款人用除抵押资产之外的其他资产偿还债务的权利。有限追索是指贷款人可以在某个特定时间阶段（如项目建设期或试生产期）对项目借款人实行追索，或者在一个规定的范围内（如金额或者形式的限制）对项目借款人实行追索，除此之外，无论出现任何债务清偿问题，贷款人均不能追索到借款人除项目资产、项目现金流量以及有关方所承诺的义务之外的任何形式的资产。

为了限制融资对项目发起人的追索责任，需要考虑的问题有两个方面：第一，项目的经济强度在正常情况下是否足以支持融资的债务偿还；第二，项目融资是否能够找到强有力的来自项目发起人以外的信用支持。至于项目发起人在融资中需要承担的责任和义务，需要提供的担保的性质、金额和时间要求，主要取决于项目的经济强度和贷款银行的要求，是由借贷双方通过谈判决定的。

(2) 实现项目风险的合理分担

保证项目发起人不承担项目的全部风险责任是项目融资模式设计的第二条基本原则。因此，对于与项目有关的各种风险要素，要以某种形式在项目发起人、与项目开发有直接或间接利益关系的其他参与者和贷款人之间进行分担，力争实现对项目发起人的最低债务追索。

项目在不同阶段中的各种性质的风险有可能通过合理的融资结构设计将其分散。例如项目发起人（有时包括项目的工程承包公司）可能需要承担全部的项目建设期和试生产期风险。但是，在项目建成投产以后，发起人所承担的风险责任将有可能被限制在一个特定的范围内，如发起人（有时包括对项目产品有需求的第三方）有可能只需要以购买项目全部或绝大部分产品的方式承担项目的市场风险，而贷款银行则有可能需要同样承担项目的一部分经营风险。这是因为即使项目发起人或者项目以外的第三方产品购买者以长期协议的形式承购了全部的项目产品，对于贷款银行来说仍然存在两种潜在的风险：第一，有可能出现国际市场产品价格过低从而导致项目现金流量不足的问题；第二，有可能出现项目产品购买者不愿意或者无力继续执行产品销售协议而造成项目的市场销售问题。这些潜在问题所造成的风险是贷款银行必须承担的，除非贷款银行可以从项目发起人处获得其他的信用保证支持。

(3) 最大限度地降低融资成本

项目融资的金额大、周期长，如何实现最大限度地降低融资成本是项目发起人最关心的问题之一。因此，在具体设计项目融资模式时，应尽量从以下几方面入手：第一，完善项目投资结构设计，增强项目的经济强度，降低风险以获取较低的债务资金成本；第二，合理选择融资渠道，优化资金结构和融资渠道配置；第三，充分利用各种税收优惠，如加速折旧、税务亏损结转、利息冲抵所得税、减免预提税、费用抵税等。这一点在项目融资中非常重要，有的融资模式甚至是专门为了充分吸收税务亏损而设计，如杠杆租赁融资模式。

（4）实现发起人对项目较少的股本投入

任何项目的投资，包括采用项目融资安排资金的项目都需要项目发起人注入一定的股本资金作为对项目开发的支持。然而在项目融资中，这种股本资金的投入可以比传统的公司融资更为灵活，这就为设计项目融资模式争取实现发起人对项目较少的股本投入提供了条件。比如，项目发起人除了可以认购项目公司股本或提供一定的出资金额的方式提供股本金外，还可以以担保款、信用证担保等非传统的方式代替实际的股本资金投入。因此，如何使发起人以最少的资金投入获得对项目最大程度的控制和占有，是设计项目融资模式必须加以考虑的问题。

（5）处理好融资与市场之间的关系

长期的市场安排是实现有限追索项目融资的一个信用保证基础，没有这个基础，项目融资是很难组织起来的。对于大多数项目投资者来说，尤其是在非公司型投资结构中，以合理的市场价格从投资项目中取得部分产品是其参与该项目投资的一个主要动机。这样，就可能出现一种矛盾的局面：从贷款银行看，低于公平价格的市场安排意味着银行将要承担更大的市场风险，但对于项目投资者来说，高于公平价格的市场安排则意味着全部地或部分地失去了项目融资的意义。因此，在设计项目融资模式时，能否确定以及如何确定项目产品的公平市场价格就成为借贷双方谈判的一个焦点问题。

国际项目融资在多年的发展中积累了大量处理融资与市场关系的方法和手段，其中除了前面提到的“或付或取合同”和“提货与付款合同”外，还有一些融资模式就直接是对该问题的解答，如“产品支付”融资模式就是一例。

（6）争取实现资产负债表外融资

实现资产负债表外融资，是一些投资者选用项目融资的重要原因。虽然通过设计项目投资结构，在一定程度上也可以做到不将所投资项目的资产负债与投资者自身的资产负债表合并，但是多数情况下这种安排只对于共同安排融资的合资项目中的某一个投资者而言是有效的。如果是投资者单独安排融资，怎样才能实现投资者的表外融资呢？这就是在设计项目融资模式时需要考虑的问题。

在设计项目融资模式时，可以把一项贷款设计成为一种“商业交易”的形式，按照商业交易来处理，既实现了融资的安排，也达到了不把这种贷款列入投资者的资产负债表的目的，因为按照国际通行的会计制度，贷款必须反映在债务人的资产负债表上（或在资产负债表的注释中说明），而商业交易则不必进入资产负债表中，这样就实现了资产负债表外融资，如“产品支付”融资模式和“远期购买”融资模式。另一种做法是在BOT项目融资模式中，政府以“特许权协议”为手段利用私人资本和项目融资兴建本国的基础设施，一方面达到了改善本国基础设施状况的目的，另一方面又有效地减少了政府的直接对外债务（或者说使政府所承担的义务不以债务的形式出现）。

8.1.6 项目融资模式

项目融资是一项复杂的活动，各类主体参与其中，发挥不同作用。项目融资在具体实施过程中有很多模式。不同的项目融资模式，其融资结构和实施过程差异很大。因此，必须根据不同项目的特点选择不同的融资模式。项目融资的模式主要有以下几种。

（1）BOT方式

①BOT融资定义。BOT融资模式的基本思路是：由项目所在国政府或所属机构对项目的建设和经营提供一种特许安全协议（concession agreement）作为项目融资的基础，由本国公司或者外国公司作为项目的投资者和经营者安排融资，承担风险，开发建设项目并在有限的时间内经营项目获取商业利润，最后，根据协议将该项目转让给相应的政府机构。所以，有时BOT被称为“暂时私有化”（temporary privatization）过程。

BOT的概念是由土耳其总理厄扎尔于1984年正式提出的，并得到广泛推广。在操作中也有许多种BOT方式，以下是一些较普遍的BOT项目融资方式：

1）标准BOT，即是本节所说的最典型的定义。私人财团或国外财团自己融资来设计、建设基础设施项目。项目开发商根据事先约定经营一段时期，以收回投资。经营期满，项目所有权和经营权将被转让给东道国政府。

2）BOOT（build - own - operate - transfer），即建设—拥有—经营—转让，私人合伙人或某国际财团融资建设基础产业项目，项目建成后，在规定的期限内拥有所有权并进行经营，期满后将项目移交给政府。

BOOT与BOT的区别主要有两个：一是所有权的区别。BOT方式，项目建成后，私人只拥有所建成项目的经营权，而BOOT方式，在项目建成后，在规定的期限内既有经营权，也有所有权。二是时间上的差别。采取BOT方式，从项目建成到移交给政府这一段时间一般比采取BOOT方式短一些。

3）BOO（build - own - operate），即建设—拥有—经营。这种方式是承包商根据政府赋予的特许权，建设并经营某项基础产业项目，但是并不将此基础产业项目移交给公共部门。

4）BTO（build - transfer - operate），即建设—转让—经营。对于关系到国家安全的产业如通讯业，为了保证国家信息的安全性，项目建成后，并不交由外国投资者经营，而是将所有权转让给东道国政府，由东道国经营通讯的垄断公司经营，或与项目开发商共同经营项目。

5）DBFO（design - build - finance - operate），即设计—建设—融资—经营。这种方式是从项目设计开始就特许给某一私人部门进行，直到项目经营期收回投资，取得投资收益。但项目公司只有经营权，没有所有权。

②BOT融资模式的利弊分析。BOT通常运用于社会性很强的公用项目。如交通或能源项目，在这种融资方式中，通常是由项目所在国政府或政府机构与项目发起方或项目公司签署协议，把项目建设及运营的特许经营权移交给后者，但并不是所有的BOT项目都需要政府亲自出面。

对政府来说，以 BOT 方式融资的优越性主要表现在以下几个方面：

第一，减少项目对政府财政预算的依赖，使政府能在自有资金不足的情况下仍能上马一些基建项目。政府可以集中资源，对那些不被投资者看好但又对国家具有重要战略意义的项目进行投资。

第二，由于与项目有关的资金是由项目公司融资的，不构成一国政府的债务，因此，不增加东道国的外债总额和财政负担，即使项目建设需要大量的资金，也不需要东道国政府出面负担。

第三，可以吸引外资，引进新技术，改善和提高项目的管理水平。东道国可以从 BOT 项目的承建与运营中学到先进的技术和管理经验，也能使项目的主办者或运营者以更好服务或更低的价格使最终消费者受益。

第四，BOT 融资的实质是将国家的基础产业项目建设和经营管理民营化，这样，可以把私营企业的经营机制引入基础设施建设中，提高基础设施项目建设和经营的效率。

第五，它使作为特许权授予者的公共部门能够将项目的建设、融资、经营风险转移给私人部门，增强公共部门的稳定性。

对于项目主办者或直接投资者来说，BOT 方式具有以下吸引力：

第一，BOT 项目具有独特的区位优势和资源优势，这种优势确保了投资者能够获得稳定的市场份额和资金回报率。

第二，BOT 项目具有独占性的市场竞争地位，可以使项目主办者有机会涉足项目业主国的基础性领域，为将来的投资活动打下一个良好的基础。

第三，BOT 项目通常可以带动投资方的产品特别是其大型工业成套设备的出口，从而有助于其开拓产品市场。同时，在项目运营期满之后，投资方可以通过提供持续性服务，继续取得服务收入，继续扩大技术设备的出口等。

但是，不能忽视，采用 BOT 融资方式也存在着潜在的负面效果，主要表现在以下几个方面：

第一，可能增加融资的机会成本。如果特许权授予者采用 BOT 方式建设基础设施项目，所带来的效益低于年均机会成本的话，则利用 BOT 融资的成本低、金额大、期限长等优点将被高额的机会成本所淹没，而且，金额越大、期限越长，所损失的机会收益额就越大。

第二，可能导致大量税收的流失。因为，在国有部门进行基础设施建设的情况下，可以保证税收的及时、足额缴纳。然而，在 BOT 融资方式下，项目公司多是以外资企业形式出现，尤其在国际项目融资中，总是存在着一个或一个以上的外方发起人，而许多国家对外资都有一定的税收优惠政策。

第三，可能造成设施的掠夺性经营。项目公司为早日收回投资并获取利润，就必须在项目的建设和经营中采用先进技术和管理方法，提高项目的生产效率和经营业绩，增加项目的竞争力，使得投融资双方均获得一定的利润回报。这种掠夺式的经营使得当特许期满、项目资产转让给政府部门时，已无多大潜力可挖，原来先进的设备已经老化，需要大量的维修和保养资金等，政府得到的也许只是一个空壳而已，这就失去了采用

BOT融资模式的意义。

（2）ABS方式

①ABS融资的含义。ABS是英文 asset - backed securitization 的缩写，即资产证券化之意。资产证券化的定义像其他事物一样，经过了一个发展扩大的过程。在其初始阶段，资产证券化指通过在资本市场和货币市场上发行证券即以直接融资方式来举债，这种资产证券化称之为“一级证券化”或“融资证券化”。运用这种方法，一个借款人可以向市场上的投资者直接借款而不再需要向银行申请贷款或透支。这种类型的资产证券化会动摇银行作为资金提供者的传统地位，并最终导致“融资非中介化”或“脱媒”现象的出现。

第二种资产证券化是指将已经存在的信贷资产集中起来根据利率、期限、信用质量等标准加以组合并进行包装后转移给投资者，从而使此项资产在原持有者的资产负债表中消失。这种形式的资产证券化被称为“二级证券化”，也就是我们通常所提及的资产证券化。

所以，什么是ABS融资呢？具体来说，它是指以目标项目所拥有的资产为基础，以该项目资产的收益为保证，通过在国际资本市场上发行高档债券来筹集资金的一种项目证券融资方式。

ABS方式的本质在于通过其特有的提高信用等级方式，使原本信用等级较低的项目照样可以进入国际高档证券市场，利用该市场信用等级高、债券安全性和流动性高、债券利率低的特点，大幅度降低发行债券筹集资金的成本。按照规范化的证券市场的运作方式，在证券市场发行债券，必须对发债主体进行信用评级，以揭示债券的投资风险及信用水平。债券的筹资成本与信用等级密切相关。信用等级越高，表明债券的安全性越高，债券的利率越低，从而使通过发行债券筹集资金的成本越低。如根据标准普尔公司的信用等级划分方法，信用等级AAA、AA、A、BBB为投资级，即债券的信用等级只有达到BBB以上级别时，才具有投资价值，才能在证券市场上发行债券募集资金。在投资级债券中，AAA级和AA级属于高档投资债券，信用风险小，融资成本低。因此，利用证券市场筹集资金，一般都希望进入高档投资级证券市场。但是，对于不能获得权威性资信评估机构较高级别信用等级的企业或其他机构，无法进入高档投资级证券市场。ABS运作的独到之处就在于通过信用增级计划，使得没有获得信用等级或信用等级较低的机构，照样可以进入高档投资级证券市场，通过资产的证券化来筹集资金。因此，即使加入了一些前期分析、业务构造和信用增级成本，它仍然为融资业务提供了新的、成本更低的资本来源。而且当公司或项目靠其他形式的信用进行融资的机会很有限时，证券化就成为该公司的一个至关重要的融资来源。这是因为资产支持证券的评级仅取决于作为证券支持的资产的信用质量，而与发行这些证券的公司的财务状况或信用无关。

②ABS融资的运行程序

1）确定资产证券化融资的目标。投资项目所附着的资产只要在未来一定时期内能带来稳定可靠的现金收入，都可以进行ABS融资。能够带来现金流量的收入形式可以是信用卡应收款；房地产的未来租金收入；飞机、汽车等设备的未来运营收入；项目产品的出口贸易收入；收费公路及其他公用设施收费收入；税收及其他财政收入；等等。

2）组建特殊目的公司 SPV。成功组建 SPV 是 ABS 融资的基本条件和关键因素。为此，SPV 一般是由在国际上获得了权威资信评估机构给予较高资信评定等级（AAA 或 AA 级）的投资银行、信托投资公司、信用担保公司等与证券投资相关的金融机构组成。

3）实现项目资产的“真实出售”。SPV 成立之后，与原始权益人签订买卖合同，原始权益人将资产池中的资产过户给 SPV。这一交易必须以真实出售方式进行。

4）完善交易结构，进行内部评级。SPV 与原始权益人或其指定的资产服务公司签订服务合同，与原始权益人一起确定一家受托管理银行并签订托管合同，与银行达成必要时提供流动性的周转协议，与证券承销商达成证券承销协议等，来完善资产证券化的交易结构。

5）划分优先证券和次级证券，办理金融担保。这将吸引更多的投资者，改善发行条件，特殊目的公司必须提高资产支持证券的信用等级，即必须进行“信用增级”。

6）进行发行评级，安排证券销售。评级机构根据经济金融形势，发起人、证券发行人等有关信息，SPV 和原始权益人资产债务的履行情况、信用增级情况等因素将评级结果公布于投资者。

7）SPV 获得证券发行收入，向原始权益人支付购买价格。从证券包销商那里取得证券的销售收入后，即按资产买卖合同签订的购买价格向原始权益人支付购买资产池的价款，而原始权益人则达到了筹资目的，可以用这笔收入进行项目投资和建设。

8）实施资产管理。原始权益人或由 SPV 与原始权益人指定的服务公司对资产池进行管理，负责收取、记录由资产池产生的全部收入，把这些收款全部存入托管银行的收款专户。托管银行按约定建立积累金，准备用于 SPV 对投资者还本付息。

9）按期还本付息，对聘用机构付费。到了规定的期限，托管银行将积累金拨入付款账户，对投资者付息还本。

③ABS 融资的使用范围

首先我们必须明白，并非所有的资产都可以证券化，根据已有的证券化交易例子，一种可证券化的理想资产应该具有以下特征：

1）能在未来产生可预测的稳定的现金流；

2）持续一定时期的低违约率、低损失率的历史记录；

3）本息的偿还分摊于整个资产的存活期间；

4）金融资产的债务人有广泛的地域和人口统计分布；

5）原所有者已持有该资产一段时间，有良好的信用记录；

6）金融资产的抵押物有较高的变现价值；

7）金融资产具有标准化、高质量的合同条款。

因此，不利于资产证券化的属性有：

1）服务者经验缺乏或财力单薄；

2）资产组合中资产的数量较少或金额最大的资产所占的比重过高；

3）本金到期一次偿还；

4）付款时间不确定或付款间隔期过长；

5）金融资产的债务人有修改合同条款的权利。

④ABS 融资的主要特点

1）ABS 融资方式的最大优势是通过在国际高档证券市场上发行债券筹集资金，债券利率一般较低，从而降低了筹资成本。而且，国际高档证券市场容量大，资金来源渠道多样化，因此，ABS 方式特别适合大规模筹集资金。

2）通过证券市场发行债券筹集资金，是 ABS 不同于其他项目融资方式的一个显著特点，无论是产品支付项目融资、还是 BOT 项目融资模式，都不是通过证券化形式融资的，而证券化融资代表着项目融资的未来发展方向。

3）ABS 方式隔断了项目原始权益人自身的风险，使其清偿债券本息的资金仅与项目资产的未来现金收入有关，加之在国际高档证券市场上发行的债券是由众多的投资者购买，从而分散了投资风险。

4）ABS 方式是通过 SPV 发行高档债券募集资金，这种负债不反映在原始权益人自身的资产负债表上，从而避免了原始权益人资产质量的限制。同时，SPV 利用成熟的项目融资改组技巧，将项目资产的未来现金流量包装成高质量的证券投资对象，充分显示了金融创新的优势。

5）作为证券化项目融资方式的 ABS，由于采取了利用 SPV 增加信用等级的措施，从而能够进入国际高档证券市场，发行那些易于销售、转让以及贴现能力强的高档债券。与 BOT 等融资方式相比，ABS 融资方式涉及的环节较少，在很大程度上减少了酬金、手续费等中间费用。

6）由于 ABS 方式是在国际高档证券市场筹资，其接触的多为国际一流的证券机构，按国际上规范的操作规程行事，这将有助于培养东道国在国际项目融资方面的专门人才，规范国内证券市场。

⑤ABS 融资在金融市场中的作用

1）对于那些信用等级较低的金融机构，存款和债务凭证的发行，成本高昂。如能证券化和出售一部分资产组合，由于证券的较高信用等级，可以获得较低的发行成本。

2）证券化能够使金融机构减少甚至消除其信用的过分集中，同时继续发展特殊种类的组合证券。

3）证券化使得金融机构能够更充分地利用现有的能力，实现规模经济。

4）证券化能将非流动资产转换成可流通证券，使其资产负债表更具有流动性，而且能改善资金来源。

5）证券出售后，将证券化的资产从其资产负债表中移出，可以提高资本比率。

另外，资产证券化还具有明确的金融创新意义。

(3）其他方式

①TOT 方式

TOT（transfer - operate - transfer），即移交—经营—移交，是项目融资的一种新兴方式。它是指通过出售现有投产项目在一定期限内的现金流量，从而获得资金来建设新项目的一种融资方式。

TOT 方式具有适应目前我国基础设施建设现状的特点：

1）有利于引进先进的管理方式；

2）项目引资成功的可能性增加；

3）使建设项目的建设和营运时间提前；

4）融资对象更为广泛；

5）具有很强的可操作性。

②PFI 方式

PFI（private finance initiative）即私人主动融资，是指由私营企业进行项目的建设与运营，从政府方或接受服务方收取费用以回收成本。

PFI 模式最早出现在英国，通常有三种典型的类型：

1）在经济上自立的项目；

2）向公共部门出售服务的项目；

3）合资经营。

8.2 信托融资

信托是随着商品货币经济的发展而发展的，经历了从民事信托到现代金融信托的漫长历史过程。信托作为现代金融业的一部分，对促进经济发展起着重要作用。本节着重阐述信托的概念与本质、信托的产生和在西方发达国家以及在我国的发展、信托的职能与作用、信托资金的筹措、信托机构的筹资决策和投资决策以及委托投资业务。

8.2.1 信托的起源与发展

（1）信托的概念及信托的本质

①信托的概念

信托是指委托人基于对受托人的信任，将其财产委托给受托人，由受托人按委托人的意愿以自己的名义，为受益人的利益或者特定目的，进行管理或者处分的行为。信托是以财产为核心，以信任为基础，以委托为方式的财产管理制度。

由于信托是一种代人理财的财产管理制度，在现代社会，这种被管理的财产通常又是资金或与资金相联系的财产形式，同时具备了融通资金的职能，且又因受托人信托机构或国外兼营信托业务的银行是金融机构，故又称金融信托。金融信托是一种具有融通资金、融资与融物以及融资与财产管理相结合的金融性质的信托业务，是金融业的一个重要组成部分，标的物主要是委托人的资金或财产等。

②信托的成立

信托成立必须具备信托行为、信托关系人、信托目的及信托标的物四个基本要素。

1）信托行为。信托行为是指信托当事人在相互信任的基础上，以设定信托为目的，并以一定的形式而形成的法律行为。这种法律行为既可以契约、合同或协议的形式成立，也可以遗嘱的形式建立。此外，也可由法院按照有关法律强制性建立。

2）信托关系人。信托关系人是指委托人、受托人和受益人三方当事人。委托人是提出委托要求并对受托人授权的人，他是信托财产的所有者。受托人是接受委托并按约定的信托条件对财产进行管理或处理的人。受益人是享受信托财产利益的人。可见，信托关系的建立要求信托关系人必须具有一定的条件，并具有一定的责任、权利和义务。

3）信托目的。信托目的是指委托人通过信托行为要达到的目标。它既是委托人设定信托的出发点，也是检验受托人是否完成信托事务的标志。信托目的由委托人提出，可以有各种各样的信托目的。但必须做到：一要具有合法性；二要可能达到或实现；三要为受益人所接受。

4）信托标的物。信托标的物即信托财产，是指受托人因承诺信托而取得的财产。受托人因信托财产的管理运用、处分或者其他情形而取得的财产（如利息、红利等），也归入信托财产。法律、行政法规禁止流通的财产，不得作为信托财产。法律、行政法规限制流通的财产，依法经有关主管部门批准后，可以作为信托财产。

信托财产应具有一定的独立性。信托财产与委托人未设立信托的其他财产相区别。设立信托后，委托人死亡或者依法解散、被依法撤销、被宣告破产时，委托人是唯一受益人的，信托终止，信托财产作为其遗产或者清算财产；委托人不是唯一受益人的，信托存续，信托财产不作为其遗产或者清算财产；但作为共同受益人的委托人死亡或者依法解散、被依法撤销、被宣告破产时，其信托受益权可作为其遗产或者清算财产。信托财产与属于受托人所有的财产（以下简称固有财产）相区别，不得归入受托人固有财产或者成为固有财产的一部分。受托人死亡或依法解散、被依法撤销、被宣告破产而终止，信托财产不属于其遗产或者清算财产。受托人管理运用、处分信托财产所产生的债权，不得与其固有财产产生的债务相抵消。受托人管理运用、处分不同委托人的信托财产所产生的债权债务，不得相互抵消。

③信托的结束

信托结束是指信托行为的终止。信托不因委托人或者受托人的死亡、丧失民事行为能力、依法解散、被依法撤销或者被宣告破产而终止，也不因受托人的辞任而终止。但信托文件等另有规定的除外。有下列情形之一的，信托终止：信托文件规定的终止事由发生；信托的存续违反信托目的；信托目的已经实现或者不能实现；信托当事人协商同意；信托被撤销；信托被解除。信托财产在信托结束后，一般应归属受益人，如无归属权利者即无特定的受益人时，信托财产可归属委托人。

④信托的本质

1）信托是一种多边信用关系。信托行为的发生，涉及委托人、受托人和受益人三方当事人，三方共同形成了信托行为的多边信用关系。委托人是信托财产的所有者，他是信托行为的起点；受托人通过自身的信托业务活动满足委托人的要求，使受益人获利，他是信托行为的关键；受益人是依据这种信托关系得到实际利益的人，他是信托行为的终点。这种信托多边信用关系的建立，必须根据法定程序才能成立，并将各方关系人的条件、权利和义务通过信托契约或合同加以确定，以保证当事人的合法权益。

2）财产权是信托行为成立的前提。财产权是信托多边信用关系的核心，信托财产的委托人必须是该项财产的所有者。唯有确认了委托人对委托财产的所有权或使用权、支配权，受托人才能接受这项财产的信托，信托行为才能成立。信托作为一种价值运动，在授信与受信过程中，要以转移信托财产的所有权或使用权、支配权为条件，使受托人取得法律上的地位，凭此掌握信托财产，并行使其权利，代委托人进行管理或处理，为受益人谋取利益。

3）信任是信托的基础。信托活动实际上是一种社会信用活动，因而在信托业务中，信任贯穿始终。信托是建立在委托人对受托人充分信任的基础上，先由一方提出委托，经他方同意，接受委托而成立的经济行为。这种经济行为的最大特征是受托人必须严格按照委托人的旨意实施信托行为，而不能按自己的意图行事，从而保证信托行为建立在信任的基础上。

(2) 信托的产生

①信托的起源。信托是在商品经济的基础上产生的，信托从产生开始，就与维护私有财产有关。自从私有财产制度确立，个人拥有财产以后，对私有财产的占有和维护就成为人们十分关注的问题。财产所有者不仅在活着的时候占有它、维护它，并且还关心到身后对财产的处理和安排，因而产生了委托他人代为维护和管理自己财产的信托行为。私有财产制度是在氏族社会开始崩溃、家庭开始形成时萌芽的，这时社会成员间共同劳动和共同消费的关系，逐渐被一种用钱物来体现的关系，即商品交换关系所代替。随着社会分工的不断扩大，商品交换的扩大，商品经济得以在社会确立，一夫一妻制家庭形成，私有财产制度产生，才带来遗产继承问题，即信托行为。因此，信托是在商品经济的基础上产生的。

原始的信托行为起源于数千年前古埃及的遗嘱托孤。公元前2548年，古埃及就有人设立遗嘱，让其妻继承自己的遗产，并为儿女指定了监护人，还设有立遗嘱的见证人。这种以遗嘱方式委托他人处理财产并使继承人受益的做法是现今发现的一种最早的信托行为，显然这种信托行为在当时只是一种原始的自发的信托行为。

信托的概念源于《罗马法》中的“信托遗赠”制度。《罗马法》是在罗马帝国末期，由国王奥格斯德士所创。《罗马法》中规定：在按遗嘱划分财产时，可以把遗嘱直接授予继承人，若继承人无力或无权承受时，可按信托遗赠制度规定，把财产委托或转移给第三者处理，使继承人受益；从而规避了《十二铜表法》中“只有罗马市民才有资格成为遗嘱指定的遗产继承人”的限制。《罗马法》创立了一种遗产信托，这种制度是从处理罗马以外的人的继承问题开始的，后逐渐成为一种通行的制度。古罗马的“信托遗赠”已形成了一个比较完整的信托概念，并且首次以法律的形式加以确定。然而，此时的信托完全是一种无偿的民事信托，并不具有经济上的意义，还没有形成一种有目的的事业经营，其信托财产主要是实物、土地。

②“尤斯”制度。“尤斯”（USE）制度是英国宗教团体和封建主之间矛盾斗争的产物。在公元13世纪前后英国的封建时代，宗教信仰特别浓厚。教徒们受教会的“活着

要多捐献，死后可升天”宣传的影响，常把身后留下的土地遗赠给教会，于是教会就占有了越来越多的土地，并且按当时英国法律规定，教会的土地是免税的，因此，英国王室征收土地税就发生了困难。同时，在英国封建制度下，本来君主可因臣下死亡而得到包括土地在内的贡献物，教会作为公共团体却没有死亡期，这样教会拥有的土地越多，对君主利益的触犯就越大。为制止这种触犯君主利益的情况发展，英王亨利三世于13世纪颁布了《没收条例》，规定凡以土地让与教会者须经君主的许可，否则没收其土地。当时英国的法官多是教徒，为了对付《没收条例》，他们参照《罗马法》的“信托遗赠”制度而新创了“尤斯”制度。

“尤斯”制度的具体内容是：凡要以土地贡献给教会者，不作直接的让渡，而是先赠送给第三者，并表明其赠送的目的是为了维护教会的利益，然后让第三者将从土地上所取得的收益转交给教会，就叫做“替教会管理或使用土地”。这样教会虽非自己直接掌握财产权，但可实际享受其利益，也达到了教徒要多作贡献的目的。后来这种制度不仅限于对教会的捐献，并且波及逃避一般的土地没收和财产的继承方面；在信托财产方面不仅被应用于土地，也被应用于其他不动产等。这就是“尤斯”制的开端。

由于“尤斯”制大大地触犯了封建君主的利益，因此，封建君主总是极力反对“尤斯”制。后来，由于英国封建制度衰落及资产阶级革命的成功，到了17世纪，“尤斯”制终于为衡平法院所承认而发展为信托。由于信托制度有利于资本主义经济发展，因此，为当时的资产阶级极力推崇，信托的内容也大大地丰富了。信托不仅应用于宗教，而且也应用到社会公益、个人理财等方面；标的物也从土地延伸到商品和货币等。信托的概念日益明确，信托的做法逐渐完善，到19世纪逐渐形成了近代较为完善的民事信托制度。

③信托业务制度在英国的确立。19世纪中叶，英国完成了工业革命，随着商品经济的快速发展，社会分工越来越细，交易活动更加频繁，经济关系也越来越复杂。为了有效管理和处理自己的财产，就非常需要有专业性、稳定性的受托人为之服务，这就为信托事业的发展提供了有利条件，也使信托业务制度在英国得以确立。其确立的标志是，英国的信托机构纷纷成立。1886年伦敦出现了第一家办理信托业务的信托机构——伦敦信托安全保险有限公司；1888年又成立了伦敦法律保证信托协会；1908年创立了政府的信托机关——官营受托局。此外，各种信托法规也纷纷出台，如1893年的《受托人条件》、1896年的《官营受托人条例》等。

虽然信托业务制度在英国得以确立，但由于一些传统习惯和历史的原因致使信托业务在英国没有得到进一步的发展。此时英国的信托业务还主要是民事信托，其建立的信托业务制度亦可说是民事信托业务制度。信托业务从民事信托发展到商事信托则源于美国。

（3）信托在西方国家的发展

①信托业在美国的发展。18世纪末到19世纪初，美国开始从英国引进民事信托。英国的信托是以个人之间的信任为基础发展起来的，而美国则一开始就把信托作为一种事业经营，用公司组织的形式大范围地经营起来。虽然最初信托业务是为美国独立战争

期间及其之后执行遗嘱和管理遗产的需要而开办的，但很快随着欧洲移民在美国的殖民活动以及对美国的开发，这种狭隘的民事信托已不能满足经济发展的要求。为了促使资本集中，以盈利为目的的金融信托公司应运而生，因此，美国最早（比英国早几十年）完成了个人受托向法人受托的过渡和民事信托向商事信托的转移，为现代金融信托制度奠定了基础。

19 世纪上半叶，资本主义生产关系在美国建立起来，并得到迅速发展。股份公司的创立使股票、债券等有价证券大量涌现，社会财富由土地、商品等实物形态向有价证券的形态转化。在这种情况下，就需要有办理集资、经营和代理各种有价证券的专门机构。这一时期美国逐渐成立了保险业务和金融信托业务兼营的专业信托公司，如 1818 年成立的麻省医疗人寿保险公司，1830 年成立的纽约农民火灾保险及放款公司等。

19 世纪后半叶，美国南北战争结束，国内开始进行经济建设。随着铁路建筑、矿产资源开发等建设事业的开展，建设急需的资金数额急剧增长。信托公司积极参与资金筹集，承购这些铁路、矿山公司发行的债券，然后广泛出售给公众投资者，信托公司完全具备了金融机构的性质，金融信托业务由此形成。随着金融信托业务的不断扩大，许多保险公司逐渐放弃保险业务而专门从事信托业务，兼营银行业务的信托公司也大量增加。

从 19 世纪末到现在，是美国现代信托业得到发展的时期。随着商品经济向更高阶段发展，信用制度得到确立，信用工具也得到更广泛的运用，银行资本与工业资本的融合，使金融业在整个国民经济中的地位不断提高，对国民经济的渗透力不断增强。为了竞争的需要，银行也开始兼营信托业务。从此，美国的信托机构得到发展，监察制度和业务内容也趋向统一，信托业随着银行业务的发展而得到发展。目前美国信托业基本为美国商业银行特别是大商业银行所垄断，由商业银行的信托部兼营。美国信托业的发展已超过英国，成为当今世界上信托业最为发达的国家。

②信托业在日本的发展。日本的信托制度是从美国引进的。19 世纪末，经济界的头面人物极力宣传尽快引进美国类型的信托制度，因为他们认识到用信托作为筹资手段对发展重工业是必要的。因此，日本兴业银行（1902 年）成立后首次开办了信托业务，信托业在日本开始发展起来。

第一次世界大战爆发后，日本战时工业发展很快，信托公司的数量也随之大增，由战前 1911 年的 134 家，增加到 1921 年的 488 家。第一次世界大战结束后的最初几年，日本经济转入萧条期，受其冲击，不少小的信托公司纷纷破产。为保护民众利益，日本政府认为有必要整顿信托行业，巩固其基础。因此，于 1922 年制定了经营信托业务必须遵循的《信托法》和监督经营信托业的《信托业法》，这两个法律成为信托公司的基本法，使日本信托业务进入新的历史时期，保证了以后信托事业的健康发展。

第二次世界大战结束后，日本经济处于瘫痪状态，信托业务也随之急剧减少。直到 20 世纪 50 年代，日本经济由战后恢复时期转入发展时期，信托业才重新获得新生。由于战时的信托体制已不能适应经济形势发展的需要，日本政府于 1954 年对信托业进行了整顿，确立了信托业和银行业分离、长期金融和短期金融分离的方针，确定商业银行为短期金融机构，信托银行为长期金融机构，从此，日本的信托业得到了飞速发展，先后开办了养老金信托、公益信托、到期还本付息信托等，并成立了以信托业务为主兼营银行业务的信托银行。20 世纪 90 年代，日本开始了大幅度的金融改革，由于实行了混业经营金融管理体制，信托业务成了金融各业创新业务、提高效率的突破口，并得到广泛发展。

③信托业在英国的发展。英国是世界上现代信托业的发源地。起初，是由委托人请社会地位较高的人作为受托人，办理一些为社会公益事业服务的民事信托。1896 年后，英国公布了《官设受托人法》、《官营受托法规》等，英国信托业的法制逐步加强，并于1908 年成立了官营受托局。自此以后，法人作为受托人得到了承认，并在当时居于重要地位。此外，还有两家经营个人信托业务的信托公司也很有名，即伦敦受托、遗嘱执行和证券保险公司与伦敦法律保证信托协会。到 19 世纪末和 20 世纪初，全英国财产的1/20是信托财产。

英国信托业主要集中在银行和保险公司，采用兼营方式，专营比例很小。例如，英国四大商业银行的信托部（公司）所承受的信托财产，占全部银行信托财产的 40% 以上，这四大商业银行是威斯敏士特银行、密特兰银行、巴克莱银行和劳埃德银行。

（4）信托在我国的发展

①新中国成立前的信托概况。

1）私营信托业的发展。20 世纪初，现代信托传入中国，首先创办信托机构的不是中国人而是外国人。他们是 1913 年在大连设立大连取引所信托株式会社的日本人和1914 年在上海设立普益信托公司的美国人。此后几年中，我国各地又先后设立了 20 多家信托公司，均由外国人掌管。直到 1917 年上海商业储蓄银行设立保管部，才开始了中国人独立经营金融性信托业的历史。

1917 年，由民族资本家经营的上海商业储蓄银行成立了保管部，通过出租保管箱给客户保管贵重物品。1922 年，上海商业储蓄银行将保管部改为信托部，并开办个人信托存款业务。1918 年，浙江兴业银行正式开办具有信托性质的出租保管箱业务。1919 年12 月，聚兴诚银行上海分行成立了信托部，经营运输、仓库、报关和代客买卖有价证券业务。这是我国最早经营信托业务的三家金融机构，标志着中国现代信托业的开始。由于信托业是一个新兴行业，所以当时没有专门的信托机构设立，而只是由这三家银行内部设立的信托部兼营信托业务。但不久，上海便刮起一股大设交易所和信托公司之风，导致“信交风潮”爆发。在这个风潮中和风潮之后，私营信托业经历了一个“竞相设立—纷纷倒闭—稳健发展”的过程。

从 1928 年起，私营信托业开始复苏，由低潮走向全面发展阶段。1928 年，上海又重新兴起信托公司，其中新增设 9 家公司，加上由天津设于上海的久安信托公司，连同原来的中央、通易两家公司，共 12 家，总资本也超过“风潮”前的数额。

1937 年抗日战争爆发后，全国范围内的信托业又有了新的发展，尤其是一些原来没有信托机构的西南、西北地区也相继设立信托公司。而上海这个信托中心又新增设 30多家信托公司和新成立 10 多家银行信托部，并有“久安”、“中一”等少数信托公司更名为银行。

抗日战争胜利后，由于当时国民政府整顿抗战期间在上海开设的金融机构，对上海在敌占期间成立的信托公司进行停业清理，于是信托公司数量减少到战前规模。到1947年10月，全国信托公司共剩15家，资本总额91 500万元，其中上海为86 000万元，占全国总数的93.99%。1948年，全国信托公司有14家，上海占13家，其中包括中央信托局、通易、中一（1936年1月，因中央信托局成立，原中央信托局改为中一信托局）、上海、通汇等12家信托公司。银行兼营信托业务的也有数家。

2）官办信托业的发展。旧中国的官办信托业是在私营信托业初步稳定的基础上产生的。1933年10月，上海市兴业信托社成立，这是第一家地方性的专营的官办信托机构。1935年10月，中央信托局成立，隶属于国民党官僚资本金融体系，是旧中国最大的官办信托机构，此外还有“四行二局一库”的信托部，也经营信托业务。

②新中国成立后的信托事业。

1）新中国信托业的建立。我国社会主义信托事业始建于新中国成立初期，它是在我国银行实行社会主义国有化的过程中，对旧中国金融信托业进行接管、改造的基础上建立起来的。

对官僚资本信托业的改造。国民政府的“四行二局一库”是官僚资本进行金融垄断的核心，为了彻底摧毁它，根据当时“没收官僚资本”的政策，首先对国民政府的官办信托业，包括中央信托局及其在各地的分支机构采取坚决没收的政策，由人民政府接管，并进行清理；对旧中国银行和交通银行的信托部，则随同对官僚资本银行的接管，进行改组和改造。

对民族资本主义信托业进行改造。对民族资本主义信托业，采取了赎买政策，通过国家资本主义形式进行社会主义改造，于1952年底实现了民族资本主义信托业的社会主义国有化。

2）新中国成立初期信托业的试办与停办。在对旧中国信托业进行接管和改造的同时，又开始了对金融信托业的试办。当时试办信托业的城市主要以旧中国有信托基础的城市为主，而试办信托业务的机构又以银行信托部和信托公司为主。1949年11月1日，中国人民银行上海分行信托部成立；1951年6月，天津市由地方集资成立了公私合营的天津市投资公司；1955年3月，广东省华侨投资公司成立，办理信托业务。此外，北京、武汉等地也曾成立过信托机构，办理信托业务。

但是，进入20世纪50年代以后，由于国内经济形势的发展，信托公司和银行信托部的业务都逐渐收缩，到50年代中期停止。其原因主要是在新中国成立初期，我国的商品经济尚不发达，还不完全具备发展信托业的条件；此外，在当时推行的高度集中统一的计划管理体制下，忽视了利用经济杠杆和市场调节的作用，信用高度集中于国家银行，形式趋于单一化。

3）信托业的恢复和发展。改革开放以后，有些地区、部门和银行，鉴于原有的银行信贷方式不能完全适应社会上对信用的需要，为了谋求开拓资金融通的渠道，开始筹建和设立各种形式的信托机构。1979年10月，中国银行率先成立了信托咨询部，中国国际信托投资公司在北京成立。1980年6月，中国人民银行根据国务院关于银行要试办信托业务的指示，先后恢复和开办了信托业务。接着，各专业银行也先后试办信托业务，以使用新的信用方式支持经济联合，促进经济发展，搞活国民经济。至此，在我国停办了20多年的信托开始复苏，并得到迅猛发展。

8.2.2 信托的职能与作用

信托具有不同于其他金融业务的独特职能，并在金融体系中占有特殊地位，对社会经济发展起到了积极的促进作用。

(1) 信托的职能

①财务管理职能。财务管理职能又称为财产事务管理职能，在我国又称为社会理财职能，是信托机构受托对信托财产进行管理和处理的职能。财务管理职能是信托的基本职能。这种职能具有以下特点：

1) 受托人受托经营信托财产，只是为受益人的利益而进行管理和处理，受托人不能借此为自己谋利益，而只能受托作服务性的经营。

2) 受托人虽然得到委托人的授信，接受了财产所有权的转移，但受托人如何管理和处理信托财产，只能按照信托的目的来进行。受托人不能按自己的需要，随意利用信托财产。

3) 受托人通过管理或处理信托财产而产生的收益，最终要归于受益人。受托人为管理或处理信托财产而提供的劳务，只能收取手续费作为劳动报酬。

4) 受托人经营信托财产时，如发生亏损，只要符合信托契约的规定，受托人可以不承担此种亏损。

很显然，信托的财务管理职能与日常生活中的财务管理有着明显的区别。在我国，信托的财务管理职能内容十分丰富，与各种金融业务都有着千丝万缕的联系，具有理财的社会性。如目前信托机构开办的资金信托、财产信托、委托贷款、委托投资等，都属于财务管理职能的运用。随着我国市场经济的不断发展，信托财务管理的职能将会发挥更大的作用。

②融通资金职能。融通资金职能是指信托作为一项金融业务，具有筹集资金和融资的职能。在货币信用经济下，个人的财产必然有一部分会以货币资金的形态表现出来，因此，对这些信托财产的管理和运用就必然伴随着货币资金的融通。这一职能作用的大小，视各国对信托业务的认识和利用程度高低而定。例如，日本把信托机构视为融通长期资金的机构，因而在整个日本信托业务中金钱信托占90%以上；在我国，信托这个职能主要反映在长期资金的营运上，它通过筹集长期资金，用于生产和建设，同时也表现在通过吸引外资，引进国外的先进设备和技术上。信托融通资金职能具体表现在三方面：

1) 直接表现为货币资金的融通。信托机构按照信托方式，受理委托人的信托资金，从而形成信托存款。当信托机构将信托存款资金用于投资、贷款或发行、买卖有价证券时，信托发挥了融通资金的职能。

2）表现为“物”的融通与货币资金融通相结合。当信托机构受理委托人的信托财产时，受托人便可以按照信托目的，通过融资性租赁形式，解决承租者购买设备资金不足的困难，实现了资金融通。

3）表现为通过受益权的转让来实现货币资金融通。随着受益权通过受益证券的易主转让，货币资金得到了融通，实现了融通资金的职能。

③沟通和协调经济关系，提供信任、信息与咨询的职能。信托业务具有多边经济关系，受托人作为委托人与受益人的中介，是天然的横向经济联系的桥梁和纽带。通过信托业务的办理，特别是通过代理和咨询业务（如代理发行有价证券、代理收付款项、代理保管资财、信用签证、经济咨询、资信调查等），受托人以代理人、见证人、担保人、介绍人、咨询人、监督人等身份为经营各方建立相互信任关系，为经营者提供了可靠经济信息，为委托人的财产寻找投资场所等，从而加强了横向经济联系和沟通，促进了地区之间的物资和资金交流，也推进了跨国经济技术协作。

④社会投资职能。社会投资职能是指信托机构运用信托业务手段参与社会投资行为所产生的职能。信托机构开办投资业务是世界上大部分国家的普遍做法。我国自恢复信托业务以来，就开办了投资业务，投资业务已成为信托机构的主要业务之一，以致我国大多数信托机构命名为“信托投资公司”。可见，信托还具有投资职能，信托的投资职能表现在：

1）有价证券投资。在当今世界经济舞台上，股份公司扮演着重要的角色，证券投资成为基本的投资方式之一，因而西方信托机构的大部分业务是从事各种有价证券的管理和应用。目前我国正扩大股份制试点和改革，证券投资方兴未艾，因而这种改革将推动信托公司证券投资业务的发展，也会为这种改革创造有利条件。

2）信托投资。即信托机构对参加经济联合的企业单位，根据需要给予投资性的贷款，用于企业资金周转。信托投资业务包括指定信托投资、代理信托投资和一股信托投资三种。

综上所述，在信托的各种职能中，财务管理职能是其最基本的职能，融通职能、协调经济关系职能和投资职能也是信托的重要职能。这些职能是否能够起作用和发挥作用程度的大小，依各国政治、经济制度、社会习俗等因素而定，特别是一国市场经济发展的程度和金融深化的程度对信托职能的发挥起着决定性的作用。

（2）信托的作用

信托的作用是信托职能发挥的结果，它通过具体的信托业务对社会经济产生影响。我国信托业发挥的作用是：

①促进市场经济的发展。市场经济的发展必然导致经济活动的多样化和金融资产的多样化。随着我国经济体制改革的不断深化，企业自主权和经营权的进一步强化，迫切需要信托的出现，以其灵活多样的方式来满足不同经济关系和不同经济利益的特殊要求。通过信托业务活动，将其他部门、企业资金筹集起来，既能满足委托人所托的一定目的和要求，又能使受托人按照国家产业政策及搞活经济的需要积聚资金，实现资金的有效配置，支持社会再生产，促进市场经济发展。

②运用各种渠道，聚集社会闲散资金。随着市场经济的发展，货币流通量的扩大，沉淀间歇资金也越来越多，要挖掘这部分资金，单纯依靠银行是不够的。信托作为一项金融业务，也具有筹集资金的作用。信托利用其经营方式灵活的优势，根据国家有关规定，吸收劳动保险机构的劳保基金、各种学会和科研机构的基金以及各主管部门自主支配的委托基金，发挥理财、管理的职能，有效地利用信托资金，满足委托单位的要求。同时，信托还可以利用代理发行股票、债券、代理收付等手段，筹集社会闲散资金。

③代人理财，促进生产，加快商品流通。信托是一种多边信用关系，其本身既是关系人，又是中介人，可充分发挥财务管理和融通资金的中介作用。信托的主要业务是"受人之托、代人理财"，通过这项业务的开展，为各主管单位、大公司及科研机构拨改贷提供了新的信用工具，推动了资金由无偿使用向有偿使用的转化，在一定程度上克服了企业资金来源上依赖主管部门的思想，减少了资金浪费，加强了用款单位的责任感和紧迫感，有利于提高经济效益。同时，由于企业在经济交往中，赊销、分期付款、预收预付款时有发生，这样难免形成三角债，造成企业之间相互拖欠。信托机构可以利用其信用度高、联系广泛的优势，代企业清收欠款，缓解三角债，促进了企业生产发展，加速了企业资金周转，加快了商品流通。

④大力发展代理业务，为社会提供全方位服务。代理业务是信托业务之一，由于信托业与各方面经济往来密切相关，经营技术娴熟，且有较高的信誉，因此信托机构开办代理业务，对方便客户、满足社会各方面的需要具有重大作用。信托机构开展代理资产处理、代理发行股票、证券等信托业务，可以弥补企业在财产处理和资金运用方面经验和能力的不足，降低企业成本，加速资金周转，满足各种不同的财产管理和处置要求。信托机构在受理代理业务过程中，可以从代理活动中发现企业经营管理中存在的问题，或是从企业所提供的经济资料中发现问题，及时向企业提出建议，从而协助企业改善经营管理，加强经济核算。信托机构开展代理业务，不仅拓宽了自己的业务范围，而且为社会提供了全方位的服务，补充了银行业务的不足，促进了经济的发展。

⑤积极开展租赁业务，促进企业技术改造。由于租赁具有不需要大量投资就能及时得到所需要的技术设备并可以保持技术设备先进性的特点，同时采用租赁方式引进技术设备，可得到良好服务，并可免受通货膨胀的影响，所以租赁越来越受到企业的青睐。信托业把租赁业作为一项重要业务来开发，由信托机构垫付资金，购置用户所需要的设备，然后租给用户使用，由用户利用其生产的经济效益支付设备使用租金。这样企业就能够及时有效地进行设备更新，从而促进企业技术进步，加快产品的更新换代。

⑥信托业务有利于促进我国的对外开放。改革开放以来，我国经济建设虽然取得了很大成绩，但同西方发达国家相比，在经济技术方面仍有很大差距。这就需要我国加快改革开放的步伐，大力开展对外贸易，引进国外先进技术和设备，开展国际经济合作。在这些活动中，许多国内企业急于寻找合作伙伴，并了解客户信息，掌握国际市场行情；而国外的各种机构、客户也急于了解国内企业的资信情况及产品信息。信托可以利用自己的优势为国内外各方面牵线搭桥，通过开展咨询、资信调查等业务，沟通并协助国内外双方达成协议，签订经济合同；接受外商委托，引进国外资金，经营其他代理业

务，开展对外经济技术交流，加速我国市场经济的发展进程。

⑦开辟了新的融资渠道，促进了我国金融市场的发展。目前，我国融资方式发生了变化，由间接融资方式向直接融资方式转化，这是因为，一方面，随着统收统支资金管理制度被打破，财政收入占国民收入的比重和基建投资占财政支出的比重都在下降，企业要筹集生产发展资金，不能再像过去一样依赖财政拨款，而必须增加独立筹资的能力，但是单一的资产结构远远不能适应企业独立筹资的需要。另一方面，企业扩大自主权以后，企业、个人可支配的货币收入增多，企业承担的责任和拥有的权利也增大，闲置的货币资金不可能全部集中于银行，游离于银行体系外的资金数量日益增多，单一资产结构受到了严峻挑战。因此，我国金融结构的改革要求我们要积极发展直接融资，通过发行股票和债券形式直接向社会筹集资金。信托机构通过代为发行股票、有价证券，协助企业解决生产过程和流通过程的资金需要，同时通过代理有价证券的买卖，促进了金融市场的发展。

总之，信托业作为金融业综合化发展的重要形式，对于满足社会各方面的需求，发展市场经济，促进经济体制改革等方面发挥着重要作用。同时，信托机构作为我国金融体系中的一支新生力量焕发着勃勃生机，不但其自身的发展促进了新的金融体系的创立，而且它也必将牵动其他非银行金融机构不断发展和完善，以适应我国金融体制改革的需要。

(3) 信托种类与特点

①信托业务的基本分类。信托业务的发展与商品经济发展密切相关。信托种类是根据各国经济发展的需要和经济体制与金融体制的结构来划分的，并随着信托业务的发展而变化，从而使信托活动有别于其他经济活动，具有自身鲜明的特征。

1）按信托性质划分。

信托业务。即财产所有者作为信托行为当事人的一方，为其指定人或自己的利益，将财产托付给可信任的另一方，要求按交办信托的目的，代行有效管理或妥善处理。

代理业务。即信托行为的一方依其既定的信托目的，授权另一方代为办理一定的经济事务。在现代信托业务中，代理业务成为信托机构的重要业务。在一些国家，信托和代理业务是有区别的。如果是信托业务，委托人必须把信托财产的产权转移给受托人，以便全权管理或处理信托财产，所授予的权限较大；而代理业务，则不需办理信托财产产权转移手续，仅负责代办有关管理和处理信托财产的事务，所授予的权限较小。

2）按信托关系发生基础划分。

自由信托。凡信托三方关系人依照信托法规，按自己的意愿自由协商而设立的信托称为自由信托。自由信托又分为契约信托和遗嘱信托。契约信托是依照委托人和受托人所订契约设立的；遗嘱信托是仿照个人遗嘱而设立的。这种信托的事务范围、处理方针等均在信托契约或遗嘱中订立明确，这种信托最为普遍。

法定信托。凡由司法机关依其权力指派确定信托关系人而建立的信托称为法定信托。法定信托又分为鉴定信托和强制信托。鉴定信托是指信托关系的形成无明确的信托文件为依据，而由司法机关对信托财产或经济事务以及信托关系人鉴定认可；强制信托则是不考虑信托关系人的意愿，由司法机关依公平正义的观念，按照法律政策强制性建立的信托。这种信托往往是某人因欺诈、错误、不法行为等发生而取得他人财产时，法院为保护原受益人的利益，强制取得他人产权者为法律上的受托人，代原产权者为原受益人谋利益（因此时产权已为后取得产权者所掌握，一般无法收回）。

3）按信托服务对象划分。

个人信托。即以个人身份委托受托人办理信托业务。个人信托又分为生前信托和身后信托。生前信托是个人在世时就以委托人身份与受托人建立了信托关系，其信托契约限于委托人在世时有效；身后信托则根据个人遗嘱办理身后的有关信托事项，如执行遗嘱、管理财产、为保寿险者在身后代领赔款等。它只限于委托人去世后生效。

法人信托。又称公司信托，即委托人不是某个人，而是单位或公司等具备资格的法人委托受托人办理信托业务。

4）按信托目的划分。

民事信托。又称为非营业信托，是指不以营业为目的所承办的信托。民事信托业务大多办理的是与个人财产有关的各种事务，如财产遗产、执行遗嘱、代买卖、抵押、保管贵重物品等。

商事信托。又称为营业信托，是指以从事商业行为为目的而承办的信托。其目的就是通过经营信托业务，以获得盈利。商事信托大多用于经济组织的各种经营业务，如公司债券信托、投资信托、代收代付款项信托等。

5）按信托受益对象划分。按信托受益对象划分，可分为私益信托和公益信托（按受益人是否是委托人本人，亦可分为私益信托和公益信托）。

私益信托。即完全为委托人自己或其指定的受益人的利益而设定的信托。私益信托一般都可预先指定具体受益人。

公益信托。即为学校、慈善、宗教等事业以及其他社会公共利益而设立的信托。公益信托的受益人是社会公众中符合规定条件的人。公益信托的设定，其目的并非为委托人自己谋利益，也不是为特定受益人谋求利益，而是为赞助和促进社会公共的利益。

6）按信托的标的物划分。

资金信托。又称金钱信托，是一种以货币资金为标的物的信托业务，如单位资金信托、公益资金信托、劳保基金信托、个人特约信托等。

实物信托。它是一种以动产或不动产为标的物的信托业务。动产指原材料、设备、物资、交通工具；不动产指厂房、仓库和土地等。

债权信托。它是一种以债权凭证为标的物的信托业务，如代为清理和代为收付款项、代收人寿保险公司赔款等。

经济事务信托。它是一种以委托代办各种经济事务为内容、委托凭证为标的物的信托业务，如委托设计、专利转让、委托审查检查、委托代理会计事务等。

7）按信托是否跨国划分。

国内信托。即信托关系人及信托行为在国内进行。其业务主要有信托、委托、代理、租赁、咨询及其他类业务。

国际信托。即信托关系人及信托行为跨国进行。其业务主要有国际信托投资、国际租赁、代理发行外币有价证券、对外担保见证及国际咨询业务等。

②信托的特点。

1）信托具有融通资金的性质。随着市场经济的发展，信托越来越明显地表现出融通资金的特点。信托与银行信用、商业信用一样，也是一种独立的信用方式。这种信用关系主要表现为较长期的资金融通，而不是短期周转，信托总是与投资联系在一起。因此信托是一种融通长期资金的信用形式。

2）信托以受托为主，多面服务。信托行为包括委托、受托和受益三方面，其中受托人的经营活动是其主要方面，它贯穿执行信托契约的全过程。受托人经营的优良程度，关系到委托人信托目的能否圆满实现和受益人能否获利，所以，信托业以受托为主。另一方面，信托业务是多方面为社会提供服务。从业务种类来看，包括信托投资和贷款、租赁、各类代理业务、股票、债券发行、经济咨询等；从服务对象看，它既为企业服务，又为个人服务，既为公益服务，也为私益服务，从而为社会各阶层提供多样服务。

3）信托方式灵活，适应性强。同以存款为基本业务的银行相比，信托业可以灵活选择运用方式，以适应社会需要。信托业务既可以投资，也可以贷款；既可以采用直接融资方式，也可以采用间接融资方式；既可以同客户建立信托关系，又可以建立代理关系。信托业务方式的多样化，使其业务活动具有灵活性，并伴随着经济形势的变化，不断有新的信托业务方式创立，以适应社会各方面的需要。

4）信托财产具有独立性。信托财产是受托人替委托人代为管理和处理的财产。为了保障委托人或受益人的利益，就必须把信托财产与受托人自己的财产严格区分开来。这是因为信托制度是为了受益人的利益而由受托人管理信托财产，受托人只拥有信托财产的使用权、支配权，并不实际拥有信托财产的所有权，所有权仍归委托人和受益人所有。因此，不仅需要把信托财产与受托人的固有财产严格区分开来，而且也要将不同委托人委托的信托财产区分开来，分别核算，这样才能保证委托人和受益人的利益，促使受托人公正、合理地处置信托财产。

5）受托人不承担损失风险。受托人是按照委托人的意图对其财产进行管理和处理。损益按实际的结果来核算。若有收益，则获得的经营收益归受益人享受；如有亏损，也由委托人或由受益人承担。受托人在自身没有过失的情况下，对信托业务产生的损失不承担任何责任，并依据信托协议，向委托人或受益人收取处理该项信托业务所发生的费用。

8.2.3 信托资金的筹措

（1）吸收信托资金

信托资金是指委托人基于对受托人的信任，将其资金委托给信托投资公司（受托人），由受托人代为管理、运用和处理的资金。吸收信托资金是信托投资公司的主要资金来源，也是信托投资公司发放贷款、进行信托投资、委托投资等一系列信托业务的前提。

信托投资公司吸收的信托资金，按委托人是否指定信托资金运用的范围和用途，可分为两大类：一类称为一般信托资金，另一类称为特定信托资金。

一般信托资金是指委托人不具体指定其存款的运用范围，而由信托投资公司自行决定。信托投资公司自行负责信托资金的运用和管理，委托人出于对信托人的信任只收取该项资金所创造的收益的一部分。这种信托资金的运用，风险责任由信托投资公司承担；而特定信托资金，是指委托人具体指定其存款的运用范围和用途，即存款人委托信托投资公司按照自己的意图去运营或管理信托资金的一种方式。这种方式的信托资金，在具体运用管理时，风险责任由委托人自己承担，信托投资公司不负经济赔偿责任。

我国信托投资公司目前吸收的信托资金主要有：财政部门委托投资或贷款的信托资金；企事业单位主管部门委托投资或贷款的信托资金；劳动保险机构的劳保基金；科研单位的科研基金；各学会、基金会的基金；个人长期不用的额度较大的个人特约信托资金等。这些资金吸收的多少，决定着信托投资公司的发展速度和规模。因此，吸收信托资金是信托投资公司必须抓好的首要环节，也是衡量信托投资公司信誉的标志。

信托资金的种类主要有以下几种：

①金钱信托。金钱信托指委托人委托的财产是金钱，即单纯为了获得利息或红利为目的的信托。

②年金信托。年金信托指企业、单位把为职工积累的退休金作为信托财产，委托给信托机构代为管理和运用的信托。

③财产形成信托。财产形成信托指随着住房商品化的出现而形成的信托种类。即为促进职工储蓄以购买房屋，经单位职工与信托投资公司签订合同后，按合同规定，从职工工资或奖金中定期扣除合同中规定金额的信托种类。

④证券投资信托。这种信托是指委托人（包括企事业单位、社会团体、自然人）将资金委托给信托投资公司。信托投资公司按照“封闭管理、共同运用、利益均等”的原则，代委托人在证券市场上进行投资，并根据约定，行使双方权利义务的信托业务。

⑤特定赠与信托。这种信托业务在我国是为补贴残疾者的生活费和医疗费或其他赠与用途而开办的，由赠与者（委托人）将所赠与的财产或金钱，委托给信托投资公司代为管理和运用，残疾者为受益者。信托投资公司按委托人的旨意定期支付给受益者。

⑥公益信托。公益信托是以公益为目的，以不特定的多数人为受益人而成立的信托。信托财产包括金钱、金钱债权及有价证券，用以奖励学术，促进学术交流及援助发展中国家的教育、医疗事业等。我国《信托法》规定，为了下列公共利益目的之一而设立的信托属于公益信托：救济贫困、救助灾民、扶助残疾人、发展教育与科技事业、发展医疗卫生事业、发展环境保护事业等。

⑦遗嘱信托。遗嘱信托是根据委托者生前留下的遗嘱而承受的信托。

⑧金钱债权信托。金钱债权信托是以金钱债权的管理、买卖和托收为目的的信托，如国库券的管理、买卖、货款到期的托收等。例如，收款单位向信托机构提出申请，要求协助办理清欠。信托公司接受委托后，可利用联行关系，要求欠款单位开户行协助催

收，也可派人前往。

⑨担保公司债信托。这种信托是为了保护公司债的债权人的利益，由公司债的发行公司将其提供的物的担保权作为信托财产，由信托机构承办的信托。

⑩动产不动产信托。动产信托是以管理和处理动产为目的的信托，如车辆、轮船、电子计算机、机械设备等的信托；不动产信托是以管理和处理不动产为目的的信托，如公寓、办公大楼、加油站等委托给信托投资公司，让其代为转让、出售，并由信托公司监督，按期付款。

信托存款的种类主要有十种。其中，前四种为金钱类，是信托投资公司直接融资的对象，也是信托投资公司的主要资金来源。后六种中有的部分也属于金钱信托，由于资金的划存与使用在时间和数量上往往存在着时间和数量“差”，信托投资公司可以充分利用这些零星资金，发挥积少成多的作用。

(2) 信托投资公司的实收资本金

经国家批准的信托投资公司，必须具有最低限额的实收资本金。我国 2001 年 1 月 19 日颁布的《信托投资公司管理办法》规定，信托投资公司的注册资本不得低于人民币 3 亿元。经营外汇业务的信托投资公司，其注册资本中应包括不少于等值 1 500 万美元的外汇。除此之外，中国人民银行根据信托投资公司行业发展的需要，可以增加设立投资公司的注册资本最低限额。信托投资公司随着信托业务的不断发展，还要随时补充资本金的来源。补充的资本金来源有发行股票筹集资本、发行基金债券、每年利润提留，或由地方和主管部门增拨资本金。以上补充资金来源的渠道中，发行股票是股份制信托机构增加资本的主要手段。

(3) 拆借

信托投资公司在资金运用上经常发生头寸紧张，这时可向金融机构短时间地拆借所需资金，以解燃眉之急。

8.2.4 信托机构的筹资决策

(1) 信托机构的筹资方式

①人民币资金的筹措。

1）向银行借款。信托机构在经营信托业务时，可向国内银行借款。

2）发行有价证券。信托机构要积极利用国内金融市场发行股票和债券，以筹措资金。

3）公司内部相互融资。信托机构可通过母公司与子公司之间、子公司与子公司之间相互提供资金，进行内部融资。

②外币资金的筹措。

1）国际股权筹资。即信托机构通过在国际资本市场上发行股票来筹集资金。

2）国际债券筹资。即信托机构在国际债券市场上通过发行以某种货币为面值的债券进行筹资。

3）国际信贷筹资。即信托机构向外国银行、政府或国际金融组织借入外国银行贷款、出口信贷、政府贷款、国际金融机构贷款等的融资活动。

4）国际租赁筹资。即信托机构按租约规定分期付给国外租赁公司一定的租赁费，从而取得一定时间内租赁物的使用权，再转租给国内承租人的一种筹资方式。

（2）信托投资公司的筹资决策

筹资决策是公司理财的一项重要内容，它既是择优筹资方案的过程，也是设定最佳筹资结构的过程。

①资金成本。资金成本是指信托机构为筹集和使用资金所付出的代价，包括短期资金成本和长期资金成本两种。其中长期资金成本包括债券成本、优先股成本和普通股权益成本三种。

1）债券成本是信托机构发行债券所承担的全部成本和费用，包括债券利息和筹资费。债券利息可以在税前收益中支付，这样就能使信托机构实际负担的债券利息降低。另外，信托机构发行债券筹资时需支付筹资费，而使实际筹措到的资金少于债券发行总额。

2）优先股成本是信托机构发行优先股所需支付的筹资费用。其股利是定期并在税后支付的。

3）普通股成本是信托机构发行普通股所需支付的费用。

②资金结构。资金结构也称财务结构，是指各种资金来源的构成，通常表现为短期资金与长期资金的比例。一般而言，信托机构的长期资金占全部资金的比重较大。各种长期资金来源的构成，决定着企业的资金结构。

1）长期资金与短期资金的比例。各个信托公司的长短期资金的比例不同，则风险和报酬也不同。这需要财务管理人员进行风险与收益的比较、权衡，设定出符合企业财务目标和实际情况的最佳比例。

一般来说，信托机构的长短期资金比例，主要取决于公司的资产构成情况和财务主管人员的偏好，如果公司想持有较多的流动资产，则应筹集较多的短期资金；反之，则应筹集较多的长期资金。

具体说，信托机构大致有三种融资政策：一是套头型融资政策。也称平稳型融资政策，其特点是：短期资产由短期资金来融通，长期资产由长期资金来融通，从而使资产使用期和债务归还期相衔接。二是保守型融资政策。保守型融资政策是指信托投资公司将部分短期资产用长期资金来融通。其特点是：一部分短期资产和全部长期资产用长期资金融通；而另一部分资产则用短期资金融通。三是激进型融资政策。也称冒险型融资或积极型融资政策，是指将部分长期资产用短期资金来融通。其特点是：一部分长期资产用长期资金来融通，而另一部分长期资产和全部短期资产用短期资金来融通。

以上三种类型的融资政策，其主要区别在于它们所安排的短期资金在全部资金中的比重不同。

2）股权资本与举债资金的比例。在信托机构的资金中，举债资金的比重越高，固定费用的支出则越多，企业丧失偿债能力的可能性也越大；反之，举债资金的比重越低，应税收益则相对增多，同时企业利用税负节省的余地就越小，资金成本也越高。在不同的资金结构中，举债资金的比重不同，则普通股收益的变化概率也较大，因为普通股收益会随着公司举债资金比重的变化而变化。

在正常情况下，信托机构要利用一定的举债资金。信托机构举债虽然会加大其财务风险，但适度的举债不仅有利于降低综合资金成本，而且可使企业获得较大的财务杠杆收益。

3）目标资金结构。目标资金结构是指符合信托机构理财目标的资金结构，即能使公司价值最大的资金结构。它既是决定公司综合资金成本的主要因素，又是反映企业财务风险的主要尺度。一个信托机构的目标资金结构，取决于融资成本与融资风险之间的权衡。只有恰当地把融资风险与融资成本相结合，才能使公司价值最大。

在目标资金结构设定后，信托机构应将现有资金结构与之相对照，如果不符，则应对现有资金结构加以调整，使之符合目标资金结构的要求。为此，设定目标资金结构和调整现有资金结构的过程，也是不同筹资方案之间择优的过程。

8.2.5 信托机构的投资决策

(1) 直接投资决策

信托机构进行长期投资决策时，一般要涉及以下几方面的问题。

①确定科学的决策程序。由于投资的风险比较大，所以不可能在缺乏调查研究的情况下轻率地拍板，而必须按一定的程序进行决策。公司投资决策的程序为：

1）由信托机构的有关部门提出投资项目。

2）投资项目的评价。包括计算项目的预计收入和成本，预测投资项目的现金流量；运用各种投资评价指标，把各项投资按可行性的顺序进行排队；编写评价报告，上报审批。

3）投资项目的决策。投资项目经评价后，最后决定是否执行。

4）投资项目的执行。决定对某项目进行投资后，要积极筹措资金，实施投资。在投资项目的执行过程中，要对工程进度、工程质量、施工成本等进行控制，以便投资按计划如期完成。

5）投资项目的再评价。在投资项目执行过程中，应注意决策是否合理、正确。一旦出现新的情况，就要随时根据变化的情况作出新的评价，以避免损失。

②确定现金流量。现金流量包括现金流入量与流出量，是进行投资时必须考虑的一项重要因素。一定时期的现金流入量减去包括税金在内的现金流出量以后的差额，称为净现金流量（NPV）。现金流入量包括营业收入、流动资金回收和固定资产残值收入。现金流出量包括固定资产投资、流动资产投资、各项投资费用和税金。

③确定合理的投资决策指标。投资决策指标是评价投资方案是否合理的标准，通常分为动态指标和静态指标。动态指标是考虑了资金时间价值的指标，包括净现值、内部收益率和现值指数三种；静态指标是不考虑资金时间价值的指标，主要包括投资回收期和投资利润率等。

(2) 债券投资决策

①债券的估价。信托机构进行债券投资时，必须知道债券价值的计算方法，下面介绍几种最常见的债券估价模型。

1）一般情况下的债券估价模型。这是按复利方式计算的债券估价模型，其公式为

$$P = \sum_{i=1}^{n} \frac{iF}{(1+k)^t} + \frac{F}{(1+k)^n} = \sum_{i=1}^{n} \frac{I}{(1+k)^t} + \frac{F}{(1+k)^n}$$
$$= (F + Fin)PVIF_{k,n} \quad (8-1)$$

其中，P 为债券价格；i 为债券票面利率；F 为债券面值；k 为市场利率或投资人要求的必要报酬率；n 为付息总期数；I 为每年支付利息总额；$PVIF_{k,n}$ 表示利率为 k 、期限为 n 的复利现值系数。

2）一次还本付息且不计算复利的债券估价模型。其公式为

$$P = \frac{F + Fin}{(1+k)^n} \quad (8-2)$$

其中，符号含义同一般情况下的债券估价模型。

3）零息票债券的估价模型。其公式为

$$P = \frac{F}{(1+k)^n} = F \cdot PVIF_{k,n} \quad (8-3)$$

其中，符号含义同一般情况下的债券估价模型。

②债券投资的优缺点。信托机构进行债券投资的优点：一是本金安全性高。与股票相比，债券投资风险较小。二是收入比较稳定。债券票面有固定利息率，一般可获得比较稳定的收入。三是债券具有较好的流动性。政府及金融机构发行的债券一般都可在金融市场上出售，流动性较好。

信托机构进行债券投资的缺点：一是购买力风险比较大。债券的面值和利息在发行时就已经确定，如果投资期间的通货膨胀率较高，则本金和利息的购买力将不同程度地受到侵蚀。二是没有经营管理权。

(3) 股票投资决策

股票的估价有以下三种模型。

①正常情况下的股票估价模型。在正常情况下，股利是不断变化的，投资者投资于股票，不仅希望得到股利收入，还希望在股票价格的上涨中获得资本利得。其股票现时估价模型为

$$V = \sum_{i=1}^{n} \frac{d_t}{(1+k)^t} + \frac{V_n}{(1+k)^n} \quad (8-4)$$

其中，V 为股票现时价值；V_n 为未来出售时预计的股票价格；k 为投资人要求的必要报酬率；t 为支付报酬的具体时间；d_t 为第 t 期的预期股利；n 为预计持有股票的期数。

②股利收入稳定、持有期间很长的情况下的股票估价模型。在每年股利稳定不变、投资人持有期间很长的情况下，股票的估价模型可简化为

$$V = \frac{d}{k} \quad (8-5)$$

其中，V 为股票现在价值；d 为每年固定股利；k 为投资人要求的报酬率。

③不断成长的股票估价模型。对于大多数公司而言，盈余与股利并非固定不变，而是会不断增长的。若每年股利的增长率为 g，d_0 为最近一期的股利，第1年末的利息为 $d_1 = (1+g)$，不断成长的股票估价模型为

$$V = \sum_{t=1}^{\infty} \frac{d_t}{(1+k)^t} = \frac{d_1}{k-g} \quad (8-6)$$

要注意，该估价模型成立的一个必要条件是 $k > g$，若是 $k < g$，就无任何意义。

股票投资的优缺点。优点：一是股票投资能获得较高的报酬，二是能适当降低购买力的风险。股票投资的主要缺点是风险太大。

8.2.6 委托投资业务

委托投资是指委托人（法人或自然人）动用自有资金，委托信托投资公司对其指定的投资范围和投资对象进行投资，并要求信托投资公司监督所投资企业的经营管理、利润分配等事项的投资业务。投资数量、出资形式、使用范围、收益分配均由委托人和接受投资人（投资对象）双方共同商定，而信托投资公司按照一定比例收取手续费。我国现阶段主要的委托人是各级财政部门、企业主管部门和一些有资金、技术实力的企事业单位。

一般来讲，投资者欲将某项资金投资于一个企业或项目时，可以亲自办理投资的有关事项。但是，在经济生活中，投资人往往面临许多困难或不便，难以进行直接投资，需要由信托投资公司出面具体办理有关的投资事项。例如，投资人虽然希望投资于某一企业或项目，但对投资所要办理的各种具体手续以及有关法律问题不熟悉，使投资遇到困难；或者投资人虽然有丰富的投资经验和能力，但因业务繁忙，无暇具体办理此项投资业务；或者投资人因某种原因不便亲自出面向企业或项目进行投资。信托投资公司一般都具有丰富的投资经验，熟悉与投资有关的各种手续和法律事务。因此，投资者可以委托信托投资公司代为投资。随着市场经济的发展，企业间的横向经济联合发展迅速，相互投资越来越多。主管部门对所属企业的拨款也都改用投资或贷款的形式，而多数企业的主管部门对投资业务不熟悉，更缺乏专业人员专门从事具体的投资管理。因此，信托投资公司便可以受企业或主管部门的委托，具体办理有关的投资事项，代为投资。

委托投资与信托投资比较，有以下特点：委托投资的业务量不受信托投资公司自有资本金的限制；办理委托投资不承担风险，因为委托人自行选择投资范围及对象，信托投资公司只有检查和监督的义务，而没有承担风险的义务；委托投资暂时沉淀的资金是信托投资公司的重要资金来源，因为投资人在未选定投资对象和范围时，投资基金或保证金已存入信托投资公司，同时在资金周转与循环过程中也会有一定数量的资金沉淀。

信托投资公司办理的委托投资业务主要有指定委托投资和任意委托投资两种。

①指定委托投资。指定委托投资是指委托人把投资资金交存信托投资公司，委托信托投资公司按其指定的投资方式向特定的企业或项目投资。信托投资公司负责管理有关

的投资事项，监督投资企业的经营管理和收益分配，信托投资公司在受理委托投资之后，要对受托资金进行单独管理，单独核算，按期结清损益，在扣除规定的费用之外，全部损益由委托人承受。企业单位在委托信托投资公司进行投资时，必须签订委托投资合同，明确规定委托期限、投资金额、投资方式、投资对象、收益处理、决算日期、双方责任、委托手续费等有关详细事宜。

②任意委托投资。任意委托投资是指委托人将全部资金的使用权委托给信托投资公司进行投资的行为。在这种委托业务中，由于受托者权力过大，可能产生很大风险。所以许多国家采取限制甚至禁止信托投资公司承接该业务。我国信托投资公司目前办理的委托投资业务也不属于任意委托投资业务，而属于指定委托投资业务。

8.3　融资租赁

租赁在发达国家被称为“朝阳产业”，美国租赁业已发展了120年，仍生机勃勃。在日本和欧洲，租赁消费观念也深入人心。目前，日本有2 500多家租赁商店和机构提供包罗万象的租赁业务；法国个人轿车每年的租赁量可达到12万辆。这些国家的租赁业与销售业并驾齐驱，占据了整个市场份额的30%以上。另外，在美国，租赁融资也是那些创业阶段的新企业融资的有效手段之一，由于其可操作性和易得性，受到新创企业的青睐。

8.3.1　融资租赁的概念

融资租赁是指具有融资性质和所有权转移特点的设备租赁业务，即出租人以收取租金为条件，根据承租人所要求的规格、型号、性能等条件购入设备租赁给承租人，合同期内设备所有权归出租人，承租人只拥有使用权，合同期满后，承租人付清租金后，有权按残值购入设备，出租人丧失所有权，承租人拥有所有权。因此，符合下列条件之一的为融资租赁：租赁期为资产使用年限的大部分（75%或以上）；租赁期内租赁最低付款额大于或基本等于租赁开始时资产的公允价值；在租赁期满时，租赁资产的所有权转让给承租方。

从事租赁业务的单位，应按《中华人民共和国营业税暂行条例》规定缴纳营业税，但不缴纳增值税。其他单位从事的融资租赁业务，所有权转让的，只缴纳增值税，不缴纳营业税；所有权未转让的，只缴纳营业税，不缴纳增值税。

融资租赁作为一种金融与贸易相结合的业务，在中国已经开展了二十多年，为我国的工业发展、技术进步作出了很大的贡献，在投资领域开拓了新的融资方式。租赁业务发展至今，尽管对国家的经济发展作出了重要贡献，但很多租赁公司都因租金拖欠问题，不同程度地陷入债务危机，从而限制了租赁业务在我国的进一步发展。如今需进一步深化体制改革，从租赁公司到承租企业都应建立和加强风险意识，总结以往的经验，从而使融资租赁业务逐步从目前的困境中走出来，让本应在经济发展时期、资金紧缺时能发挥重要作用的融资租赁业务发挥更大的作用。

8.3.2 主要融资租赁模式

融资租赁也有许多种类，为了更好地界定融资租赁，这里介绍一些官方权威认定的融资租赁模式。

（1）一般融资租赁

简单融资租赁就是当承租人有意通过出租人租赁由其选择的租赁物件时，出租人对租赁项目风险评估后愿意出租租赁物件给承租人使用。为取得租赁物件，出租人首先全额融资购买承租人选定的租赁物件，按照固定的利率和租期，根据承租人占压出租人融资本金时间的长短计算租金，承租人按照租约支付每期租金，期满结束后承租人以名义价格购买租赁物件所有权。在整个租赁期间承租人没有所有权但享有使用权，并负责维修和保养租赁物件。出租人对租赁物件的好坏不负任何的责任，设备折旧在承租人一方。

（2）回租赁

返还式租赁是简单融资租赁的一个分支，它的特点是承租人与租赁物件供货人是一体，租赁物件不是外购，而是承租人在租赁合同签约前已经购买并正在使用的设备。承租人将设备卖给租赁公司，然后作为租赁物件返租回来，对物件仍有使用权，但没有所有权。设备的买卖是形式上的交易，承租企业需将固定资产转为融资租入的固定资产。返还式租赁强调了租赁融资功能，失去了租赁的促销功能，类似于“典当”业务。企业在不影响生产的同时，可以扩大资金来源，是一种金融活动。

（3）转租赁

租赁公司将从其他租赁公司融资租入的租赁物件再转租给第二承租人的业务方式叫融资转租赁。此时的业务做法同简单融资租赁无太大区别，出租方在实际操作过程中，只是依据购货合同确定融资金额，而出租方从其他租赁公司租赁设备的业务过程是在金融机构间进行的，在购买租赁物件的资金运行方面始终与最终承租人没有直接的联系。融资转租赁在做法上可以很灵活，有时租赁公司甚至直接将购货合同作为租赁资产签订转租赁合同，这实际是租赁公司融通资金的一种方式，租赁公司作为第一承租人不是设备的最终用户，因此也不能提取租赁物件的折旧。

（4）杠杆租赁

杠杆租赁属于依靠政策的租赁（制度租赁），是专门做大型租赁项目的一种有税收好处的融资租赁。这种租赁方式主要是由一家租赁公司牵头作为主干公司，为一个超大型的租赁项目融资。首先成立一个脱离租赁公司主体的操作机构——专为本项目成立的资金管理公司，并支付项目总金额20%以上的资金，其余资金来源主要是吸收银行和社会闲散游资，利用100%享受低税的好处，“以二博八”，为租赁项目取得巨额资金。由于可享受税收好处，操作规范、综合效益好、租金回收安全、费用低，一般用于飞机、轮船、通信设备和大型成套设备的融资租赁。

8.3.3 融资租赁的程序

租赁涉及的义务不同，其具体操作程序也可能不同，以下从一般性的角度介绍融资租赁的操作程序。

（1）选择租赁公司。首先要了解各个租赁公司的经营范围、业务能力以及与其他金融机构的关系和资信情况，获得租赁公司的融资条件和租赁费用等资料，择优选择一个对企业最有利的租赁公司。

（2）办理租赁委托。融资企业填写《租赁申请书》，说明对所需设备的具体要求，同时提供企业的财务状况资料，包括资产负债表、损益表和现金流量表等，进而向租赁公司提出申请，办理委托。

（3）签订购货合同。由融资租赁中的一方或双方与选定设备的供应方进行购买设备的技术与商务谈判，在此基础上签订购货合同。

（4）签订租赁合同。租赁合同包括一般条款和特殊条款。一般条款包括合同说明、名词解释、租赁设备条款、租赁设备交货验收条款和税务使用条款、租期和起租日期条款、租金支付条款等；特殊条款包括购货合同与租赁合同的关系、租赁设备的所有权、租期中不得退租、对出租人和承租人的保障、承租人违约和对出租人的补救、设备的使用和保管、维修和保养、保险条款、租赁保证金和担保条款、租赁期满对设备的处理条款等。

（5）办理验货。承租企业收到租赁的设备后，即进行验收，验收合格后签发交货及验收证书并交给租赁公司，租赁公司据此向设备厂商支付设备的价款。

（6）办理设备保险。租赁设备的保险分两种：一种是由承租人直接向保险公司办理并支付保险费；另一种是由租赁公司向保险公司申请办理，并代交保险费，日后计入租金内并向承租方陆续收回，如果发生保险范围内的事故损失，由双方向保险公司索赔，而保险理赔费归租赁公司所有，用以抵偿承租人未交付的租金。

（7）支付租金。承租企业按合同规定的租金数、支付方式向租赁公司分期交纳租金。

（8）租赁期满的设备处理。合同期满后，承租企业按照合同规定实行退租、续租或留购等。一般来说，租赁期满后，设备大都以较低的价格卖给承租企业或无偿转让给承租企业。

8.3.4 融资租赁的优势

现代租赁由于具有控制租赁物件所有权的特征，抗风险能力比银行要强。尽管融资的利率水平比银行高，但仍然在许多国家得到飞速发展，主要原因是由于政府提供了政策性的好处，通过现代租赁方式取得的固定资产比其他方式获得的收益要大，并足以抵消利率高的不足。

（1）双向逆市发展优势。融资租赁有两种主要功能，即融资功能和推销功能。因此在经济发展时期，需要资金时，它能充分发挥融资功能；在经济萧条时期，需要促进投资和消费需求时，可以充分发挥它的促销功能。

（2）合理配置社会资源。融资租赁可以将闲置设备或二手设备进行租赁或再租赁，特别适合国有企业的改革和转轨，既解决企业购买资金不足问题，又防止了国有资产流失。

（3）提高政府投资效率。如果政府通过租赁的方式投资设备，既可防止资金流失，还可通过租赁公司放大投资规模，通过租赁方式将政府行为转换成市场行为，一举多得。

（4）非金融机构可以经营金融业务。由于融资租赁的准金融特性，因此在金融管制国家，融资租赁方式是非金融机构可以经营金融业务的少有几个方式中的一个。

（5）可以取得税收优惠。国家为了鼓励投资，专为投资制定了一些税收优惠政策。融资租赁利用这些政策进行制度租赁，让没有享受优惠的投资人间接享受了优惠；还可通过融资租赁的项目加速租赁物件的折旧。实际上把一些应该上缴国家的税款提前用来偿还租金，加速了设备的更新改造。

（6）另外，还有利于中小企业融资，节省项目建设周期，有利于技术改造，率先使用先进设备，避免通货膨胀影响，防范汇率、利率风险，规避贸易壁垒和灵活多变的优势。

8.3.5 融资租赁风险

在融资租赁业务活动中，出租人和承租人是不可分割的一个整体，他们之间不应相互转移风险，否则将破坏融资租赁业务的正常秩序，给双方造成经济损失。

（1）融资租赁风险种类

融资租赁的风险会影响整个融资租赁业务的正常运作和租金的安全回收。融资租赁的风险种类主要有以下几种：

①产品市场风险。首先应考虑用租赁设备生产的产品的市场风险，这就需要了解产品的销路、市场占有率和占有能力、产品市场的发展趋势、消费结构以及消费者的心态和消费能力。

②金融风险。对于出租人来说，最大的风险是承租人的还租能力，它直接影响租赁公司的经营和生存；租赁项目配套资金不足也会产生风险；租赁公司给企业的利率结构若与自身融资的利率结构不相符，在利率方面也会出现利率风险；货币支付也会有风险，特别是国际支付，支付方式、支付日期、时间、汇款渠道和支付手段选择不当时，便会产生风险。

③贸易风险。在贸易洽谈中，应明确出租人和承租人双方的权利、义务和风险，在签订租赁合同时应在法律上明确各时间段的责任，确定风险的划分。

④经济环境风险。投资环境是决定社会风险大小的基本条件，社会经济秩序和政策的稳定性、产业结构的布局、经济发展的势态、管理人员的能力、地方政府对项目的关注程度以及项目本身的合法性都会对租赁项目产生风险。

⑤其他风险。融资租赁还有技术风险，有会造成环境污染和自然灾害、战争等不可

抗力风险。

（2）风险的防范

融资租赁包括金融和贸易，因此这两方面的风险在操作过程中都会遇到。应根据每种风险的特点，采取相应的对策。

①规避风险。有些风险是可以避免的，如汇率风险，采取用本币结算租金的方法、使用远期汇率或汇率掉期的方法就可以避免。另一种避免损失的方法是租金偿还担保，保证人在担保函中规定为第一追索人，一般是国有大型企业或省级有担保资格和能力的银行。

②风险转移。在以外币做租赁的合同中，可以通过远期汇率、汇率掉期的方法把汇率风险大的债务转化为风险小的债务。在贸易中用信用证方式支付货款可减少贸易风险。

③补救措施。保险是补救风险损失的最好方法，可用于融资租赁的有运输保险、财产保险以及与项目特点有关的各类保险。租赁合同应规范化，应明确财产受损时的补救措施和理赔时的风险责任，避免不必要的争议。

融资租赁的风险综合分析是个系统工程。企业应与专业咨询公司建立信息网络，通过工商管理部门和银行对企业和供货商进行资信调查，组织经验丰富的专业人员建立专门的评估机构，把风险控制在允许的范围内，使风险评估更科学，更接近实际。

参考文献

［1］李文君著．我国上市公司股权融资偏好研究［M］．北京：中国金融出版社，2010.

［2］约翰·马歇尔，维普尔·班赛尔著，宋逢明等译．金融工程［M］．北京：清华大学出版社，2001.

［3］邵宇编著．微观金融学及其数学基础［M］．北京：清华大学出版社，2005.

［4］吴晓求．资本结构与公司治理［M］．北京：中国人民大学出版社，2003.

［5］米什金．货币金融学［M］．北京：中国人民大学出版社，2006.

［6］克里斯蒂安·戈利耶著．风险和时间经济学（第1版）［M］．北京：中信出版社，沈阳：辽宁教育出版社，2003.

［7］蒋先玲著．项目融资［M］．北京：中国金融出版社，2008.

［8］马亚明著．现代公司金融学［M］．北京：中国金融出版社，2009.

［9］李怀祖著．管理研究方法论［M］．西安：西安交通大学出版社，2005.

［10］何小峰，韩广智著．资本市场理论与运作［M］．北京：中国发展出版社，2006.

［11］王淑敏，陆世敏．金融信托与租赁［M］．北京：中国金融出版社，2002.

［12］夏乐书，姜强等．资本运营理论与实务［M］．大连：东北财经大学出版社，2003.